일제시대 조선총독부의
불교정책과 불교계의 대응

김 순 석

景仁文化社

책머리에

책을 내면서 서두를 쓰려고 하니 부끄러운 마음이 앞선다. 이 책은 지은이의 학위논문을 바탕으로 한 것이다. 문제의식을 가지고 일제시대 불교사를 정리해야 한다는 강박 관념과는 별개로 발표한 논문은 늘 만족스럽지 못하였다. 부족함이 많은 논문이 간신히 통과되고 난 다음 차근차근 수정하리라는 다짐은 세월이 지날수록 엷어져 갔다. 더 늦출 수 없는 상황에 이르러서야 서둘러 마무리하는 천성이 드러날 수 밖에 없었다.

일제시대 불교사를 선택하게 된 계기는 석사과정에 입학하여 조선후기사를 전공하면서 사회변혁운동에 관심을 가졌었다. 원래 미륵신앙운동의 성격을 밝혀보고자 하였지만 뜻대로 되지 못하였다. 그 후 독립기념관에서 오랜 세월을 일제시대 자료를 다루면서 관심은 자연스럽게 불교 문제로 옮겨지게 되었다. 박사과정에 진학해서 친일문제를 주제로 몇 편의 글을 쓰다 보니 친일 문제는 항일문제와 함께 규명되어야 한다는 생각을 하게 되었다.

다른 분야와 마찬가지로 일제시대 불교계에도 친일 세력과 항일 승려가 있었다. 불교계의 친일과 항일을 나누는 분기점은 조선총독부의 불교정책이었다. 조선총독은 사찰령과 사찰령시행규칙이라는 규제 일변도의 법을 통하여 불교계의 인사권과 재정권을 장악하였다. 불교계는 30본사 체제로 재편되었고, 본사 주지는 조선총독의 인가를 받아야 취임할 수 있었다.

이러한 상황에서 교단지도부는 지배권력과 일정하게 타협하였고, 자의든 강요에 의한 것이든 많은 친일 행위를 하였다. 일제시대 말기에는 창씨개명을 선전하고, 성금을 걷어 전투기를 헌납하기도 하고, 범종 · 바라 · 징 같은 금속류를 걷어 내기도 하였다. 탁발보국을 하였고, 근로보국대를 결성하기도 하였다. 1920년대부터 일본 유학 승들은 대처승이 되어 귀국하는 사례가 많아졌다. 대처승은 결혼을 하여 자녀를 둔 승려를 말한다. 이들의 숫자는 날로 늘어나서 일제 말기에는 90%가 넘는 승려가 대처승이었다. 이 문제는 해방 이후 비구 · 대처승 분쟁을 야기하여 오늘날 불교계를 제약하는 커다란 장애 요인이 되었다.

불교계는 친일 행각 못지 않게 많은 항일운동에 참여하였다. 한용운 · 백용성 같은 승려는 3·1운동 당시 민족대표 33인의 구성원으로 참여하였다. 상해에서는 가명이긴 하지만 12명 승려가 「대한승려연합회선언서」를 발표하여 독립 의지를 천명하였다. 한국 전통불교를 수호하기 위해서 사찰령 철폐운동을 지속적으로 추진하였고, 군자금 모집활동과 비밀결사단체의 일원으로 활동한 승려도 있었다.

독재 권력 앞에 항거하는 것은 죽음을 뜻한다. 천황제 파시즘이 강화되어 가는 과정에서 종교계는 숨을 죽일 수 밖에 없었다. 어떤 삶의 방식을 택할 것인가는 결국 개인의 선택 문제였다. 일제시대를 살았다는 사실 자체는 죄가 될 수 없다. 문제는 해방공간에서 얼마나 지난날의 과오를 반성하였고, 항일운동을 밝혀냈느냐 하는 것이다. 불행하게도 한국 불교계는 해방 직후에 일제시대 유입된 대처승 문제를 해결하기 위해서 이른바 '정화불사'의 소용돌이에 휘말리게 됨으로써 아직까지 이 문제를 제대로 정리하지 못하였다. '늦었다고 생각할 때가 가장 빠르다'는 말이 있다. 지금이라도 불교계는 이 문제 해결에 나서야 한다. 역사적인 기록이 남아 있는 한 친일한 사람이 항일운동가로 미화될 수는 없다. 친일한 사실은 솔직하게 인정하고 반성의 장을 마련해야 한다. 항일운동에 참여해서 고통을 받은 불교도들의 행적은 하루 빨리 밝혀져야 한다.

이 책이 나오기까지 많은 분들의 도움을 받았다. 지도 교수인 조광 선생님은 어려운 고비마다 조언을 주셨고, 학문하는 자세를 몸으로 보여 주셨다. 강만길 선생님의 가르침은 늘 긴장감을 가지게 만들었다. 학부 때부터 지도해 주신 김정배·박용운·민현구 선생님의 은혜를 잊을 수 없다. 최덕수 선생님은 논문 체제의 미비점을 살펴 주셨다. 정태헌 선생님은 난삽한 논문을 꼼꼼하게 읽어 주시고, 질책과 격려를 잊지 않으셨다. 최병헌 선생님은 논문의 방향성을 집어 주셨고, 많은 시사점을 주셨다. 정광호 선생님은 이 논문이 가지고 있는 문제점을 일일이 지적해 주셨다. 순천향대학교의 김기승 선생님은 각별하게 논문의 문제점과 보완되어야 할 점들을 일러 주셨다. 부천대학교의 김광식 선생님과 나눈 대화에서 배운 것이 적지 않다.

이러한 모든 일들이 가능했던 것은 가족들의 전적인 후원이 있었기 때문이었다. 변변치 않은 자식을 늘 걱정하시는 아버님께 효도 한 번 제대로 못한 것이 이 한 권의 책으로 조금이라도 위안이 되었으면 좋겠다. 늘 부족한 수입이지만 불평없이 살림을 꾸려가는 아내 정정혜에게 고마움을 전한다. 하루가 다르게 커가는 志學·志元은 지칠 때마다 나를 일으켜 세우는 힘이었다. 이 책을 <고려사학회연구총서>로 선정해 준 고려사학회와 출판을 흔쾌히 수락해 주신 경인문화사의 한정희 사장님, 이처럼 깔끔한 책으로 만들어 주신 신학태 팀장님께도 감사드린다.

2003년 12월
안동호가 보이는 연구실에서 지은이

목 차

서 론

　조선왕조 사회로부터 현대로 이어지는 과도기였던 식민지 시기의 역사는 해방 이후의 한국 사회에 많은 부정적인 영향을 끼쳤다. 그런 점에서 불교계도 예외는 아니다. 식민지 시기의 불교사 연구는 해방 이후 현대 불교사 이해에 중요한 의미를 지닌다.

　개항기 조선왕조 정부는 서구로부터 유입된 개신교 포교의 자유를 묵인하였다. 이러한 추세에 따라 불교에 대한 抑壓策도 일정하게 완화되어 갔다. 대한제국 정부는 1902년에 寺社管理署를 설치하고, 「國內寺刹現行細則」 36개 조를 선포하였다. 「國內寺刹現行細則」은 봉건적 요소가 남아있기는 하였지만 韓國佛敎界가 자율적으로 발전을 지향할 수 있는 길을 열어 준 법령이었다. 이러한 정책에 힘입어 불교계는 자체적으로 宗團을 구성하고, 학교를 세우는 등 자주적인 발전을 모색하였다.

　그러나 대한제국 정부가 보장하였던 불교계의 자주적인 발전 가능성은 국권을 상실하고 식민지 시기로 들어서면서 좌절되었다. 식민지 시기 교단지도부는 교단 수호를 위해 식민지 통치권력과 유착한 반면에 불교계 일각에서는 다양한 차원에서 항일운동이 전개되었다.

　본 연구는 이 시기 불교사에 관한 선행연구를 짚어보면서 본고가 가지고 있는 문제의식을 드러내고자 한다. 해방 이후 식민지 시기

의 불교사를 일본의 지배정책과 종교라는 관점에서 다룬 연구는 鄭
珖鎬[1]의 연구를 들 수 있다. 그는 개항기부터 식민지 시기에 걸쳐
일본 불교가 한국에 미친 영향을 분석했다. 그에 따르면 일본 불교
는 明治維新 이후 國家神道가 강화되는 과정에서 탄압을 받았다고
한다. 그 과정에서 일본 불교계가 강구한 타개책은 국가권력과의
유대를 회복하는 것이었다고 한다. 일본 불교계는 불교가 결코 維
新時代의 국익과 상반되는 집단이 아니라는 점을 강조하였다고 한
다. 일본의 불교 세력들은 개항 이후 조선에서 날로 번성해 가는 기
독교의 전파로부터 교세를 유지하기 위해서 조선 포교를 서둘렀다.
그는 일본 불교 세력들이 자국의 침략정책에 편승 내지 적극적인
동조책의 일환으로써 조선의 포교에 나서게 되었다는 점을 밝혔다.
아울러 그는 개항기 불교계에 민족의식이 형성되는 데는 劉大致와
李東仁의 활동이 컸다고 언급하면서 불교계의 抗日運動에도 관심
을 보였다. 1910년의 臨濟宗 운동을 넓은 의미에서 항일운동으로,
그리고 3·1운동기의 韓龍雲의 역할과 청년 학생들의 활동을 높이
평가하였다. 또 그는 식민지 시기에 시행된 「寺刹令」과 「寺刹令施
行規則」을 전통적인 山中公議制를 무시한 악법으로 규정하였다. 그
리고 1920년대 들어 朝鮮佛敎維新會가 전개한 「사찰령」 폐지운동
의 의미를 강조했다. 이러한 주장은 식민지시기 불교사 이해에서
많은 시사점을 주고 있다. 다만 그는 朝鮮總督府의 佛敎政策과 관
련하여 1911년 6월에 시행된 「寺刹令」을 일본의 「宗敎法案」과 비교
설명할 수 있는 여지를 남겨 두었다. 「종교법안」은 1898년 일본 제
국의회에 상정된 종교통제 법령이었다. 이 법안은 종교통제를 목적
으로 하였기 때문에 일본 의회에서 여러 번 부결되다가 1939년에 「
宗敎團體法」으로 성립되었다.

---

1) 鄭珖鎬, 1994, 『近代韓日佛敎關係史硏究』, 인하대학교출판부.
   鄭珖鎬, 2001, 『일본침략시기의 한·일불교관계사』, 아름다운 세상.

金光植은「寺刹令」에서부터 해방공간의 '淨化佛敎' 시기에 이르기까지 불교계의 동향에 대해 최근에 네 권의 단행본2)을 출간하는 왕성한 성과를 보였다. 그는 불교계가「사찰령」의 본질이 식민지 統制政策의 일환이라는 것을 이해하지 못했기 때문에 옹호·찬양하는 형태가 주류를 이루었다고 한다. 불교계의 지도부가 식민지 지배권력이 제정한「사찰령」을 수행한 것은 당시 유행하였던 제국주의 침략이론이었던 社會進化論과 연결시켜 이해했기 때문이라고 분석하였다.3) 이에 반해 불교계의 자주적인 모습은 1920년대에 창립된 佛敎靑年運動에서 찾을 수 있다고 본다. 특히 1920년에 창립된 朝鮮佛敎靑年會는 30본사 주지들의 전횡적인 교단운영 행태를 개혁하려고 하였다. 청년들의 역량이 30본사 주지들의 횡포를 극복할 만큼 성숙하지 못했기 때문에 실패했다고 한다.4)

나아가서 김광식은 1920년대 여성운동의 흐름 속에서 배태된 조선불교여자청년회에 대한 연구5)에서 불교계 여성활동의 한계를 지적했다. 불교계는 비구니 및 여성 신도들을 운동의 주체로서 인식하지 못하였기 때문에 여타의 여성운동과 차별성이 있었다고 한다. 조선불교여자청년회는 여성불자들의 교양과 불교 교육을 추진하기 위해 활동했지만 1925년 이후에는 뚜렷한 활동을 하지 못하고 침체되었다고 정리하였다. 일본 유학생들의 동향을 다룬 연구6)에서 그

---

2) 金光植, 1996,『韓國近代佛敎史研究』, 民族社.
      , 1998,『韓國近代佛敎의 現實認識』, 民族社.
      , 2000,『근현대불교의 재조명』, 민족사.
      , 2002,『새불교운동의 전개』, 도서출판 도피안사.
3) 金光植, 1995,「1910년대 불교계의 進化論 수용과 寺刹令」『吳世昌敎授華甲紀念論叢韓國近現代史研論叢』.
4) 金光植, 1994,「朝鮮佛敎靑年會의 史的 考察」『韓國佛敎學』19.
5) 金光植, 1997,「朝鮮佛敎女子靑年會의 창립과 변천」『한국근현대사연구』7.
6) 金光植, 1997,「1920년대 在日佛敎留學生 團體 연구」『竹堂李炫熙敎授

는 국내 청년회 세력과 밀접한 관계를 가진 재일불교유학생들이 1920년대부터 1940년대에 걸쳐 조선불교의 舊態를 개혁하고자 하였음을 지적하였다.

김광식의 연구는 식민지 시기 불교계의 동향을 이해하는데 큰 성과를 보였다. 특히 조선총독부의 탄압과 「사찰령」이라는 제약 위에서 불교계 개혁운동의 중심이었던 청년운동의 성과를 높이 평가하고 있다. 그는 1935년부터 설립 논의가 시작되어 1941년에 성립된 總本寺 설립운동에서 불교계의 자주적인 모습을 찾고 있다.[7] 이는 식민지 시기의 역사를 민족운동사 중심으로 이해하여야 한다는 점에서 큰 의의가 있다. 그러나 민족운동사는 식민지 통치정책과의 관련성 속에서 이해되어야 한다는 점에서 새로운 해석의 여지 또한 적지 않다.

金敬執은 1895년 도성해금에서부터 1908년 圓宗의 성립시기까지 개항기 불교사를 다루었다.[8] 특히 도성해금 문제를 깊이 있게 다루었다. 그는 金煐泰의 주장을 수용하여[9] 근대 불교사의 기점을 일본 日蓮宗 승려 사노 젠레이(佐野前勵)의 건의에 의해서 도성해금이 단행된 1895년으로 잡고 있다. 그러나 개항 직후인 1877년부터 淨土 眞宗 大谷派 東本願寺의 포교사가 조선에서 포교활동을 시작하였다는 점에서 불교계의 근대 기점을 1895년으로 설정할 필요는 없다고 본다.[10] 또 李東仁과 卓挺埴의 개항 전후 활동을 언급하면서

華甲紀念 韓國史學論叢』.

金光植, 1996, 「1930~1940년대 在日佛敎留學生 團體 연구」 『韓國近代佛敎史硏究』.

7) 金光植, 1994, 「日帝下 佛敎界의 總本山 建設運動과 曹溪宗」 『韓國民族運動史硏究』 10.

8) 金敬執, 2000, 『한국근대불교사』, 경서원.

_____, 2001, 『한국 불교 개혁론 연구』, 진각종종학연구실.

9) 金煐泰, 1997, 『한국불교사』, 경서원, 333쪽.

10) 朝鮮開敎監督部, 1927, 『朝鮮開敎五十年誌』, 大谷派本願寺朝鮮開敎監

도 불교계 근대의 출발이 왜 늦어졌는가에 대하여 설명을 하지 못하고 있다.

여러 연구자들이 학술지에 발표했던 8편의 논문을 모아서 발간한 『近代韓國佛敎史論』은 근대불교사 이해에 많은 도움을 주었다. 이 책에 실린 논문들은 개항기 불교사와 「寺刹令」을 다룬 것들이 주류를 이루고 있으며, 필자마다 약간씩은 견해가 다르다.[11]

다음으로 일본의 연구성과[12]를 살펴보면 재일 한국인 신학자 韓

督部, 19쪽.

11) 佛敎史學會, 1988, 『近代韓國佛敎史論』, 민족사. 이 책에 실린 8편의 논문 가운데 사찰령에 관한 것들을 중심으로 소개하면 다음과 같다. 朴敬勛은 「近世佛敎의 硏究」에서 도성해금에서부터 1922년 불교유신회의 사찰령 철폐운동에 이르기까지 근대불교사를 광범위하게 조명하였다. 그는 일본 불교세력들은 교묘한 방법으로 불교계에 친일세력을 형성하여 1910년에 조일불교 연합책동이 발생하였다고 하였다. 그러나 조선총독부는 사찰령을 시행함으로써 조선불교가 일본 불교의 지배를 받지 않고 독자적인 종파로 육성시키고자 하였다고 한다.

鄭珖鎬는 「日帝의 宗敎政策과 植民地佛敎」에서 1877년 淨土 眞宗 大谷派 東本願寺派의 침투에서 1922년 사찰령 철폐운동까지를 언급하였다. 그는 사찰령을 한국 불교의 발전이 아니라 일제의 목적만을 고려하여 만들어졌던 식민지 통치 도구 가운데 하나였다고 한다.

徐景洙는 「日帝의 佛敎政策」에서 사찰령이 공포될 당시 조선불교계의 상황은 수백년 계속된 불교 탄압 때문에 거의 무방비 상태였다. 승려들은 국제정세에 어둡고, 종교인 다운 사명감이 투철하지 못하였다. 식민지 시대에 들어와서 조선총독부가 승려들의 지위를 향상시켜 준다는 말에 현혹되어 사찰령을 받아들이게 되었다고 한다.

12) 韓晳曦, 1988, 『日本の朝鮮支配と宗敎政策』, 未來社.
中濃敎篤, 1976, 『天皇制國家と植民地傳道』, 國書刊行會.
大西 修 編, 1995, 『戰時敎學と淨土眞宗』, 社會評論社.
小室裕充, 1987, 『近代佛敎史硏究』, 同朋出版社.
吉田久一, 1992, 『日本近代佛敎史硏究』, 三島書店.
市川白弦, 1975, 『日本ファシズム下の宗敎』, エヌエ出版會.
戶頃重基・丸山照雄 編, 1980, 『增補 天皇制と日本宗敎』, 傳統と現代社.

晳曦는 일본 불교 종파들의 포교상황을 언급하면서 개항기부터 朝鮮佛敎維新會가 「사찰령」 철폐운동을 벌인 1922년까지의 불교사를 다루었다. 그는 메이지유신 정부는 조선 침입의 종교적 첨병으로 神道나 基督敎・新興宗敎가 아닌 불교를 택했다고 한다. 그 까닭에 대해서 그는 다음과 같이 설명하고 있다. 조선의 불교는 표면상으로는 무력해 보이지만 사회 심층까지 뿌리를 내리고 있어 각 층에 광범위하게 영향력을 미칠 수 있는 종교였다는 것이다. 계획적이고 조직적으로 조선 침략을 구상한 메이지유신 정부가 침략의 첨병으로 불교를 선택된 이유를 밝힌 그의 연구는 큰 의미가 있다. 다만 연구 대상이 1920년대 초반에 그쳐 이후 부분을 설명해야 할 필요성이 있다.

나가노 기요토쿠(中濃敎篤)는 일본 諸宗敎의 조선과 중국에 대한 포교는 절대주의 天皇制 국가 성립 이후 패전 때까지 지속되었다고 한다. 즉 천황제 파시즘이 神道를 국가적 차원에서 조선과 만주 등 타민족에게 강요하면서 해외로 진출했다는 것이다. 이 연구는 일본의 불교가 전쟁시기에 조선, 중국, 동남아시아 각국에서 이루어진 선교활동이 전쟁정책과 갖는 관련성을 규명하는데 중요한 시사점을 던져주었다. 그러나 이 연구는 검토 시기를 주로 식민지 시기 말기인 전쟁기를 중점적으로 언급하고 있어 식민지 불교 전체상을 그리는 데는 한계가 있다고 하겠다.

조선 침략에 앞장섰던 本願寺 교단은 전시체제 하에 파시즘 권력과 유착되어 민중들을 전쟁에 참여시키는데 기여하였다. 西本願寺는 종전 50년이 지난 시점에 반성의 차원에서 戰時敎學에 대한 연구[13]를 진행하였다. 이 연구는 식민지 침략에 적극적으로 나섰던 본원사 교단이 전시체제 하에 자행한 교리의 왜곡과 전쟁협력 사실들을 밝혔다. 조선에 관한 설명은 대륙침략의 전초기지로 파악하여

---

13) 大西 修 編, 1995, 『戰時敎學と淨土眞宗』, 社會評論社.

소략하게 다룬 것이 흠이다. 특히 이 책의 編著인 오니시 오사무(大西修)는 戰時敎學이 일본 파시즘에 바탕을 둔 超國家主義的 색채를 띠었던 본원사 교단의 사상이라고 지적하였다. 전시교학은 宗祖인 싱랑(親鸞)의 말과 교리를 왜곡하여 국가권력의 내재적 본질, 즉 지배·억압·차별·침략을 은폐하였다는 것이다.14)

이처럼 많은 연구성과에도 불구하고 식민지시기 불교사 연구는 아직도 해명해야 할 많은 과제가 남아 있다. 특히 조선총독부의 불교정책은 시기별로 보다 면밀하게 규명되어야 할 부분이 많다. 이와 관련된 불교계의 항일운동과 친일문제도 체계적으로 정리될 필요가 있다.

본고는 앞에서 살펴 본 선행연구의 성과를 바탕으로 조선총독부의 불교정책에 대한 조선불교계의 대응양상을 시기별로 고찰하려고 한다. 대상 시기는 식민지 기간 전체로 하였다. 연구의 범위는 조선총독부의 종교정책 가운데 불교정책에 한하여 검토하고자 한다. 이 논문은 총 7장으로 구성되었으며 각 장별 내용은 다음과 같다.

제1장은 개항기 불교계의 동향을 고찰하였다. 개항기 불교계는 대한제국의 宥和政策에 힘입어 나름대로 자주적인 발전을 지향하고 있었다. 대한제국은 1902년 「國內寺刹現行細則」 36조를 반포하고, 寺社管理署를 설치하여 불교계를 관리하였다. 「국내사찰현행세칙」은 봉건적인 요소가 남아있기는 하였지만 이전 시기에 비해서 僧團의 발전 가능성을 보장하여 준 법령이었다. 이러한 시책에 힘입어 조선불교계는 圓宗이라는 宗團을 설립하고 明進學校를 세워 인재 양성에 힘쓰는 등 발전을 지향하고 있었다. 조선 불교계의 자주적인 발전 가능성은 개항 직후부터 침투하기 시작한 일본 불교 세력들에 의해서 많은 타격을 받았다. 개항 직후인 1877년에 일본 淨土 眞宗 대곡파 東本願寺派는 정치권의 종용을 받아 포교사를

---

14) 大西 修, 앞의 책, 74쪽.

조선으로 파견하였다. 이후 많은 일본 불교 종파들이 침투하여 들어왔다. 이들은 조선 사찰에 영향력을 행사하기도 하였고, 조선 불교계의 지도자를 포섭하여 연합을 획책하기도 하였다.

1905년 을사5조약 이후에 설치된 통감부는 「宗敎의 宣布에 관한 規則」을 공포하여 일본 불교 세력의 포교활동을 지원하였다. 통감부는 일본 불교 세력을 후원하여 조선 불교계를 병탄하려는 정책을 취하였다. 그러나 이러한 정책은 조선총독부가 1911년 사찰령을 공포하면서 일본 불교 세력의 간섭을 배제하고 직접 조선 불교계를 장악하는 방향으로 전환된다. 개항기 조선불교계가 자주적으로 종단을 설립하고 발전을 지향하던 모습이 통감부의 정책과 일본 불교 세력의 침투에 따라서 변화되는 과정을 고찰하고자 한다. 본고 서술상의 문제로 인하여 제2장에서 1911년 6월에 공포된 「사찰령」을 다루게 됨에 따라서 1910년 10월에 일어났던 朝日佛敎 연합책동은 부득이 개항기 불교계의 동향에서 언급하게 되었다.

제2장은 조선총독부가 1911년 6월에 「사찰령」을 공포함으로써 불교계를 장악하는 과정을 살펴보았다. 곧 이어 「사찰령시행규칙」을 공포하여 불교계를 30본사 체제로 만들고 인사권과 재정권을 장악하였다. 「사찰령」은 일본 문부성이 입안하여 1898년 제국의회에 상정한 「종교법안」을 참조하여 만들어진 규제 일변도의 법안이었다. 「종교법안」은 일본 의회에서도 번번히 부결된 종교통제 법안이었다. 「사찰령」과 「사찰령시행규칙」은 1911년에 공포되어 이후 통제가 강화되는 방향으로 몇 차례 개정이 되지만 해방되는 순간까지 불교계를 규제한 법령이었다.

「사찰령」의 시행에 대한 불교계의 반응은 두 부류로 나뉘어진다. 식민지 지배권력에 유착된 교단지도부는 찬양하였지만 재야 일각에서는 강한 반발을 제기하였다. 조선총독부는 1915년 「布敎規則」을 공포하여 조선의 모든 종교와 일본의 종교까지도 통제하였다. 「사찰

령」과 「사찰령시행규칙」 그리고 「포교규칙」의 내용을 검토함으로
써 이들 법령이 가지는 통제성을 밝히고자 하였다.

　제3장은 3·1운동 시기 불교계의 동향을 검토하고자 한다. 불교계
가 주도한 시위의 규모와 전개양상을 살펴볼 것이다. 천도교·기독
교계의 3·1운동 참여에 비해서 불교계의 참여도가 상대적으로 낮았
던 이유도 짚어 볼 것이다. 교단지도부와 불교계의 청년들은 3·1운
동에 대한 인식을 달리 하였다. 교단지도부는 식민지 통치권력과
유착되어있었기 때문에 불교도들의 3·1운동 참가를 저지하고자 한
반면에 청년들은 적극적으로 참여하였다. 불교계의 청년 승려들은
3·1운동 이후 여러 방면에서 독립을 지향하는 활동을 계속하였다.
청년 불교도들의 활동영역과 이들이 전개했던 운동의 성격을 밝혀
보고자 한다. 이러한 운동의 연장선에서 1919년 11월 15일 上海에
서 12명 승려들이 假名으로 「大韓僧侶聯合會宣言書」를 발표하였
다. 「대한승려연합회선언서」의 의미와 작성자에 관한 문제를 검토
하고, 나아가서 이 시기 불교계의 항일운동 사례를 밝히고자 한다.

　제4장에서는 3·1운동 이후 조선총독부가 실시한 불교계 회유책
과 그에 대한 불교계의 반응을 검토하고자 한다. 3·1운동이라는 거
족적인 항일운동을 경험한 일본은 조선인의 민족운동 노선을 약화
시키기 위하여 종래의 무단통치에서 이른바 문화정치로 통치정책
을 전환하였다. 문화정치의 내용은 친일파를 양성하여 민족운동 노
선을 분열시키는 분할통치 정책이었다.[15] 조선총독부는 합법적인
범위내에서 민족주의 단체의 활동을 허용하면서 기존의 단체에 친
일파 집단을 만들어 조직을 무력화시키는 정책을 구사하였다. 1920

---

15) 분할통치란 식민지 내부의 종족적·계층적·종교적 대립을 이용하여
　국민적 통일과 민족운동의 발전을 가로 막기위한 정책이었다. 그 내용
　은 친일파를 대표로, 일본인을 고문으로 하는 친일단체를 만들어 기존
　조직을 무력화시키려는 것이었다(姜東鎭, 1984, 『일제의 한국침략정책
　사』, 한길사, 11쪽).

년대 초반에 불교계의 혁신을 주장하는 청년세력이 대두하였다. 朝鮮佛敎靑年會와 朝鮮佛敎維新會는 종래 30본사 주지들이 전횡으로 운영하던 교단을 민주적인 방식으로 운영하고자 하였다. 청년 승려들은 본사 주지 회의에 참석하여 조선불교도총회로 명칭을 바꾸고, 불교계에 통일기관이 성립될 때까지 임시기관으로 총무원을 탄생시켰다. 그러나 조선총독부는 자주적인 성격이 강하였던 총무원을 와해시키기 위하여 본사 주지들을 중심으로 교무원을 성립시켰다. 결국 불교도들의 總意로 성립된 총무원은 계속되는 조선총독부의 압력을 견디지 못하고 교무원으로 통합되어 財團法人 朝鮮佛敎中央敎務院이 성립되었다. 민족주의 세력인 총무원이 와해되는 과정과 재단법인 조선불교중앙교무원의 성립과정과 성격을 검토하고자 한다.

제5장에서는 比丘僧 중심으로 성립된 禪學院의 傳統禪脈 계승운동과 '帶妻食肉' 禁止論이 전개된 배경과 의의를 검토할 것이다. 선학원은 일본 불교의 영향으로 帶妻僧들이 만연되어 가던 때에 비구승들이 傳統禪脈의 계승을 표방하고 창립한 사찰이다. 창설 초기에는 항일적 면모가 강했으나 갈수록 재정적 어려움을 겪어 1934년 재단법인으로 전환된 이후 조선총독부 정책에 협력하는 방향으로 변질되었다.

조선총독부는 조선 불교와 일본 불교의 교류를 장려하면서 조선 불교계가 일본 불교를 모방할 것을 종용하였다. 조선의 전통 불교는 식민지 시기를 거치면서 많은 부분이 변형되었다. 그 가운데 1920년대부터 일본 유학승들에 의해 유입되기 시작한 '帶妻食肉' 현상은 해방 이후 불교계에 많은 악영향을 끼쳤다. 비구·대처승간의 갈등은 불교계를 혼란에 빠뜨렸다. '민족대표' 33인의 한 사람이었던 白龍城은 이러한 현상을 불교계의 전통을 말살시키는 것으로 규정하였다. 그는 승려들의 '帶妻食肉'을 금지시켜 달라는 建白書

를 두 차례에 걸쳐 조선총독부에 제출하였다. 조선총독부는 이를
묵살하였다. 이 장에서는 선학원 창설의 의미와 변화과정 그리고
'帶妻食肉' 禁止 建白書의 의의를 살펴볼 것이다.

제6장에서는 '心田開發運動'과 불교계의 동원양태를 살펴보고자
한다. 1929년 세계공황의 여파로 일본의 농촌경제가 위기에 처하게
되었다. 일본 농촌경제의 위기는 조선 농촌사회를 파탄의 국면으로
몰아 넣었다. 1930년대 초반 일본 사회는 天皇機關說[16]의 대두로
천황의 권위까지 도전 받는 사태를 맞게 되었다. 1931년 6월 제6대
조선총독으로 부임한 우가키 가즈시게(宇垣一成)는 농촌진흥운동을
전개하여 경제부흥을 도모하고, '心田開發運動'을 통하여 思想醇化
를 이루고자 하였다. 이 운동은 조선인들을 천황의 '忠良한 臣民'으
로 만들고, 농촌진흥운동을 정신적 방면에서 후원한다는 두 가지 목
적을 가지고 전개되었다. 즉 정신계발 운동으로서의 교육정책[17] 개
선과 '심전개발운동'이 입안된 배경과 운동의 전개 과정에서 불교계
의 역할을 검토하고자 한다.

16) 동경대 헌법학자 美濃部達吉이 주장한 학설이다. 일본 헌법에 대한 해
석을 둘러싸고 명치시대부터 두 가지 학설이 대립되어 왔다. 통치권의
주체는 국가에 있다는 國家主權說과 일본의 주권 또는 통치권은 천황
에게 있으므로 천황의 대권은 절대적이고 무제한적이라는 天皇主權說
이 대립되어왔다. 당시 일본 사회는 천황주권설을 통하여 천황에게 국
가통치의 中核的 地位를 부여하려고 하였다. 따라서 의회는 천황이 국
가통치의 한 기관이라는 설을 주장한 美濃部에게 해명을 요구했고 우
익 단체는 학설의 철회를 요구했다. 일본 정부는 美濃部의 책을 발매
금지하는 조치를 취하였다(丸山眞男, 1963, 『現代政治の思想と行動』
上卷, 未來社, 10~14쪽).
17) 일제 시기 교육정책에 관해서는 다음의 논고를 참고할 수 있다.
車錫基, 1982, 「日帝下 民族敎育과 植民敎育의 葛藤」『近代 民族敎育
의 展開와 葛藤』, 한국정신문화연구원.
鄭在哲, 1985, 『일제의 대한국식민지교육정책사』, 일지사.
孫仁銖, 1986, 「일제식민지 교육정책의 성격」『일제하 교육이념과 그
운동』, 한국정신문화연구원.

제7장은 戰時統制政策과 그에 대한 교단의 대응을 살펴보고자 한다. 특히 조선총독부가 전시체제 하에서 불교계를 효율적으로 통제하기 위해서 설립을 조종하였던 총본사 체제의 성립과정을 검토하고자 한다. 총본사가 조선 불교계를 통솔하면서 전쟁 수행에 협력한 양상과 교리왜곡 부분을 살펴보고자 한다.

일본은 전쟁을 수행하면서 1940년 독일·이탈리아와 삼국동맹을 체결하고 독일의 '생활권'18) 이론을 모방한 '大東亞共榮圈'19) 체제 구축을 서둘렀다. 이 시기 일본은 이른바 '皇民化政策'을 통하여 전쟁 수행에 필요한 물자를 조선에서 조달하고자 하였다. '황민화정

---

18) '생활권'이란 나치 독일의 지정학 이론으로 국가도 인간이나 일반 유기체와 같이 생성·성장·소멸하는 과정에서 생활공간이 필요하며 이를 확보하기 위해 끊임없이 투쟁한다는 일종의 국가유기체론이다. 따라서 국가가 지속적으로 발전하려면 원자재공급, 산업화, 시장 등 경제적 자립과 인구성장을 감당할 수 있는 확실한 생활공간을 필요로 한다. 이 이론은 1920년대말 세계공황으로 인하여 열강들간에 블록화 현상이 심화되면서 경제적 자립도가 낮거나 부존자원이 빈약한 국가들 사이에서 채택되었다. 예를 들어 소련에서는 '오타키', 독일에서는 '생활권', 일본에서는 '대동아공영권'으로 표현되었다(Dougherty, James E. and Pfaltzgraff, Robert L., 1981, 『Contending Theories of Interntional Relations』, New York: Haper & Row, 66~68쪽).

19) 大東亞共榮圈이란 동아시아에 동남아시아를 더한 지역을 가리키는 말이다. 아시아 민족이 서양 세력의 식민지배로부터 해방되려면 일본을 중심으로 대동아공영권을 결성하여 서양 세력에 대항해야 한다는 것이다. 대동아공영권이란 일본·중국·만주를 중축(中軸)으로 하여 프랑스령 인도차이나·타이·말레이시아·보르네오·네덜란드령 동인도·미얀마·오스트레일리아·뉴질랜드·인도를 포함하는 광대한 지역의 정치적·경제적인 공존·공영을 도모하는 블록화였다. 그러나 실제로 대동아공영권에서 일본이 한 일은 피점령국의 주요 자원과 노동력을 수탈하는 것이었으며, 이 목적을 위하여 식민지와 점령지의 독립운동을 철저하게 탄압했다(山本有造, 1994, 「大東亞共榮圈構想とその構造」; 古屋哲夫 編, 『近代日本アジア認識』, 京都大學人文科學硏究所, 551~558쪽.)

책'의 목적은 조선인의 의식구조를 일본인화 함으로써 전쟁에서 조선인의 자발적인 참여를 유도하고자 하였다. 이 정책의 실시로 조선민중들은 이루 말할 수 없는 고통을 겪었고, 조선 불교계는 여러 가지 형태로 이 정책에 참여하였다. 이 장에서는 조선 불교계의 전쟁참여가 여타의 조선민중 수탈정책과 어떠한 관련을 가지는가를 밝히고자 한다.

제1장

開港期 佛教界의 동향

제1절 開港期 佛敎界의 변화

불교는 조선왕조 성립 이후부터 개항기에 이르기까지 抑佛政策으로 탄압을 받았다. 승려들은 무리한 공물 상납에 시달렸으며, 築城과 산성수비 그리고 각종 토목공사에 동원되었다. 이들은 또 양반과 吏屬輩들로부터 갖은 멸시와 수모를 당하였다.[1]

1876년 문호개방 이후 조선왕조 정부는 외세와 함께 들어온 개신교의 포교를 묵인하고 있었다. 프랑스는 1886년 6월에 체결된 朝佛修好通商條約에서 조선에 거주하는 프랑스인은 자신이 원하는 종교를 믿을 수 있다는 조항을 삽입하였다. 이로써 프랑스는 천주교 포교의 자유를 얻고자 하였다. 이 조약은 1887년에 비준서가 교환됨으로써 효력을 나타내었다.[2] 개신교는 1885년 미국인 선교사 언더우드와 아펜젤러가 입국하여 선교활동을 하였다. 1887년에 새문안교회가 설립됨으로써 조선왕조 정부로부터 선교활동을 묵인받았다.[3]

이러한 추세에 따라 불교 탄압책도 완화되어 갔다. 대한제국 정부는 전국 사찰을 총괄할 수 있는 首寺刹로서 동대문 밖에 元興寺를 설치하였다.[4] 1902년 원흥사 내에 宮內府 소속의 寺社管理署를 설치하고, 陸軍參領 權重奭을 관리자로 임명하였다. 그리고 「國內寺刹現行細則」(이하 「 」표시를 생략함) 36개조를 공포하였다.[5] 이

---

1) 金甲周, 1983, 『朝鮮時代 寺院 經濟研究』, 同和出版公社, 116~126쪽.
2) 柳洪烈, 1976, 「開港과 信敎의 自由問題」『韓國宗敎』, 원광대, 7~15쪽.
3) 새문안교회역사편찬위원회, 1995, 『새문안교회100년사』, 27쪽.
4) 高橋亨, 1929, 『李朝佛敎』, 866쪽.
5) 三寶學會, 1965, 『韓國近世佛敎百年史』 제4권 「각종법령」, 民族社, 2~9쪽.

세칙은 봉건적인 요소가 있기는 하지만 이전 시기에 비해서 불교계
의 자율권을 보장해 준 법령이었다.

원흥사를 중심으로 활동하던 승려 洪月初·李寶潭 등은 일본의
발달된 포교방식을 도입하여 불교계의 근대화를 도모하고자 하였
다. 이들은 당시 淨土宗 開敎師로 한국에 들어와 있던 이노우에 겐
싱(井上玄眞)의 권유에 따라 13도의 사찰 대표들이 모여서 그 방법
을 협의하였다. 그 결과 설립된 佛敎研究會는 1906년 2월 19일 內
部의 인가를 받아 출범하였다. 회장에는 華溪寺의 승려 홍월초가
선출되었다. 원흥사에 본부를 두고 지방 각 사찰에 지부를 두었다.[6]
그리고 불교계 최초의 근대식 교육기관인 明進學校를 설립하여 운
영하였다.[7]

불교연구회는 설립과정에서부터 일본 정토종의 영향을 강하게
받았다. 정토종을 宗旨로 채택하였을 뿐만아니라 銅에 금도금을 한
팔각형의 會章을 만들어 '淨土宗敎會章'이란 銘文이 새겨진 배지를
회원들에게 나누어 주기도 하였다. 일본 정토종과 지나치게 밀접한
관계를 가진 것에 대해 비난의 여론이 일자 홍월초는 회장직을 사
임하였다.[8]

불교연구회는 설립된 지 오래되지 않아서 새로운 종단으로 개편
될 움직임을 보였다. 1908년 3월 6일 각 도 사찰 대표자 52명이 원
흥사에 모여 圓宗이라는 새로운 宗名을 채택하고 圓宗宗務院을 설
립하였다. 당시 불교연구회 회장 겸 명진학교 교장이던 해인사 주
지 李晦光이 대종정에 선출되었다. 원종종무원은 總務部·敎務
部·學務部·庶務部·財務部 등의 부서를 두었다.[9] 원종은 불교계
의 대표자들이 자발적으로 설립한 근대 최초의 종단이었다.

6) 李能和, 1982, 『朝鮮佛敎通史』 상권, 寶蓮閣, 620쪽.
7) 東大七十年史刊行委員會, 1976, 『東大七十年史』, 9~13쪽.
8) 이능화, 앞의 책 하권, 936~937쪽.
9) 이능화, 앞의 책 하권, 937쪽.

한편 개항기 불교계는 개화세력과 밀접한 연관을 맺고 있었다. 개화세력 가운데 劉大致와 金玉均은 불교에 상당한 인식기반을 가지고 있었다. 개화사상가들은 유대치를 통하여 禪道에 관한 이야기를 듣게 되었다. 그리고 나서 그들은 일본을 돌아보았으며, 당시의 시세를 살펴서 혁신을 결심하게 되었다고 한다. 개화당에는 개화승으로 불리는 이동인과 탁정식도 참가하고 있었다.10)

李東仁은 東萊 梵魚寺 출신이었다. 그는 부산에 있던 일본 東本願寺 승려 오쿠무라 엔싱(奧村圓心)의 알선에 의하여 1879년부터 일본을 출입하였다. 그의 밀항은 단독으로 결정되었던 것이 아니었다. 그것은 유대치·김옥균·박영효 등 개화당 요인들의 지도를 받아 이루어졌다.11) 일본 밀항을 통하여 이동인은 근대 서구의 문물이 담긴 책들을 개화파 인사들에게 전해 주었다. 개화파 인사들은 이 책들을 돌려가면서 읽고 개화사상을 흡수하였다고 한다.12)

卓挺埴은 법명을 無不이라고 하며 白潭寺 출신으로 속명은 鼎植이라고 하였다. 백담사에서 강사를 지낼 때 화계사에서 김옥균을 만나 의기가 투합하여 개화파의 일원으로 활동하였다.13) 이동인과 탁정식은 조선사회가 근대 문물을 접하던 시기에 개화사상을 흡수하고 근대사회를 지향하였다는 점에서 불교계의 선각자라고 할 수 있다.

1895년 일본 日蓮宗의 승려인 사노 젠레이(佐野前勵)는 조선 승려들의 '入城解禁'을 김홍집 내각에 건의하였다. 이때부터 승려들은 도성출입이 가능하게 되었다.14) 다카하시 도오루(高橋亨)는 사노

---

10) 李光麟, 1993, 『開化黨研究』, 一潮閣, 12쪽.
11) 奧村圓心, 1985, 「朝鮮國布敎日誌」 『韓國學論叢』 7, 국민대학교한국학연구소, 270~271쪽.
12) 이택휘·김운태 외 4인, 1993, 『서재필』 (대우학술총서 공동연구), 민음사, 165쪽.
13) 이능화, 앞의 책, 하권, 899쪽.

가 입성해금을 건의한 것은 승려들의 지위를 향상시켜 주기 위한
것이 아니었다고 한다. 그는 사노가 日蓮宗의 宗旨를 가지고 조선
불교계를 통일하려는 야심 때문이었다고 한다.[15] 조선의 불교도들
가운데는 일본 승려에 의해서 이루어진 도성해금을 대단한 은혜로
여기는 사람들이 있었다.[16]

　그러나 승려들의 도성출입 금지는 당시 사회적인 분위기로 보아
서 곧 해제될 상황이었다. 1894년에 발발한 東學農民戰爭에서 농민
군들이 조선왕조 정부에 제출한 폐정개혁안 12개조 가운데 신분제
철폐 조항이 들어있었다.[17] 동학농민전쟁의 영향으로 설치된 軍國
機務處는 사회·경제·사법·군사·교육 등에 걸쳐 약 210개항에
달하는 여러 가지 개혁안을 입안하였다. 군국기무처가 시행해야 할
주요 개혁안에는 승려가 도성에 들어오는 것을 금하는 법을 폐지해
야 한다는 내용이 들어있다.[18] 그렇지만 승려들의 도성출입은 일본
승려의 건의에 의해서 이루어졌고, 이와 더불어 일본 불교세력은
정치권과 결탁하여 조선포교에 나섰다.

---

14) 金敬執, 2000,『한국근대불교사』, 경서원, 21쪽.
15) 高橋亨, 앞의 책, 893~894쪽.
16) 高橋亨, 앞의 책, 898쪽.
　　鄭珖鎬, 1988,「日帝의 宗敎政策과 植民地佛敎」『近代韓國佛敎史論』,
　　민족사, 77~83쪽
17) 吳知泳, 1987,『東學史』, 大光文化社, 136쪽.
18) 서울대학교 독일학연구소 譯, 1992,『韓國近代史에 대한 資料』, 신원
　　문화사, 207~209쪽. 승려들의 도성출입금지 해제 사실은 黃玹의『梅
　　泉野錄』에도 전하고 있다.

제2절 日本 佛教 세력의 침투

　메이지유신 이전까지 일본 종교의 주류는 불교였다. 神道는 종속
적인 위치에서 불교와 공존을 추구하는 神佛習合의 형태로 오랜 세
월을 지내왔다. 일본의 고유한 토착 신앙은 신도였다. 신도란 용어
는『日本書紀』用明天皇條에 '天皇信佛法尊神道'라고 한데서 처음
나타난다. 불교를 비롯한 외래사상과 일본 고유의 종교를 구별하기
위해서 사용되었다.19)

　신도의 기원은 일본인의 '가미'(神)에 대한 신앙과 제사의식에서
찾을 수 있다. 이 때 사용되는 신의 개념은 자연신과 인간신을 총칭
하는 것이다. 즉 신도는 고대인의 공통신앙 형태였던 자연숭배와
조상숭배에서 나온 다신교적인 개념이었다. 신불습합은 메이지유신
이후 신도를 불교로부터 분리시켜 國敎化하기 위한「神佛判然令」
이 공포되면서 神佛分離 현상으로 나타났다.20)

　神佛分離 현상은 廢佛毀釋이라는 불교 탄압형태로 전개되었다.
폐불훼석이 전개된 것은 천황제 성립 과정에서 불교계가 막부체제
와 유착되었기 때문이었다. 천황제 국가가 성립되자 儒學者들과 復
古國學者들은 排佛論을 주장하였다.21) 폐불훼석은 도쿠가와(德川)
幕府에서 3백여 년간 보호를 받아왔던 불교계를 미증유의 혼란 상
태에 빠뜨렸다. 사찰은 廢寺 지경에 이르렀고, 佛體와 佛具類는 불
길 속에 던져졌다.22)

---

19) 김승태, 1992,「일본 신도의 침투와 1910·1920년대 '신사문제'」『한국
　　기독교와 신사문제』, 한국기독교역사연구소, 194쪽.
20) 김승태, 앞의 논문, 193~194쪽.
21) 吉田久一, 1992,『日本近代佛教史研究』, 川島書店, 3쪽.
22) 土屋詮教, 1939,『明治佛教史』, 三省堂, 76쪽.

이 시기 대안을 제시하였던 승려들은 불교계의 碩學大德들이었
다. 이들은 불교 탄압사태에 직면하여 高官들의 무지를 깨우치기도
하고, 혹은 구미 각국을 방문하여 종교제도와 문물을 연구하여 오
기도 하였다. 그 결과 일본 불교계는 神佛竝存을 주장하면서 교단
의 內政을 정비하였고, 宗門의 교육시설을 갖추고 각성의 시대로
옮겨가게 되었다.[23] 일본 불교계는 王法과 佛法은 불가분의 관계라
는 점을 강조하였다. 불교는 기독교의 확산을 저지하기 위해서 護
國論과 결합하여 邪敎觀을 고양시켰다. 사상적인 면에서도 기독교
의 사교성과 반국가성을 지적함으로써 비상한 위기감을 조성하여
排耶思想과 防邪思想을 전개시켰다.[24]

메이지유신 정부는 신불분리를 단행하면서 신도 보급을 강화하
였다. 그러나 신도는 깊이 있는 교리 체계를 갖추지 못하였기 때문
에 한계를 드러냈다. 그로 인하여 정치권은 불교를 다시 정치의 一
翼으로 동원하지 않을 수 없었다.[25] 일본 불교계는 불교가 결코 정
부와 국익에 해가되지 않는다는 논리를 내세워 정부에 협력하는 자
세를 취하였다. 자발적으로 北海島와 千島개척에 나섰고, 중국과
조선 등에 해외포교를 전개하였다.[26]

개항 직후 1877년 일본 내무경 오쿠보 도시미치(大久保利通)와
외무경 데라지마 무네노리(寺島宗則)는 眞宗 本願寺 관장 겐뇨(嚴
如)에게 편지를 보내 조선 개교를 종용하였다. 정부측 당국자들로
부터 종용을 받은 겐뇨는 1877년 8월에 오쿠무라 엔싱(奧村圓心)과
히라노 게이스이(平野惠粹)를 조선으로 파견하였다.[27]

오쿠무라는 1880년에 마에다(前田) 총영사로부터 조선인들이 일

---

23) 위와 같음.
24) 吉田久一, 앞의 책, 76쪽.
25) 위와 같음.
26) 韓晳曦, 1988, 『日本の朝鮮支配と宗敎政策』, 未來社, 14~15쪽.
27) 大谷派本願寺開敎監督部, 1927, 『朝鮮開敎五十年誌』, 18~19쪽.

본인을 적대시하는 분위기를 완화시키는 역할을 하여 달라는 부탁
을 받았다. 총영사는 일본 불교계의 포교활동이 조선민중의 對日感
情 慰撫에 크게 공헌하고 있다는 점을 주목하고 있었다. 그는 본원
사가 조선포교에 일층 진력할 수 있도록 하는 취지를 담은 勅令이
내려질 수 있도록 右大臣 이와쿠라 토모미(岩倉具視)에게 부탁하겠
다고 하였다.28) 그는 京都 東本願寺의 末寺인 高德寺29)의 주지였
다. 1877년 오쿠무라는 부산에 일본 眞宗 大谷派 本願寺 부산 별원
을 건설하였다. 이후 일본 여러 불교 세력들은 조선침투를 단행하
였다.

　1881년에는 日蓮宗의 와타나베 이치웅(渡邊日運)이 부산에 건너
와서 日宗會堂을 건립하였다. 이후 1890년에 京都 妙覺寺의 住職
아사히 미츠(旭日苗)가 포교의 필요성을 느끼고 부산으로 건너와서
管長에게 稟申하여 日宗海外宣敎會를 조직하였다. 일종해외선교회
는 본부를 京城 妙覺寺에 두고 각지에 지부를 설치하여 포교활동을
하였다.30)

　일본 불교 세력의 조선 침투는 1894년 淸日戰爭을 기점으로 성격

---

28) 中濃敎篤, 1976, 『天皇制國家と植民地傳道』, 國書刊行會, 189~190쪽.
29) 고덕사는 임진왜란 이전에 오쿠무라 겐신(奧村淨信)이 개창한 사찰이
　　었다. 오쿠무라 겐신은 출가하기 전에 오다 노부나가(織田信長)의 무
　　사로 있다가 오다의 실각 후 본원사의 승려가 되었다. 1585년 부산으
　　로 건너와 일본 불교의 포교에 힘썼다. 오쿠무라 겐신은 1591년 토요
　　토미 히데요시(豊臣秀吉)가 임진왜란을 일으키기 전에 토요토미를 돕
　　기 위해 귀국하였다. 그는 임진왜란 중에는 일본군을 따라서 종군하였
　　다. 오쿠무라 겐신은 1596년에 일시 귀국하였다가 또 다시 부산으로
　　건너오려고 하였지만 海禁令으로 길이 막혔다. 그 때 唐津 城主 寺澤
　　志摩守의 청으로 그곳에 절을 짓고 역시 고덕사라 이름하였다. 오쿠무
　　라 엔싱은 고덕사의 개창인인 오쿠무라 겐신의 14대 손이었다(趙東杰,
　　1985, 奧村의 朝鮮國布敎日誌」『韓國學論叢』, 국민대학교 한국학연구
　　소, 248~249쪽).
30) 靑柳南冥, 1911, 『朝鮮宗敎史』, 朝鮮硏究會, 141~142쪽.

이 달라진다. 청일전쟁 이후 일본은 조선침략을 노골화하였다.[31] 청
일전쟁 당시 從軍僧을 파견하였던 宗派는 이미 조선에 들어와서 활
동하고 있던 大谷派 東本願寺派와 日蓮宗 이외에 淨土宗과 本派
西本願寺가 가세하였다.[32] 淨土宗은 1897년 야마구찌(山口) 縣 極
樂寺 住持 미쓰미다 모찌몽(三隅田持門)이 부산으로 건너와서 포교
를 시작하였다.[33] 1898년에는 경성에 개교원을 설치하고, 인천·개
성·평양·마산 등지로 세력을 넓혀 나갔다. 1904년 露日戰爭이 발
발하자 大谷派 本願寺·本派 本願寺·淨土宗·日蓮宗 등의 여러
종파는 세력 확장에 고심하였고 새로이 曹洞宗·臨濟宗·眞言宗
등이 조선 진출에 참여하였다.[34]

사찰령이 공포되는 1911년까지 조선에 상륙한 일본 불교종파는
당시 12개 종단 49개 종파[35]들 가운데 6개 종단 11개 종파에 달했
다. 조선에 상륙하지 않은 나머지 6개 종파는 신도수가 100만 명이
안 되거나 겨우 백만이 넘는 군소 종단에 지나지 않았다.[36]

1907년 4월 종파를 알 수 없는 일본 승려가 1906년 8월부터 조선
불교계 형세를 본국의 敎界나 經世家에게 참고자료로 제공하기 위
해 쓴 보고서에 의하면 조선불교계의 형세는 다음과 같이 묘사되어
있다.

조선의 사찰은 일본과 달리 깊은 산 속에 있어 찾아다니기가 불편

---

31) 崔柄憲, 2001.6.16, 「日帝의 侵略과 佛敎」『일제의 한국 침략과 종교-
   한국 강점 전후를 중심으로-』(한국사연구회학술회의 발표문), 46쪽.
32) 統監府, 1910.3, 『第三次 統監府統計年報』, 169~170쪽.
33) 廣安眞隨, 1903, 『淨土宗開敎誌』, 東京, 淨土宗傳道會, 66쪽.
34) 앞의 책, 『第三次 統監府統計年報』, 169~170쪽.
35) 川崎庸之·笠原一男 編, 1974, 『體系日本史叢書』18, 山川出版社, 356~
   357쪽.
36) 金淳碩, 1994, 「개항기 일본 佛敎 宗派들의 한국침투」『한국독립운동
   사연구』8, 145~146쪽.

하다. 처음 방문하는 사람에게는 어떤 감동도 일어나지 않는다. 佛殿에는 비가 새거나 전신에 먼지를 뒤집어 쓴 채로 釋迦牟尼像이 있다. 쥐의 배설물로 더러워진 서너권의 經卷이 있고, 승려들은 無學無識하여 俗과 구별하기 어렵고 애처롭기까지 하다. 사찰 앞에는 술을 팔고, 생선을 요리하는 음식점이 있다. 승려들은 妻나 妾이 있는 경우도 있다. 여승들은 병신이거나 혹은 남편이 죽었기 때문에 명복을 빌기 위하여 출가한 경우가 많았다. 친적들은 버린 자식이라고 생각하였기 때문에 거의 찾지 않는다. 승려들은 종일 함께 하는 사람도 없으며, 일생 동안 한 가지 일을 성취해 내는 사람도 없다. 조선의 승려들은 일본 승려들을 양반이라고 부르면서 비교적 신뢰하고 있다.[37]

이 보고서는 승려들 가운데 학식과 덕망을 갖춘 고승이나 선승들을 면담한 내용은 보이지 않는다. 下流 승려들의 생활을 기록하였기 때문에 다소 과장된 면모가 있다고 하더라도 당시 불교계의 상황이 몹시 곤란하였다는 것은 이를 통해서 알 수 있다.

일본 승려들은 조선에 유치원을 설립하고 빈민구제 사업을 통하여 조선인의 환심을 사고 있었다.[38] 그들은 포교활동 뿐만 아니라 식민통치의 편의를 제공하기 위해 정탐활동도 하였다. 1905년 을사5조약 체결 이후 통감부는 일본 불교 세력이 보다 자유롭게 포교활동을 전개할 수 있도록 제도적인 장치를 마련해 줄 필요를 느꼈다. 그것이 조선을 장악하는데 유리하였기 때문이다. 이 시기 일본 불교 세력들은 언어의 장벽 때문에 일본인들을 대상으로 포교하는 데 그치고 있었다. 일본 불교 세력은 조선에서 교세 확장을 위해서는 일본인 승려보다도 조선인 승려들이 효과적이라는 것을 깨달았다. 일본 사찰이나 포교소에서는 일본 승려에게 조선어를 가르치고 조선 승려에게는 일본어를 가르치는 강습을 하기도 하였다.[39] 일본

---

37) 『宗教ニ關スル雜件綴』 1910,「韓國寺シラへ原稿」, 정부기록보존소 문서.
38) 大谷派本願寺開教監督部, 1927, 『朝鮮開教五十年誌』, 148~180쪽.
39) 中濃教篤, 앞의 책, 206쪽.

승려들이 조선 승려를 포섭하기 위해서는 조선 사찰을 일본 사찰에 예속시킬 필요가 있었다.

통감부는 1906년 11월 17일자로 일본 종교 세력들이 조선에서 보다 자유로운 포교를 할 수 있도록「宗敎의 宣布에 관한 規則」을 발표하였다. 주요 내용은 일본의 종교 세력이 조선에서 포교를 하고자 할 때는 통감의 승인을 받아야 한다는 것이다. 이 규칙은 일본 종교 각 종파의 관리자나 포교자가 조선사원의 관리 위촉에 응하고자 할 때는 통감의 승인을 받도록 규정하였다.[40]

이 규칙은 통감이 포교자의 자격을 인가하게 되어 있으므로 표면상으로는 포교를 제한하는 것처럼 보인다. 그러나 그 내용을 자세히 살펴보면 일본불교와 신도의 포교를 합법적으로 장려하고 있다. 왜냐하면 무자격자가 포교하는 것을 금하고 있기 때문이다. 관습과 풍속이 다른 나라에서 포교사업을 하려면 일정한 교육을 받고 자격을 갖춘 포교자가 나서야 한다. 포교 자격이 없는 사람이 포교에 나설 경우 자칫하면 불신감을 형성할 수 있다. 이 불신감은 통감부의 정책, 나아가서는 일본에 대한 불신으로 이어질 우려가 있었다. 그렇기 때문에 자격을 갖춘 사람으로 제한한 것은 통제하는 것이 아니라 제도적으로 원활한 포교를 보장해 준 것이었다.

「宗敎의 宣布에 관한 規則」발표로 인해 이른바 管理請願이라는 것이 가능하게 되었다. 관리청원이란 것은 조선의 사찰이 일본 불교의 某 종파와 연합 또는 말사 가입을 의미하는 일본식 표현이다.[41] 그 결과 1911년 경에 전국의 사찰 가운데 약 120개 사찰이 관리청원을 신청한 것으로 드러났다.[42]

관리청원을 제출하여 통감부로부터 승인을 받은 사찰 가운데는

---

40) 宋炳基 編, 1972,『統監府法令資料集』上, 국회도서관, 234~235쪽.
41) 정광호, 앞의 책, 89쪽.
42) 대곡파본원사 조선개교감독부 편, 앞의 책, 195~196쪽.

金泉 直指寺・鐵原 四神庵・博川 深源寺・果川 戀主庵 등 많은 사찰이 있었다. 관리청원을 신청하였으나 통감부로부터 승인을 얻지 못한 사찰로는 陜川 海印寺・東萊 梵魚寺・求禮 華嚴寺・河東 雙溪寺와 같은 거찰들도 포함되어 있었다.[43] 관리청원의 승인을 받은 조선의 사찰은 일본 某寺 別院末寺라는 간판을 寺門에 달게 되었다.

이들 사찰이 관리청원을 신청한 까닭은 을사5조약 체결 이후 전국적으로 일어난 의병세력들이 근거지를 대부분 산중에 두었던 데 있었다. 사찰은 자연히 의병들의 은신처가 되었다. 그로 인하여 사찰이 입는 피해가 적지 않았다. 조선 사찰이 일본 사찰의 말사가 되면 일본 군대나 헌병들로부터 보호를 받을 수 있을 것으로 기대하였기 때문이라고 한다.[44] 국내의 거찰 가운데서도 관리청원을 신청한 사찰이 있는 것을 보면 당시 불교계의 민족의식이 박약하였음을 알 수 있다.

통감부 시기 일본의 조선 불교정책은 아직 완전한 '병합'이 이루어지기 이전이라서 일본 불교 세력들의 교세 확장을 지원하면서 불교계를 병탄하려는 노선을 취하였다. 그러나 1910년 8월 조선을 장악한 조선총독부는 1911년 6월에 사찰령 공포하면서 일본 불교 세력들이 조선 불교계에 영향력을 행사하는 것을 용인하지 않고 직접 관리하는 정책으로 전환한다. 이러한 정책전환에 따라서 조선총독부는 조선 불교 원종과 일본 조동종과의 합병도 승인하지 않았고, 민족주의 계열에서 설립하였던 임제종도 해산시켰다.

---

43) 위와 같음.
44) 高橋亨, 앞의 책, 919쪽.

제3절 「國內寺刹現行細則」의 공포와
대한제국의 佛敎政策 완화

대한제국 정부는 개항 이후 불교에 대해서 유화적인 입장을 취하였다. 1902년에 寺社管理署를 설치하여 지금까지 방치하여 왔던 불교계의 관리를 제도권으로 편입시켰다. 그리고 국내사찰현행세칙 36개조를 반포하였다. 국내사찰현행세칙의 내용은 元興寺를 大法山인 首寺刹 즉 불교계의 總宗務所로 삼고 각 道에 中法山 16개소[45]를 두어 사찰 사무를 통괄하게 한다는 것이었다.[46] 국내사찰현행세칙 36조는 대한제국 정부의 불교정책이 잘 나타나 있는 법령이다.

국내사찰현행세칙은 승려들의 정치권에 대한 발언을 엄금하였다. 승려가 되기 위해서 일정한 規費金을 납부하도록 규정되어 있었다.[47] 그러나 이 세칙은 이전 시기에 비해서 불교계의 자주적인 발전 가능성을 보장하였다. 국내사찰현행세칙의 제정 취지는 演義에 잘 나타나 있다.

　　모든 僧徒의 무리들에 대해서 일찍이 규제하는 규칙이 없었다. 국조 오백여 년에 미쳐 성인의 감화와 다스림이 크게 행해졌음에도 佛

---

45) 16개의 중법산은 다음과 같다. 京畿左道 奉恩寺(廣州)·京畿右道 奉先寺(양주)·京畿南道 龍珠寺(수원)·忠淸南道 麻谷寺(공주)·忠淸北道 法住寺(보은)·全羅南道 松廣寺(순천)·全羅北道 金山寺(금구)·慶尙南道 海印寺(협천)·慶尙南道 通度寺(양산)·慶尙北道 桐華寺(대구)·江原道 月精寺(평창)·江原道 楡岾寺(고성)·咸鏡南道 釋王寺(안변)·咸鏡南道 歸州寺(함흥)·平安道 普賢寺(영변)·黃海道 神光寺(해주)(三寶學會, 1965, 「僧團編年」『韓國近世佛敎百年史』1, 12쪽).

46) 위와 같음.

47) 三寶學會, 1965, 『韓國近世佛敎百年史』4, 「各種法令」, 民族社, 7쪽.

家의 舊道는 그 혜택을 바랄 수 없었다. 승도의 百廢가 생겨나고 승려들이 어리석어 불도를 돌아보지 아니하고 산을 팔고 땅을 엿보아 절은 쇠잔해지고 암자는 廢해졌으니 민망한 일이 아니겠는가 … 승려의 무리라고 해서 어찌 교화해야 할 백성들이 아니며 쇠잔해진 사찰과 흩어지는 승려의 무리들을 방치할 수 있겠는가. 이에 관리서를 세워 諸道의 各 寺를 총괄하게 하고 피폐해진 사찰을 조사하여 보존하고 승려의 무리를 바로잡아 感化시키고자 하니 성인의 은택이 진실로 깊지 않은가 …48)

대한제국 정부는 불교계를 총괄하기 위해서 寺社管理署를 세우고 관리자를 임명한다고 밝혔다. 관리자로 하여금 각 도 사찰의 현황을 조사·정리하고 승려들이 불도를 닦을 수 있는 기반을 마련해주겠다는 것이다. 당시 불교계는 정치권의 종교 간섭이 초래할 수 있는 폐단을 생각하기 전에 일단 정부가 공식적으로 제도권에서 관리하게 되었다는 사실만으로도 환영할 만한 일이라는 인식들이 많았다.49)

국내사찰현행세칙의 주요한 조문들을 검토해 보자. 제1조는 頓·漸·秘密·不定·藏·通·別·圖(圓의 오기: 필자)·人敎의 隨機門을 선양하여 見性成佛의 진리를 開示할 事라고 규정하였다. 이 조문은 대한제국 정부가 불교계에 본래 목적에 충실하라는 원칙을 천명함으로써 제도적으로 포교의 자유를 허용하였다. 종래 억압과 수탈로 일관하던 정책에서 합법적인 활동을 보장하였다는데 큰 의미

---

48) 三寶學會, 앞의 책, 2쪽.
   "而凡其雲浮水流之踪 俱未嘗不有規制 逮夫我國朝五百有餘年 聖化休明 治敎大行 而佛家之舊道 僧徒之百廢俱生 緇衲愚傍 不顧其道之自靜 或賣山斥土 以至寺殘而庵廢 可不悶嘆哉 … 則維彼剃髮緇衣之屬 何莫非化育中氓 而置其廢殘 任其放散斂 於是乎爰命管理署 總管諸道各寺 調查其廢 支保其存 卑齋者繩之 硬者變之 聖人鑑幽化之澤誠淵乎"

49) 徐景洙, 1988, 「日帝의 佛敎政策」『近代韓國佛敎史論』, 民族社, 108쪽.

가 있다.

제2조는 眞俗 第一義諦중에 孝養父母하여 恭敬師表하고 忠事帝王하며 不造五逆이란 佛語를 宗則 삼아 一般所化를 提接할 事라고 하였다. 유교적 지배 질서체계가 강고하게 남아 있던 당시로서는 지극히 당연한 조문이었다. 사회의 가치관을 혼란시키지 말고 국가에 危害가 되는 일을 도모하지 말 것을 규정하였다. 제3조는 사찰의 법회는 불교 관계에만 한정하도록 규정하고 政界의 득실에 관한 발언은 엄금하다. 이 조항은 대한제국의 부조리와 부패사항에 대해서 불교계는 비판마저도 할 수 없도록 규정한 전근대적인 요소라고 할 수 있다.

제4조와 5조는 法階와 그에 따른 法衣의 색깔을 규정하였다. 제6조에는 大法山과 中法山을 설치하고 국내 사원의 班次50)를 정하였다. 대법산은 국내 首寺刹이니 元興寺로 정하고 중법산은 道內 수사찰이니 그 위치를 다음과 같이 별도로 정한다라고 하여 일원적인 관리체계를 명시하였다.

제7조부터 제18조까지는 종래의 總攝・僧統・和尙・住持의 名號 개정과 수사찰 승직의 법계와 임무를 명기하고 있다. 이것을 표로 정리해 보면 <표 1>과 같다. <표 1>에 나타나듯이 불교계의 首長인 左教正은 임원과 일반 사원에 대한 지휘감독권을 가지고 자율적으로 승단을 규율해 나갈 수 있었다. 좌교정은 推望公選토록 되어 있었다. 어떤 조직이건 수장은 그 조직의 진로와 현안사항을 결정하는데 중요한 역할을 한다. 수장의 지도력에 따라 그 조직의 운명이 좌우된다고 하여도 과언이 아니다. 대한제국 정부는 불교계의 수장을 임명하지 않고 승단에서 선출하도록 하였다. 이것은 불교계의 자율권과 자체적인 발전을 보장한 것이었다.

---

50) 지위・계급 등의 차례를 의미함, 여기서는 사찰의 등급을 정하는 것을 뜻함.

〈표 1〉 국내 首寺刹 僧職 일람표

승직명	인원	법계	선출방식	임기	임　　무
左敎正	1인	1급 1등	推望共選	12 개월	임원과 일반 사원의 사무를 지휘감독
右敎正	1인	1급 2등	推望共選	12 개월	좌교정을 보좌하고 좌교정 유고시에는 그 사무를 대변함
大禪議	1인	1급 3등	공 선	12 개월	좌우교정의 지휘를 받아 법계출척과 포상징계와 精進勤慢에 종사할 것
上講義	1인	1급 3등	공 선	12 개월	좌우교정의 지휘를 받아 승려교육과 도첩 및 이력서와 일체 임원의 公選記와 저술 서류에 종사할 것
理 務	5인	1급 4등	공 선	12 개월	임원의 지휘를 받아 전국 사원의 일반 공무를 公議決定하고 기타 사무를 관장할 것
都攝理	1인	2급 1등	공 선	12 개월	전국 사원의 일체 사무를 임원과 협의하여 전국 각 사찰을 新建重修와 興廢分合과 所關山林과 승려규찰에 관한 대소사를 장리할 것
監院	1인	2급 2등	공 선	12 개월	도섭리를 보조하여 사원내 일체 穀物品에 관한 일을 장리하되 단 所用會計를 詳細註錄하여 열람하기에 편리하게 하고 돈과 양식을 다른 사람에게 대여하지 말 것
書記	2인	1급 5등	都攝理가 望報差出	12 개월	임원의 명령을 받아서 일반 사원 및 內外法界의 왕복서류의 편찬에 관한 것과 제반 사실을 기록하여 無遮大會 열람에 제공하도록 함
知賓	1인	2급 3등	都攝理가 望報差出	12 개월	섭리의 지휘를 받아 빈객 접대에 종사함

참고자료:『韓國近世佛敎百年史』, 제4권,「각종법령」, 民族社, 3~6쪽

제19조는 좌교정 이하 중법산인 16개 수사찰 임원의 첩지는 사사 관리서에서 발급한다고 규정되어있다. 이 조항은 임원 승려의 도첩을 관리서에서 발급한다고 규정함으로써 정부가 불교계에 강한 영향력을 행사할 수 있었다. 제20조는 일체 임원의 임기는 12개월로 정하고 있다. 임원이 임기 중에 죄과를 범했을 경우에는 잔여 임기에 상관없이 면직될 수 있었다. 또 임기 중에 공적이 있는 자는 한 번에 걸쳐 재임할 수도 있었다.

제21조와 제22조에는 승단의 임원들은 사원과 승려에 관한 사무만 관장하고 기타 행정상의 행위는 관리서의 지휘감독을 받도록 규정하였다. 이 규칙을 위반하였을 경우에는 승적을 박탈한다고 명시되어 있다. 이 조항은 승려들이 僧團 이외의 일에는 일체 관여할 수 없도록 명시하였다. 승려들의 활동범위를 제한한 것은 조선시대에 비해서는 나아졌지만 여전히 억압의 잔재가 남아 있었다.

제23조는 승려가 되기 위해서는 먼저 도첩을 받은 후에 剃髮할 수 있도록 규정하였다. 단서 조항으로 도첩은 사사관리서에서 성급하되 規費金 2兩을 본사에 납부할 것을 명시하고 있다. 승려가 되기 위해서 일정한 금액을 세금으로 납부하도록 한 것은 전근대적인 요소이다. 제24조는 假僧의 종적을 엄금할 것과 도첩과 名籍이 없는 자는 환속시킬 것을 명시하였다. 모든 승려는 매년 2냥씩을 봄·가을로 납부하도록 하였다. 국가적인 차원에서 戶口와 軍役의 파악을 위해서 無籍僧의 단속은 필요하였을 것이고, 그를 위해서 정기적으로 승려 신분을 확인하는 절차를 거쳤다.

제25조는 사원의 규모와 탑 그리고 부도와 같은 사항[51]에 대해서

---

51) 三寶學會, 앞의 책, 7~8쪽.
  一. 佛彌勒位數幷舍利浮屠塔數, 二. 寺宇間數及蓋瓦蓋草蓋鐵, 三. 鍾聲佛器幷寺內常住汁物 等數, 四. 流來金玉器物, 五. 御筆及名畵, 六. 田與畓耕數斗落數所出穀數幷所在地名, 七. 寺院區域四標幷所有山林, 八. 附近廢寺遺虛及所有山林.

는 사실에 따라 문서를 만들어 보관하라고 명시하였다. 사찰은 관리대상인 전답·산림 등의 자산과 불상·탑·부도·범종 등 문화재적 성격을 띠는 유물 목록 3부를 만들도록 되어 있었다. 그 목록 가운데 1부는 본사에 두고, 1부는 本道 首寺에 두게 하고 1부는 사사관리서에 제출하게 하였다. 이 조항은 奸僧輩들의 농간과 투매를 방지하고자 하는 것이었다. 제출기한과 제출하지 않았을 경우에 처벌에 관한 사항은 명시되어 있지 않다. 다만 제26조에 사찰 소유의 유물과 전답을 盡心守護하되 임원의 임기가 만료되어 사무를 인계할 때 破失된 것은 徵納[52]하도록 되어 있다. 이 조문은 사찰의 유물과 재산목록의 제출기한을 명시하지 않았다는 점과 또 이행치 않았을 때 처벌 규정이 없다는 점에서 전근대사회의 법령이 지니는 한계성이라고 하겠다.

제28조는 일반 승려의 징계포상에 관한 규정은 사사관리서에서 마련하여 시행하도록 하였다. 승려가 現行罪過를 범했을 때는 前日 總攝行政例에 의하여 그 경중에 따라서 小則自斷하고 大則管理署에 보고하여 지시를 기다려서 처벌하게 하였다. 조선후기 총섭은 불교계에서 추대하거나 선출한 것이 아니라 備邊司에서 임명하였다. 총섭제는 정부의 보조적 기관으로서 성격을 띠었다. 총섭은 僧將으로서의 역할 이외에 관내 사찰에 대한 釐正의 임무도 수행하였다.[53] 이러한 전례를 따라 승려가 현행법을 위반하였을 경우에 경미한 사안은 승단이 자율적으로 처리하도록 위임하였다.

제29조에는 사찰 형편에 따라서 학교를 설립하고 승려 중에서 聰俊者를 선발하여 교수할 것을 권장하였다. 이 조항은 불교계가 인

---

52) 徵納이란 지방 수령이 세금을 거두어 국가에 바친다는 뜻이다. 여기서는 사찰의 임원이 임기가 만료된 시점에서 遞任될 시에 망실된 부분에 대하여 원상복귀를 할 수 있는 비용을 납부하도록 하였다고 보는 것이 좋겠다.
53) 呂恩暎, 1987, 「朝鮮後期 山城의 僧軍 總攝」 『大邱史學』 32, 86쪽.

재양성을 도모하고, 발전을 지향할 것을 권장한 것으로 대단히 고무적인 것이었다. 제30조는 일반 사원의 제반 잡역과 來往人의 供需를 혁파하라는 내용이다. 관리 및 閑雜輩의 討索酒食 행위에 일체 응하지 말 것을 규정하고 있다. 이로써 불교계는 법제적으로 정부와 지배층의 수탈에서 해방된 셈이다. 이 조항은 조선시대 불교계가 왕조정부와 양반·이속배들로부터 당하였던 온갖 수탈과 잡역에서 해방되었다는 것을 뜻한다. 비로소 불교계는 다른 종교단체들과 같은 조건에서 포교와 여러 가지 사업을 할 수 있는 계기가 주어졌다.

제31조부터 35조까지는 승려들의 行裝에 관한 것과 勸善을 가급적 행하지 말라는 것, 본 세칙을 각사에 분급하라는 것 등의 내용이다. 제 36조는 국내사찰현행세칙에 명시되지 않은 부분에 대해서는 관리서의 판정을 기다려서 시행할 것을 규정하였다.

종래의 僧職은 자체 내의 법에 의해서 규정되었으므로 아무런 대외적인 구속력을 가질 수 없었다. 그러나 국내사찰현행세칙의 시행으로 승려의 신분은 국법으로 정해지게 되었다.[54] 대한제국 시기에 제정된 국내사찰현행세칙은 불교계의 최고 수장인 좌교정을 공선으로 선출하게 하였다. 승려들의 경미한 범죄사안에 대해서 승단에서 자체적으로 처리할 수 있는 재량권을 주었다. 학교를 세워 인재 양성을 권장하였다는 점에서, 종래의 과도한 제반 잡역을 혁파해주었다는 점에서, 불교계의 자주적인 발전을 보장하였다. 이러한 조치에 따라서 불교계는 1908년 圓宗이라는 종단을 설립하였고, 明進學校를 설립하여 인재양성을 서둘렀다.

그러나 국내사찰현행세칙이 승려들에게 정치에 관한 일체의 발언을 할 수 없도록 한 점, 도첩 발급을 사사관리서에서 하도록 한 것과 매년 2냥씩의 규비금을 내도록 한 점 등은 봉건적인 요소로

---

54) 서경수, 앞의 논문, 107~108쪽.

지적될 수 있다. 이 세칙은 운영과정에서 도첩의 암거래와 사사관
리서 관리의 사욕으로 인하여 시행된 지 2년만인 1904년에 폐지되
고 소관사무는 內部官房으로 옮겨졌다.[55]

제4절 제1차 朝日佛敎 연합책동과
臨濟宗의 대응

대한제국이 국내사찰현행세칙을 공포하자 불교계는 1908년 圓宗
이라는 종단을 성립시키고 종정에 이회광을 선출함으로써 면모를
새롭게 갖추었다. 그리고 明進學校를 세워서 인재양성에 힘쓰는 한
편『圓宗』이라는 잡지를 발간하여 포교에 힘을 기울였다.[56]

원종의 종정 이회광은 일본 조동종 승려 다케다 한시(武田範之)
를 원종 고문으로 추대하였다. 다케다는 1894년 동학농민전쟁이 발
발하자 일본 극우 단체인 玄洋社[57]의 浪人들을 중심으로 天佑俠이
란 단체를 조직한 인물이다.[58] 그는 1895년 乙未事變에 가담하였다
가 구금되어 본국으로 송치되어 히로시마(廣島) 감옥에 투옥되었으
나 무죄로 방면되었다.[59] 黑龍會의 主幹인 우치다 료헤이(內田良
平)는 1906년 이토 히로부미(伊藤博文)의 촉탁으로 조선에 들어와서
그를 초청하였다.

---

55) 서경수, 앞의 논문, 108쪽.
56) 김광식, 1996,「1910년대 佛敎界의 曹洞宗 盟約과 臨濟宗 運動」『韓國
　　近代佛敎史硏究』, 民族社, 64쪽.
57) 현양사에 대해서는 다음 논문을 참조할 수 있다.
　　조항래, 1996,「日本 國粹主義團體 ‘玄洋社’의 韓國侵略行跡」『日帝의
　　對韓侵略政策史硏究』, 현음사.
58) 川上善兵衛, 1987,『武田範之傳』, 日本經濟評論社, 97∼107쪽.
59) 高橋亨, 앞의 책, 931∼932쪽.

다시 조선으로 건너 온 다케다는 지난날 동학과의 인연으로 알게
된 李容九를 통하여 侍天敎의 고문이 되어 侍天敎 敎典을 漢譯하
였다.[60] 그는 이용구의 추천으로 조선불교 원종의 고문을 겸하고,
1907년에는 이용구와 함께 「勸佛敎再興書」를 기초하였다. 일진회
간부들을 설득하여 일본이 조선을 병합하는데 찬성하도록 유도하
였다.[61] 이회광이 원종을 일본 曹洞宗과 합병시키려고 했을 때 그
는 원종 고문의 자격으로 알선에 나섰다.[62]

이러한 상황에서 이회광은 조선 불교 원종을 일본 조동종에 연합
시키고자 하였다. 그는 원종종무원을 대표해서 전국 72개 사찰의
위임장을 받아 일본으로 건너갔다. 그는 연합이 아닌 부속을 주장
하였던 일본 조동종과 절충 끝에 1910년 10월 7일 「聯合盟約」 7개
조를 성립시켰다.[63]

---

60) 高橋亨, 앞의 책, 930~941쪽.
61) 江田俊雄, 1975, 『朝鮮佛敎史硏究』, 東京, 國書刊行會, 431쪽.
62) 위와 같음.
63) 이능화, 앞의 책, 하권, 938쪽 이 때 체결된 연합맹약 7개조는 다음과
　　같다.
　　一. 朝鮮 全圓宗宗務院衆은 完全且永久히 聯合盟約하여 불교를 확장
　　　　할 事
　　一. 朝鮮 圓宗宗務院은 曹洞宗務院에 顧問을 依囑할 事
　　一. 曹洞宗務院 조선 원종종무원이 설립인가를 득함에 斡旋의 勞를
　　　　취할 事
　　一. 朝鮮 圓宗宗務院은 조동종의 포교에 대하여 상당한 편리를 도할
　　　　事
　　一. 조선 圓宗宗務院은 曹洞宗務院에서 포교사 약간 명을 초빙하여
　　　　각 首寺에 배치하여 일반 僧侶及靑年僧侶의 교육을 위탁하고 又
　　　　는 조동종무원이 필요로 인하여 포교사를 파견하는 시는 조선 원
　　　　종종무원은 조동종무원이 지정하는 地의 寺나 혹 사원에 宿舍를
　　　　정하여 一般布敎及靑年敎育에 종사케 할 事
　　一. 본 맹약은 쌍방의 意가 不合하면 폐지 혹 개정할 事
　　一. 본 맹약은 其 관할처의 승인을 득하는 日로부터 효력을 발생함
　　　　　　　　　　　　　　　　　　　明治 四十三年 十月 六日

「연합맹약」의 주요 내용은 원종과 조동종이 연합동맹하여 불교
확장에 노력한다는 것이다. 「연합맹약」에 원종은 일본 조동종의 고
문을 두도록 명시되어 있었다. 원종의 종무 제반사항에 조동종이
영향력을 행사할 수 있는 계기가 될 수 있었다. 원종은 조동종 측에
의견을 개진할 수 있는 아무런 통로가 없었다. 한편 조동종은 원종
이 조선총독부로부터 설립인가를 받는 데 알선의 노력을 한다고 약
속하였다.

그 내막은 이러하다. 1910년 4월 이회광 등 원종의 주요 인사들이
중심이 되어 전국 사찰에서 의무금을 걷어서 한성부 磚洞에 覺皇寺
를 건립하였다. 이들은 각황사를 朝鮮佛敎中央會所 겸 중앙포교소
로 운용하기로 하였다. 동년 5월 6일 이회광을 비롯한 13도 사찰 대
표들이 각황사에 모여 각황사의 운영방침을 결정하였다. 이들은 한
성 부윤에게 원종 종무원의 설립인가를 신청하였다.64) 한성 부윤은
신고서를 접수하고 내무부 지방국장에게 송부하였지만 8월에 庚戌
國恥가 단행됨으로써 원종은 결국 인가를 받지 못하였다.65) 이회광
은 조선총독부에 원종의 설립인가를 취득하여야 할 과제를 안게 되
었다. 이 문제 해결에 조동종이 도움을 준다는 것이었다.

원종은 조동종 포교사를 초빙하여 그들이 지정하는 곳의 首寺나
혹은 여타의 사원에 宿舍를 제공하기로 하였다. 원종 측이 일본 포
교사에게 머물 수 있는 사찰을 제공하는 것이 아니었다. 조동종이
필요로 하는 사찰을 지정하겠다는 것이었다. 이것은 조동종이 조
선에서 교세를 확장하는데 원종이 협력한다는 내용을 명문화 한
것이다.

다케다는 1910년 10월 귀국하여 신병 치료를 위해 동경에 있는

조선원종대표자 李晦光　　(인)

조동종종무대표자 弘津說三　(인)

64)『宗敎ニ關スル雜件綴』1910, 「申告書却下ノ件」, 정부기록보존소 문서.
65) 위와 같음.

養生院에 입원하였다. 그는 병석에서도 원종과 조동종을 연합시키려는 야심을 버리지 못하고 1911년 3월 20일자로 조선총독 테라우찌 마사다케(寺內正毅)에게 일본 조동종과 조선의 원종을 합병시키는 것이 자신의 의무라는 내용을 담은 편지를 보냈다.[66] 그 편지의 요지는 다음과 같다.

> 조선의 승려들은 4년전에 원종종무원이란 것을 私設하였는데 1910년 9월에 13도 총회를 열어 결의한 결과 대표자를 동경에 보내어 조동종과 연합맹약을 맺었습니다. 그러나 조동종은 아직 조선의 사정을 잘 모르고, 조선 승려들은 세상물정에 어두워 조동종의 宗名을 아직 들어보지 못한 자가 많습니다. 그런 까닭에 조선사람들에게 皇化를 幽贊시키는 것이 저의 임무로서 이러한 목적을 달성시키기 위해「圓宗六諦論」을 저술하였으니 皇化宣揚에 보탬이 되었으면 합니다.[67]

다케다는 원종과 조동종을 합병하기 위하여「圓宗六諦論」[68]을 저술하였다. 그는 원종과 조동종이 提携함으로써 원종의 부흥을 도모하여 서구의 기독교에 대항해야 한다고 주장하였다. 그는 조선의 승려들이 세상 물정에 어두운 점을 이용하여 일본 조동종과 병합을 달성하려 하였다. 그는 비슷한 내용의 편지를 이용구와 일본 조동종 총무였던 히로츠 셋상(弘津說三)에게도 보냈다.[69]

이회광이 추진하였던「연합맹약」은 형식적으로는 연합이었지만 실질적으로는 원종을 일본의 조동종에 부속시키는 것에 지나지 않았다. 이회광은 어떤 인물이었을까? 이에 대해서는 梵海 覺岸이 저술한『東師列傳』을 살펴보면 그의 인물됨을 알 수 있다.『동사열전』은 覺訓의『海東高僧傳』과 함께 우리나라 僧傳의 대표적인 책이다.『동사열전』의 맨 마지막 인물이 바로 이회광이다. 각안에 의

---

66) 川上善兵衛, 앞의 책, 660~665쪽.
67) 위와 같음.
68) 瀧澤誠, 1986,『武田範之とその時代』, 三領書房, 257쪽.
69) 川上善兵衛, 앞의 책, 666~668쪽.

하면 그의 학문적 수준은 상당한 것으로 평가되고 있다. 이회광이 스승의 법맥을 이어 독자적으로 설법을 시작하니 황해도와 평안도 그리고 삼남지방의 學人들이 풀덤불을 헤치며 몰려들었다고 전하고 있다. 그가 한번 묵고 지나가면 마치 "봄에 사향노루가 산 속을 지나가매 풀이 저절로 향기롭듯 인품의 향기가 남았고, 한 번 사람과 대화하면 마치 밝은 달이 禪定에 든 듯 분명하였다"고 찬양하고 있다. 『東師列傳』에는 高宗 31년(1894) 현재 그는 33살이며 강원도 高城 乾鳳寺에 주석하고 있다고 전한다.[70]

30대 초반에 이회광은 벌써 이러한 찬사를 들을 정도였다. 그는 당대 불교계를 대표할 수 있는 승려 가운데 한 사람이었다. 이러한 그가 어떻게 해서 그런 망동을 하게 되었을까. 그것은 당시 원종의 고문이었던 다케다의 영향과 무관하지 않다. 시기가 10여년 뒤의 일이긴 하지만 1920년에 그는 일본 臨濟宗 妙心寺派와 또 다시 연합을 시도하였다. 그 때 『東亞日報』 기자를 만난 자리에서 그는 조선 불교가 발전하기 위해서는 포교에 주력하지 않을 수 없다고 하였다. 또 많은 사람에게 포교를 하자면 발달된 일본의 포교방법을 배워야 한다는 것이 그의 지론이었다.[71] 결국 조선 불교를 발전시키기 위해서는 일본 불교와 연합해야 한다는 것이 그의 생각이었다.

이러한 매종책동은 1910년 12월 경 원종종무원 서기에 의해서 통도사에 전해짐으로써 불교계에 알려지게 되었다.[72] 이 소식을 들은 朴漢永·韓龍雲·陳震應 등은 이회광의 매종행위를 저지하고 나섰다. 이들은 경상도와 전라도에 있는 사찰에 通文을 돌려 1911년 1월 15일 松廣寺에서 승려대회를 열어 臨濟宗을 탄생시켰다.[73] 승려대

---

70) 梵海 撰·金侖世 譯, 1992, 『東師列傳』, 광제원, 553~556쪽.
71) 『東亞日報』 1920.6.25, 「佛敎改宗問題(二)」.
72) 高橋亨, 앞의 책, 925쪽.
73) 『東亞日報』 1920.6.28, 「佛敎改宗問題(五)」 '先何心後何心'. 1910년 10

회에서는 임시종무원 관장으로 仙巖寺의 金敬雲을 선출하였으나 연로하여 직책을 수행할 수 없었기 때문에 직무대리로 한용운을 선출하였다. 그리고 임시종무원은 송광사에 두기로 하였다.74) 이 승려대회에서 임제종 설립운동의 주역들은 敎學을 쇄신할 것을 가결하였다. 이들은 이회광의 매종책동을 저지하는 차원을 넘어서 信敎의 자유를 확보하는 것은 신세계 종교인의 의무라고 밝혔다.75)

그러나 사찰령의 공포로 불교계를 장악한 조선총독부는 임제종의 활동을 용인하지 않았다. 1912년 6월 21일 京城府는 한용운과 이회광 그리고 강대련을 소환하여 兩宗의 문패를 철거하도록 하였다. 이에 대해서 원종측은 1912년 6월 17일부터 22일까지 개최된 30본사 주지회의에서 대한제국 시기에 성립하였던 원종을 '朝鮮佛敎禪敎兩宗各本山住持會議院'으로 명칭을 변경하였다고 밝혔다. 임제종 역시 해산되었다.76)

원종은 개항기 불교계의 자주적인 노력에 의해서 성립한 근대 최초의 불교종단이었다. 그러나 종정이었던 이회광은 제국주의 세력의 본질을 이해하지 못하고 朝日佛敎 연합책동을 벌였다. 이회광의 망동을 저지하기 위한 노력으로 남쪽 지방에서 임제종이 성립되었다. 이로써 불교계는 북쪽의 원종과 남쪽의 임제종으로 양분되는 사태가 벌어졌다. 임제종은 조선총독부의 탄압으로 해산되었다. 그러나 임제종 성립의 중심이 되었던 승려들은 이후 1919년 3·1운동과 1920년대 초반 불교계 개혁세력으로 변모하게 된다.

월 15일(음력) 광주 證心寺에서 승려대회를 열기로 하였으나 당일 來集者가 없어 무산되었다.

74) 김광식, 1996, 「1910년대 불교계의 曹洞宗 盟約과 臨濟宗運動」 『韓國近代佛敎史硏究』, 民族社, 72~73쪽.
75) 『매일신보』 1911.2.2, 「佛敎一新의 機」.
76) 『朝鮮佛敎月報』 제6호, 1912.7, 「雜報」, '門牌撤去', 78쪽.

제 2 장

「寺刹令」의 공포와
朝鮮總督府의 교단 장악

제1절 「寺刹令」의 공포와
佛教 統制策의 확립

　일본은 1910년 조선을 강점하고 조선민중들에게서 일체의 정치적 권리를 박탈하고 식민지 지배질서를 유지함과 동시에 조선의 富源을 약탈하는 것을 당면 목표로 삼았다.[1] 天皇制를 基軸으로 근대국가 체제를 수립하고 군사적·정치적·경제적으로 조선을 침략하였다. 그 침략을 합리화하고 또 침략에 저항하는 조선 민중들의 민족의식을 탄압·유화시키는 역할은 문화·종교정책이 담당하였다. 종교정책은 歐美 諸國이 식민지 침략에 기독교를 앞장 세웠던 것처럼 일본도 종교에 의한 정신적·문화적 침략을 계획하고 우선 불교를 이용하고자 하였다.[2]

　당시 일본은 근대 법치국가 체제를 확립하였기 때문에 식민지 조선을 통치하려면 메이지(明治) 憲法을 적용해야 했다. 그러나 조선에서 일본 헌법을 적용하게 되면 조선인의 權利義務를 모두 법률로써 규정하여야 했다. 그렇기 때문에 조선에서 일본 헌법 시행은 불가능하다고 결론지었다. 1910년 7월 12일 일본 閣議에서는 조선을 헌법의 적용범위에서 제외하고 새로운 법규를 제정하여 시행하기로 결정하였다.[3]

　이러한 결정에 따라서 조선총독부는 불교계를 통제하기 위하여 1911년 6월 3일자로 제령 제7호로 「寺刹令」[4](이하 「 」표시를 생략

---

1) 朴慶植, 1986, 『日本帝國主義의 朝鮮支配』, 청아출판사, 35쪽.
2) 藏田雅彦, 1991, 「天皇制國家の朝鮮植民地支配と文化·宗教政策」『朝鮮史研究會論文集』29, 66쪽.
3) 『寺內正毅文書』, 일본 국회도서관 소장 마이크로필름, No.439-26.

함)을 공포하였다.5) 사찰령과 「寺刹令施行規則」6)(이하 「 」표시를
생략함)은 식민지 시기 동안에 몇차례 통제가 강화되는 방향으로
부분적인 개정은 있었으나 일본이 패망하는 순간까지 그 골격은 변
하지 않았다. 선행연구들은 사찰령이 보다 원활한 식민통치를 수행
하기 위해서 불교계를 통제하려는 의도로 만들어진 악법이었다는
점을 밝혔다. 그러나 사찰령이 일본의 어떤 법을 참고하였는지는
아직까지 미결의 과제로 남아 있었다.

사찰령은 일본 문부성이 1898년 제14회 제국의회에 제출한 「宗教
法案」7)(이하 「 」표를 생략함)을 참조하여 만들어 졌다. 이러한 사실
은 두 법안을 비교해 보면 알 수 있다. 종교법안은 메이지유신 이후
에 천황제와 국가신도의 위상을 강화하는 과정에서 모든 종교를 통
치정책에 순치시키기 위하여 입안되었다. 제14회 제국의회에 상정

---

4) 『朝鮮總督府官報』 제227호, 1911.6.3, 制令 7호.
　　「寺刹令」 내용은 다음과 같다. 제1조 사찰을 병합·이전하거나 또는
　　폐지하고자 하는 때는 조선총독의 허가를 받아야한다. 제2조 사찰의
　　기지 및 伽藍은 지방장관의 허가를 받지 않으면 傳法·布教·法要執
　　行 및 僧尼 止住의 목적 이외에 사용하거나 또는 사용하게 할 수 없다
　　는 것으로 사찰에 관한 제반 사항을 규제하고 있다. 기타 『朝鮮總督府
　　官報』 제227호 참조.
5) 사찰령에 대해서는 다음의 논문들을 참조할 수 있다.
　　柳炳德,1975, 「日帝時代의 佛教」, 崇山朴吉眞博士華甲紀念 『韓國佛教
　　思想史』, 원광대학교출판부.
　　鄭珖鎬, 1980, 「日帝의 宗教政策과 植民地 佛教」 『한국사학』3. 정신문
　　화연구원.
　　徐景洙, 1982, 「日帝의 佛教政策－사찰령을 중심으로－」 『佛教學報』
　　19, 불교학회.
　　韓晳曦, 1988, 『日本の朝鮮支配と宗教政策』, 東京, 未來社.
　　金光植, 1996, 「1910년대 불교계의 進化論 수용과 寺刹令」 『韓國近代
　　佛教史研究』, 민족사.
6) 『朝鮮總督府官報』 제257호, 1911.7.8.
7) 戶村政博, 1976, 『神社問題とキリスト教』, 新教出版社, 397~400쪽.

되었으나 통과되지 못하였다. 「종교법안」은 이후에도 몇 차례에 걸쳐 상정되지만 번번히 부결되다가 1939년에 가서 「宗敎團體法」이라는 이름으로 통과되었다. 종교법안이 부결되었던 이유는 헌법정신에 위배되고, 국가의 종교간섭은 시대착오라는 반론에 부딪혔기 때문이었다. 조선총독부는 본국에서 실행이 불가능하였던 법안을 조선에서 시행하였다.

종교법안은 5장 53개조로 구성되어 있다. 제1장 총칙, 제2장 敎會 및 寺, 제3장 교회 및 종파, 제4장 敎師, 제5장 벌칙 그리고 부칙 등으로 이루어졌다. 사찰령은 조선총독이 발하는 制令으로 공포되어 조선 사찰에만 적용되었다. 사찰령은 1910년 조선총독부 내무국 지방과의 촉탁직이었던 와타나베 아키라(渡邊彰)에 의해서 입안되었다.[8] 사찰령이 종교법안의 어떤 부분을 모방하였는지 살펴보자.

제1조는 종교법안 제14조[9]를 참조하였다. 제1조는 사찰의 병합과 이전에 관한 사항을 규정하면서 창립에 관한 규정을 두지 않았다. 사찰 창립에 관한 규정은 사찰령시행규칙[10]에도 없다. 불교계는 이 사실에 대하여 입법자가 당시 조선 사찰의 수가 그 지역에 부족한

---

8) 崔錦峰, 1937.4, 「31本寺住持會同見聞記」『佛敎』新 2輯, 佛敎社, 14~15쪽.

9) 종교법안 제14조는 "敎派·宗派·敎會·寺 기타의 종교단체는 주무관청의 감독에 속함. 주무관청은 사무의 보고를 살피고, 그 상황을 검사하고, 기타 감독상 필요한 명령을 발하거나 또는 처분을 행함"이라고 되어 있다.

10) 『朝鮮總督府官報』 제257호, 1911.7.8.
「寺刹令施行規則」은 사찰령을 시행하는 시행세칙으로써 8개 조항으로 구성되어 있다. 제1조는 住持를 정할 방법, 주지의 교체절차 및 그 임기중 사망하거나 기타의 사고로 인하여 결원이 발생한 경우에 寺務 취급방법은 寺法중에 규정하도록 하였다. 제2조는 전국에 30개의 巨刹을 본사로 지정하여 본사 주지의 就職에 대하여는 조선총독에게 인가를 받도록 규정였고, 기타 나머지 사찰의 주지는 지방장관의 인가를 받게 하였다. 기타 『朝鮮總督府官報』 제257호 참조.

것이 아니므로 더 이상 신설할 필요가 없다고 인식하였다. 깊은 산
속에 있는 조선의 사찰을 장래 시세 발전에 따라 적당한 위치에 이
전할 수 있도록 인정해 두었으므로 부당한 것은 아니라고 해석하였
다.11) 사찰령에 새로운 사찰의 창립이 인정되지 않은 것을 그렇게
해석한 것은 입법을 한 곳이 조선총독부였기 때문에 비판을 할 수
없다고 인식한 듯하다. 조선총독부는 후술하게 될 1930년대 심전개
발운동을 전개하면서 조선 사찰의 수가 3面 1寺의 비율 밖에 안되
므로 1면 1사의 비율로 사찰과 포교당을 증설할 계획을 고려한 바
있다.12) 이 계획은 단순한 계획에 지나지 않았고 실제로 시행되지
는 않았다. 식민지 시대에 포교소가 아닌 사찰의 창립이 이루어지
지 않았다는 사실은 최근에 『朝鮮總督府官報』에 수록된 불교 관련
사항을 발췌하여 만들어진 자료집에서도 확인된다.13)

　반면에 일본 종교계를 규율하는 「신사사원규칙」에는 사찰창립
규정이 명시되어 있다.14) 「신사사원규칙」 제2조에는 "사원을 창립
할 경우에는 구비서류15)를 갖추어서 檀信徒 30인 이상 連書하여 소
속 종파 관장의 승인서를 첨부하여 조선총독의 허가를 받도록 할
것"이라고 명시되어 있다. 불교계는 사찰령과 사찰령시행규칙이 개
정되지 않는 한 식민지 시대에 사찰을 새로 지을 수가 없었다. 조선
총독부가 불교를 보호육성하기 위하여 사찰령을 제정하였다는 것
이 허구였다는 것이 제1조에 명백하게 드러나 있다.

　제2조는 사찰은 전법 · 포교 · 법요집행 및 승려의 거주 목적 이외

---

11) 재단법인 조선불교중앙교무원, 1925, 『寺刹例規』, 18~19쪽.
12) 『佛敎時報』 제1호, 1935.8.3, 「一面一寺布敎所計劃」.
13) 대한불교조계종 총무원, 2001, 『일제시대 불교정책과 현황』 상권, 812~
　　840쪽.
14) 『朝鮮總督府官報』 제911호, 1915.8.16.
15) 위와 같음, 구비사항은 다음과 같다. 1. 창립사유, 2. 사원칭호, 3. 창립
　　지 명, 4. 본존과 소속 종파 명칭, 5. 건물과 경내지 평수, 도면과 주위
　　의 상황, 6. 창립비와 기타 支辨방법, 7. 유지 방법, 8. 檀信徒 數.

에 사용할 수 없도록 규정되어 있다. 따라서 불교도들이 사찰에 머무르면서 신앙생활을 하더라도 지방장관의 허가를 받아야만 가능한 일이었다. 이것은 독립운동가들이 사찰에 은신하는 것을 방지하고자 하는 목적이 내재되어 있었다. 종교법안에서도 그 유사한 조항을 찾기 힘들다. 제3조는 각 본사는 寺法을 정하여 조선총독의 허가를 받도록 규정하고 있다. 종교법안 제7조에 '寺規則'을 정하도록 한 것을 참조한 것으로 보인다.

제5조는 사찰의 재산을 매각할 때는 조선총독의 허가를 받도록 명시되어 있다. 이 조항은 종교법안 제21조[16]를 모방한 것이라고 할 수 있다. 이 조항으로써 조선총독부는 불교계의 재정권을 장악하였다. 1929년 6월 10일자로 사찰령 제5조가 개정되었는데 그 내용은 조선총독의 사전허가를 받지 않고는 사찰은 재산을 양도하거나 담보로 제공할 수도 없고, 부채를 빌려 쓸 수도 없다는 것이었다. 사찰 재산이 半 官有財產化 되었다고 할 수 있다. 사찰령은 이후 몇 차례 더 개정되는데 그 때마다 규제의 강도가 심해지고 있다.

제7조는 사찰령에 명시되지 않은 예기치 못한 사안이 발생하였을 때 조선총독은 임의로 법을 제정하여 통제를 가할 수 있도록 되어 있었다. 이 조문은 종교법안에서도 유사한 조항을 찾을 수 없다. 조선불교계는 어떠한 경우라도 조선총독부의 통제로부터 자유로울 수 없었다.

다음으로 사찰령시행규칙을 검토해 보자. 사찰령시행규칙은 사찰령을 시행하기 위한 구체적인 시행세칙으로 1911년 7월 8일자로 공포되었다.[17] 사찰령시행규칙 제1조는 住持를 정하는 방법, 주지의 교체 절차 및 임기중에 사망하거나 기타 사고를 당하였을 경우

---

16) 종교법안 제 21조는 "寺의 재산관리 및 처분에 관한 것은 명령에 정한 바에 따라서 주무관청의 명령을 받아야 한다. 이 경우 인가를 받지 못한 행위는 寺의 행위로 간주하지 않는다"라고 되어 있다.

17) 앞의 『朝鮮總督府官報』 제257호.

에 사법에 寺務 취급방법이 명시되어있다. 제2조는 전조선의 사찰 가운데 30개의 巨刹을 본사로 지정하고 있다. 30본사 체제는 1924 년 11월 20일자로 전남 구례 華嚴寺가 본사로 승격됨으로써 31본사 체제가 된다.[18] 나머지 사찰들은 소속 지역의 본사에 배속되어 末 寺가 되었다. 말사는 주지의 임면에서부터 제반 사항에 대하여 본 사의 지시를 따라야 하였다.

　본사 주지는 조선총독의 인가를 받아야 취임할 수 있었고, 말사 주지는 지방장관의 인가를 받아야 했다. 사찰령 체제 아래서는 소 속 관청에서 주지 인가권을 가지고 있었다. 그렇기 때문에 사찰에 서 公選을 통해 적임자를 선출하였더라도 관청의 비위에 맞지 않으 면 인가하지 않는다는 무언의 압력이 잠재되어 있었다.[19] 이 조항 은 사찰령 제5조의 재정권과 더불어 조선총독부가 불교계의 인사권 을 장악한 조항이었다. 제3조, 4조, 5조, 6조는 주지가 될 수 있는 사 람의 자격과 임기, 면직 사유 등을 규정하였다. 제7조는 주지는 취 임 후 5개월 이내에 사찰에 소속된 토지·삼림·건물·불상·석 물·고문서·고서화·범종·經卷·佛器·佛具 및 기타 귀중품의 목록을 작성하여 조선총독에게 제출하도록 명시되어 있다.[20] 이렇 게 제출된 재산의 증감이나 이동사항이 있을 때는 5일 이내에 총독 에게 변동상황을 제출하도록 규정하였다. 이 규정이 준수되지 않았 을 때는 50원 이하의 벌금이나 구류에 처할 수 있었다.

　사찰령시행규칙은 대한제국이 首寺刹로 지정하였던 元興寺를 부 정하였다. 그리고 경성에는 본사를 하나도 두지 않았다. 조선총독부 가 제시한 30본사 체제는 조선의 전통 寺格이 정밀하게 고려되지 않다. 30본사 제도가 조선의 전통 寺格을 엄밀하게 고려하지 않

---

18)『朝鮮總督府官報』제3680호, 1924.11.20.
19) 韓龍雲, 1937.6,「住持選擧에 대하야」『佛教』新 제4호, 5~9쪽.
20) 위와 같음.

고 만들어졌다는 대표적인 예는 1924년 11월에 仙巖寺 말사였던 華
嚴寺가 본사로 승격된 데서 찾을 수 있다. 선암사는 1912년 1월 13
일자로 조선총독부에 사법인가를 신청하였다. 조선총독부는 이를
유보하고 있다가 1919년 8월 28일자로 선암사 寺法을 인가하였
다.[21]

선암사는 1921년 광주 무등산 약사암 주지 金學傘을 화엄사 주지
로 임명하였다.[22] 김학산은 동년 2월 2일 화엄사로 부임하려고 하
였다. 그러나 화엄사 승려들은 선암사에서 임명한 주지는 수용할
수 없다고 거부하였다. 김학산은 7일까지 세 차례에 걸쳐 화엄사에
진입하려고 시도하였다. 이 과정에서 선암사의 승려 20여명이 김학
산을 구타하여 동월 9일에 절명하는 사태가 발생하였다.[23]

화엄사가 선암사의 말사가 될 수 없다는 이유는 이렇다. 화엄사
는 신라시대부터 원효·의상·도선이 머물렀던 사찰이라는 것이었
다. 조선시대에도 芙蓉 靈觀이 別院 宗主로서 법을 설한 곳이었다.
그 문하에서 淸虛·浮休가 배출되었다. 조선후기에는 八道都總攝
이었던 碧巖 覺性이 주석하였던 사찰이었다. 화엄사가 선암사의 말
사가 되는 것은 사격이 맞지 않는다는 것이었다.[24]

여기에 대해서 선암사의 반론은 화엄사의 사격이 높아진 것은 조
선후기에 들어와서 일이라는 것이다. 그 이전 고려시기까지 선암사
는 太古 普愚 國師가 주석한 사찰이었고 조선후기에 들어와서도 팔
도도총섭 若休가 중창한 고찰이므로 본사 자격이 충분하다는 것이
다.[25] 선암사와 화엄사의 갈등은 진정될 기미가 보이지 않았다. 사

---

21) 『朝鮮總督府官報』 제2119호, 1919.9.2.
22) 『매일신보』 1921.2.17.
23) 小田省吾, 1922.2.28, 極秘「仙巖寺·華嚴寺兩寺ニ對スル處分私見」1924,
　　『宗敎に關する雜件綴』, 정부기록보존소문서.
24) 위와 같음.
25) 위와 같음.

태가 이렇게 전개되자 조선총독부는 당시 사무관이었던 오다 쇼오고(小前省吾)를 파견하여 진상을 조사하게 하였다. 그리고 그가 제시한 대안[26]을 수용하였다. 조선총독부는 1924년 11월 20일자로 사찰령시행규칙 제2조를 수정하여 화엄사를 본사로 승격시켰다.[27]

또 다른 한 예는 김제의 金山寺를 들 수 있다. 금산사는 1902년 사사관리서에서 사찰을 통괄하던 시기에 전국 16개의 중법산으로 지정된 사찰이었다. 사찰령시행규칙의 시행으로 과거 중법산에 들지 못했던 전주 위봉사의 말사로 편입됨으로써 본말이 바뀐 경우에 해당하였다. 이 밖에도 사격이 맞지 않아서 본산 승격을 신청한 사찰이 많았지만 이러한 요구는 모두 묵살되었다.[28] 사찰령은 중앙기관을 두지 않고 조선총독부가 직접 30본사 주지 임면에 영향력을 행사함으로써 개별적으로 관리할 수 있도록 하였다. 뿐만 아니라 법령에 명시되지 않은 특수상황이 발생하였을 때는 조선총독이 독자적인 결론을 내릴 수 있도록 규정되어 있다.

조선총독부는 사찰령 시행 이후 통감부 시기처럼 일본 불교 세력을 이용하여 조선불교계를 병탄해야 할 필요성을 느끼지 않았다. 일본 승려들 보다는 조선 승려들을 직접 이용하는 편이 더 효과적이라고 판단하였던 것 같다. 조선불교계는 조선총독부의 불교정책에 의하여 일본 불교의 특정 종파에 예속되는 것은 면할 수 있었다. 조선불교의 宗旨를 원종과 임제종 모두 부인하고 조선 초 『經國大典』에

---

26) 위와 같음, 이 보고서에 나타난 小田省吾의 대안은 다음과 같다.
   1. 양사의 관계를 현재로서 마무리 지을 것.
   2. 선암사로 하여금 사법개정을 신청토록하여 화엄사를 말사에서 제외시키게 할 것.
   3. 1919년 8월 조선총독부에서 선암사에 인가해 주었던 사법을 취소하고, 화엄사에 말사를 소속시킨 사법을 청원케 하여 인가 할 것.
27) 小田省吾, 앞의 보고서.
28) 김광식, 2000, 「일제하 금산사의 사격」 『근현대불교의 재조명』, 민족사, 114쪽.

명시된 禪敎兩宗 체제로 환원시켜 놓았다. 이후 조선불교는 일본 神道의 요소를 많이 받아들임으로써 크게 변질되었다.[29]

사찰령과 사찰령시행규칙은 시기가 지날수록 강화되는 형태로 나타난다. 이것은 식민지 통치정책의 강도가 높아짐에 따라서 나타나는 현상이었다. 불교계의 통제는 강화되어 갔지만 식민지 시기 조선총독부 불교정책의 기조는 사찰령과 사찰령시행세칙을 근간으로 하였다.

제2절 30本寺 體制의 성립과 교단지도부의 예속화

사찰령과 사찰령시행규칙은 1911년 9월 1일자로 시행되었다.[30] 이에 따라서 조선불교계는 사찰의 주지를 선출해야 했다. 정무총감은 1911년 9월 8일에 각 도 지방장관에게 주지 선거와 사법인가 그리고 사찰의 재산목록을 작성 제출하라는 통첩을 시달하였다.[31] 그 요지는 다음과 같다. 각 사찰에는 현재 적법한 주지가 없으므로 지방장관은 9월 1일부터 3개월 이내에 관내 사찰에 일제히 선거를 통하여 주지를 선출하라. 그리고 나서 사찰령시행규칙 제2조에 의거해서 주지의 취직인가를 청원하라고 지시하였다. 여기서 사찰령시행규칙 제2조의 구별이란 30본사 주지는 조선총독의 인가사항이고, 말사 주지 인가는 지방장관의 소관사항임을 뜻한다. 정무총감은 통

---

29) 崔柄憲, 2001.6.16, 「日帝의 侵略과 佛敎－日本 曹洞宗의 武田範之와 圓宗－」(한국사연구회학술회의), 54쪽.
30) 『朝鮮總督府官報』 부령 제83호, 1911.7.8.
31) 『조선불교월보』 제1호, 1912, 官通牒 제259호, 「寺刹令 施行에 관한 處務方法의 件」, 66∼67쪽.

첩에서 "아직 본사 주지 선출이 완료되지 않았고, 각 본사의 사법
성립되지 않은 상황이므로 주지 인가에 신중을 기하라"고 하였다.
정무총감은 30본사 주지가 적법한 절차를 통해서 선출되었는지
또 당선된 자가 주지로서 자격이 있는 지를 조사해서 보고하라는 공
문을 시달하였다. 말사 주지는 본사 주지에 준해서 자격의 적부를
조사하라고 하였다. 만약 지방장관이 주지를 인가치 못할 사유가 있
다고 판단될 때는 조선총독에게 지휘를 청구하라고 지시하였다.[32]
당선된 주지의 자격을 검증하는 구체적인 방법으로 정무총감은
師資相承·法類相續·招待繼席의 세 가지 방법을 제시하였다. 사자
상승은 스승이 그 제자들 가운데 적당하다고 인정한 후보자가 주지
로 선출된 것을 말한다. 법류상속은 法類[33]가 서로 협의하여 신망
이 두터운 자를 주지로 선출하는 것을 말한다. 초대계석은 앞서 언
급한 두 가지에 해당하는 후보가 없을 경우 法類 이외 다른 사찰에
서 학식과 덕망이 높은 승려를 주지로 초빙하는 것을 말한다.[34]
이러한 관례에 따라서 주지가 선출되었는지에 대한 구체적인 검
증방법은 다음과 같다. 禮曹, 예조가 폐지된 대한제국 시기에는 內
部에 제출된 望報[35]와 이 망보를 받은 吏曹, 이조가 폐지 이후에는
內部에서 내린 差任帖[36] 등을 참조하는 것이 가장 편리한 방법이라
고 예시하였다. 정무총감은 이것은 단순한 예시에 불과하니 각자가
세운 기준에 의하여 관례를 검증하고 인가 여부를 결정하라는 지침
을 시달하였다.[37]

---

32) 위와 같음.
33) 같은 종, 같은 파에 속하는 승려, 곧 法系上의 친족을 말한다.
34) 『조선불교월보』 제1호, 1912, 官通牒 제260호, 「寺刹住持就職認可에
    對하야 取扱方法의 件」 67쪽.
35) 주지 후보자 3명을 열거하고 그 가운데 한 사람을 임명해 주기를 청하
    는 청원서.
36) 주지 임명 사령장.
37) 앞의 官通牒 제260호.

최근의 한 연구는 이러한 절차에 따라 1911년부터 1913년 4월까지 30본사 초대 주지들이 모두 임명되었다고 한다. 이 연구는 사찰령의 시행으로 기존의 주지들이 바뀐 경우는 그리 많지 않은 것으로 보인다고 한다. 이러한 점이 30본사 주지들로 하여금 커다란 저항없이 사찰령을 받아 들이게 하였다고 한다.38)

본사 주지들이 선출된 이후 30본사는 각기 寺法을 제정하였다. 사법의 초안은 조선총독부 내무국 지방과의 촉탁으로 있던 와타나베가 일본 僧政을 참작하여 식민통치에 편리하도록 만든 것이었다.39) 30본사는 와타나베의 초안에 따라서 각 본산의 연원과 師承關係만 약간씩 다르게 하여 사법을 작성하였다. 따라서 사법은 표면상으로 30개였지만 그 내용은 하나였다고 할 수 있다.

사법은 1912년 7월 2일 해인사 주지 이회광이 신청한 「禪敎兩宗法刹大本寺海印寺本末寺法」이 인가40)된 것을 시작으로 다른 본사들도 차례로 사법의 인가를 신청하여 승인을 받았다. 1913년 3월 말에는 거의 모든 사법이 인가되었다.41)

전문 13장 100개조로 된 사법의 내용은 總則・寺格・住持・職司・會計・財産・法式・僧規・布敎・褒賞・懲戒・攝衆・雜則 등으로 구성되어 있다. 총칙은 법맥의 연원을 西山 또는 浮休로부터 출발하여 禪・敎 양종을 겸용하고 불법 본지의 실현을 기한다고 규정하였다. 주지는 소속 본사에 僧籍을 가진 자 및 首班寺 주지의 투표에 의하여 선출되도록 규정되었다.

법식은 四方拜42)・紀元節43)・天長節44)・新嘗祭45)를 祝釐法式日

---

38) 한동민, 2000, 「1910년대 禪敎兩宗 30本山聯合事務所의 설립과정과 의의」『한국민족운동사연구』25, 16~17쪽.
39) 한석희, 앞의 책, 67~68쪽.
40) 『朝鮮總督府官報』제556호, 1912.7.4.
41) 『매일신보』1913.3.30, 「寺法制定의 狀況」. 이 기사에 따르면 30본사 가운데 2個寺를 제외한 28個寺가 인가되었다고 한다.

46)로 하고 元始祭,47) 春季 · 秋季皇靈祭,48) 神武 · 孝明天皇祭(후에
明治天皇으로 바뀜), 神嘗祭49)를 報恩法式日로 하였다. 불타의 열
반 · 탄생 · 성도일은 報本法式日로 규정하고 역대조사의 기일은 尊
祖法式日로, 結制 · 解除 회식을 安居法式日로 규정하였다. 또한 사
법 제70조에는 '天皇陛下聖壽萬歲'라는 牌를 본존불 앞에 두고 매
일 祝讚에 힘쓸 것을 명시하였다.50)

   조선총독부는 사법의 초안을 만들어 제시함으로써 30본사의 운
영을 그들이 제시하는 틀에서 벗어날 수 없도록 하였다. 그리고 나
서 30본사 주지들을 회유하기 위하여 그들의 위상을 높여 주었다.
본사 주지들은 불교계를 대표하는 지위로서 奏任官51)의 대우를 받
았다. 그들은 매년 정월에 조선총독 관저에서 열리는 신년하례회에
초청을 받았다. 본사 주지들은 공식연회에 종교계의 요인으로 초대
받아 우대를 받았다.52)

---

42) 四方拜란 정월 초하룻날 아침에 일본 궁중에서 거행되었던 신년 축하
의식이었다.

43) 紀元節은 神武天皇이 즉위한 날이라는 2월 11일로 건국기념일이다.

44) 天長節은 천황의 생일을 말한다.

45) 新嘗祭는 11월 23일에 천황이 햇곡식을 天地의 여러 신에게 바치고
직접 먹기도 하는 궁중의 제사를 말한다.

46) 祝釐法式日이란 神에게 제사를 지내고 복을 비는 기념일이란 뜻이다.

47) 元始祭란 1월 3일 천황이 天地의 여러 신과 역대 천황에게 제사를 지
내는 것을 말한다.

48) 春季 · 秋季皇靈祭는 春分과 秋分에 천황이 역대 천황들의 제사를 지
내는 것을 말한다.

49) 神嘗祭는 10월 17일에 거행하는 추수 감사제를 말한다.

50) 이능화, 앞의 책 하권, 1137~1162쪽.

51) 조선총독부의 관료 가운데 고급 관료인 고등관은 칙임관과 주임관으로
나누어 진다. 고등관은 친임식으로 서임되는 친임관 외에는 9등으로
나뉘며, 친임관 1등관과 2등관을 칙임관이라 하고 3등관부터 9등관까
지를 주임관이라 한다. 조선총독은 주임문관의 진퇴는 내각총리 대신
을 거쳐 이를 천황에게 상주하게 되어 있었다(박은경, 1999,『일제하
조선인 관료연구』, 학민사, 24쪽).

30본사 주지들은 막강한 권한을 부여받았다. 사법 제11장은 徵戒 조항이다. 제80조는 '褫奪度牒'[53]에 해당하는 7개 조문이 있다. 그 가운데 다음과 같은 조항에 저촉될 때는 치탈도첩 시킬 수 있었다. 제2항 '본사 주지를 모욕하고 僧風을 문란케 한 자', 제3항 '宗義에 悖한 異說을 주장하고 본사 주지의 敎諭에 不從한 자', 제5항 '政治에 관한 談論을 하거나 政社에 가입하여 승려의 본분을 실추한 자' 등이 그것이다.[54] 치탈도첩은 세속법으로 사형에 해당된다. 본사 주지의 명에 복종하지 않는 승려에 대해서는 주지가 승려신분을 박탈할 수 있었다.

본사 주지들은 불교계의 여러 사안들을 협의할 수 있는 협의체를 필요로 하였다. 1912년 5월 28일 前圓宗宗務院 임시사무소에서 11개 본사 주지들이 회동하였다. 이들은 동년 6월 17일에 30본사 주지회의를 열기로 합의하고 통첩을 발송하였다.[55] 이 회의의 안건은 사법과 사찰령시행규칙 준수, 사법을 통일적으로 제정할 것, 원종종무원 문제 해결, 本院 미래방침을 論定할 것 등이었다. 이러한 결의에 따라 6월 17일부터 22일까지 30본사 주지들 가운데 17개 본사 주지[56]들과 7개 본사 주지 대리[57]와 원종종무원의 임원들이 참석한

---

52) 고교형, 앞의 책, 947~948쪽.
53) 승려가 三寶에 죄를 지었을 때 그의 도첩을 빼앗고 승적을 박탈하는 것을 말함.
54) 이능화, 앞의 책, 하권, 1156쪽.
55) 『朝鮮佛敎月報』 제6호, 1912.7, 「雜報」 '會議院會議顚末', 朝鮮佛敎月報社, 57쪽 첫째 사법과 사찰령시행규칙을 준봉할 件, 둘째 사법을 齊一토록 제정할 건, 셋째 本院(禪敎兩宗各本山住持會議院을 말함) 과거의 관계를 의결할 건, 넷째 本院 미래 방침을 論定할 것 등이다.
56) 『朝鮮佛敎月報』 제6호, 1912.7, 「雜報」 '會議院會議顚末', 佛敎月報社, 57쪽.
　姜大蓮(용주사) · 羅晴湖(봉은사) · 金之淳(전등사) · 徐震河(법주사) · 張普明(마곡사) · 金慧翁(김용사) · 金萬湖(기림사) · 李晦光(해인사) · 金九河(통도사) · 吳惺月(범어사) · 朴徹虛(보석사) · 姜九峯(패엽사) · 申湖山

가운데 식민지 시대 최초의 주지회의가 개최되었다.

이 회의 결과 원종종무원을 해산하고, 宗名은 조선시대『經國大典』에 명시된 禪敎兩宗으로 한다는 것이 결정되었다. 그리고 본사 주지들은 '30本山住持會議院'을 성립시키고 회의를 정례화 하는 계기를 마련하였다. 아울러 중앙에 포교당을 두어서 포교에 힘쓰기로 한다는 것과 원종종무원에서 발간하였던『朝鮮佛敎月報』의 발행을 계속하기로 하였다. 대한제국 시기에 성립하였던 원종종무원은 식민지 시기에 들어와서 '30본산주지회의원'으로 재편되었다. 근본적으로 달라진 것은 대한제국이 보장하였던 불교계의 제한적인 자율성마저도 박탈당하고 사찰령이라는 새로운 법령하에 30본사 체제로 짜여졌다는 것이다.

30본산주지회의원 체제는 1915년 1월 1일부터 10일까지 각황사[58]에서 개최된 제6차 회의를 계기로 30본산연합사무소 체제로 전환되었다. 1월 2일 30본사 주지들은 조선총독의 초대를 받고 관저를 방문하여 훈시를 듣고 왔다. 1월 4일에는 조선총독부 내무부장과 지방국장 그리고 高等普通學校敎諭 다카하시 도오루(高橋亨)가 30본산주지회의원 회의장을 찾아와 조선불교에 관한 訓諭를 하였다. 그 다음 날은 李完用이 회의장을 방문하여 불교진흥에 관해 勸勉하였다. 그리고 1월 9일에는 고하라(小原) 지방국장, 사와다(澤田) 과장, 와타나베 주임, 다카하시 敎諭가 찾아와서 조선각본사연합제규의 취지를

(성불사)・李順永(법흥사)・趙世杲(건봉사)・金錦潭(유점사)・金崙河(석왕사).

57) 위와 같음, 이 회의에 참석한 7개 본사 주지 대리는 다음과 같다. 金一雲(봉선사)・金耻庵(고운사)・金相淑(위봉사)・朴漢永(백양사)・申鏡虛(대흥사)・李桂湖(월정사)・鄭煥朝(귀주사).

58) 각황사는 1909년 조선사찰의 대표 150여명이 동대문 밖 원흥사에 모여 도성안에 전국사찰의 중심이 되는 佛敎總合所를 설립하기로 하고 각도에서 의연금을 걷어 세운 사찰이다(『大韓每日申報』 1910.2.8, 「佛堂新建」).

설명하고, 조선불교 중앙학림 설립에 관한 의견을 전하였다.[59] 총독이 30본사 주지들을 초청한 것과 지방국장과 과장이 30본산주지회 의원 회의장을 찾아왔던 것은 모두 짜여진 각본에 따라서 이루어졌다. 조선총독부는 사전에 강령을 만들어 놓고 1915년 정초에 30본사 주지회의가 열리자 그 초안을 전달하여 통과시켰다.[60]

30본산주지회의원은 조선총독부와 이러한 교감을 가지고 「朝鮮寺刹各本寺聯合制規」를 제정하고 30본산연합사무소 체제를 탄생시켰다. 1915년 1월 16일 강대련은 연합제규 신청서를 제출하여 동년 2월 25일 인가를 얻었다.[61] 30본사 주지들은 강학과 포교를 목적으로 「조선사찰각본사연합제규」를 제정하였다. 「조선사찰각본사연합제규」는 조선총독의 허가를 받지 않으면 개정할 수 없도록 규정되어 있었다. 30본산연합사무소의 내규 성격을 띤 연합제규를 조선총독의 사전 허가를 얻어야 개정할 수 있도록 한 것은 30본사 주지들의 의식의 한계를 엿볼 수 있는 부분이다. 그들은 스스로 발전과 개혁을 포기하고 굴종의 길을 택했다.

30본산연합사무소는 講學을 위해서 경성에 중앙학림을 두고 각 본사에 지방학림을 둘 것을 결정하였다. 포교 사업은 각 본사에서 임명한 포교사가 경성의 30본산연합사무소에 거주하면서 담당하도록 하였다. 포교방법은 주지회의에서 결정하도록 하였다. 포교에 필요한 경비는 담임 사찰에서 부담하도록 하였다.[62] 1910년대 조선총독부는 불교계의 활동을 규정하는 모든 법령을 만들어 공포하였다.

---

59) 『佛教振興月報』 제1호, 1915.3, 「朝鮮禪教兩宗三十大本山住持會議所 第四定期總會會議狀況」, 佛教振興會本部, 71~72쪽.
60) 『寺刹雜件綴』 1915, 「朝鮮寺刹各本寺聯合成規認可申請ノ件」 '朝鮮寺 刹興學布教ノ隆昌ヲ圖ル件ニ付指示要領竝內紛調和顚末', 정부기록보 존소문서.
61) 『조선총독부관보』 제770호, 1915.3.1.
62) 『매일신보』 1915.3.2, 「各寺聯合制規」.

그리고 불교계 내부에서 자체적인 규약을 만드는 데까지 영향력을
행사하였다. 불교계가 자주적인 발전을 도모할 수 있는 가능성을
제도적으로 봉쇄하였다.

제3절 佛敎界의「寺刹令」인식

사찰령과 사찰령시행규칙은 불교계의 모든 사안에 대해서 조선
총독부의 허가를 받아야만 무슨 일을 할 수 있도록 규제한 법령이
었다. 이 법령 시행을 두고 불교계는 찬반양론으로 분열되었다. 사
찰령을 찬양하는 측은 대개 교단지도부인 본사 주지들이거나 관변
지식인층들이었다. 이들은 불교계의 주류를 이루고 있었고 사찰령
의 시행이 마치 빈사상태에 빠진 불교계를 회생시킬 수 있는 양약
인 것처럼 찬양하였다. 그 까닭은 이들이 조선총독부 측과 연결이
되어 있었기 때문이었다. 여기에 반해서 저항하는 측은 사찰령의
통제적인 의미를 파악하고 강도 높은 이의를 제기하였다. 이들은
소수였고, 남아 있는 기록들은 찾기가 힘든 상황이다.

사찰령을 긍정적으로 인식한 본사 주지들의 반응을 살펴보면 다
음과 같다. 수원 龍珠寺 주지였던 姜大蓮은 1915년 초대 30본산연
합사무소위원장을 지냈다. 그는 사찰령 시행에 대하여 "고려 말에
전래된 朱子學의 영향으로 불교는 無父無君의 종교로 인식되어 깊
은 산속으로 驅逐되어 人民을 접촉할 기회를 가질 수 없었다. 1911
년 사찰령이 공포됨에 따라서 조선불교는 정부의 보호를 받는 은덕
을 입어 다시 중흥의 기회를 맞이하였다"고 하였다.[63] 그는 사찰령

---

63) 姜大蓮, 1917.9,「佛敎擁護會와 法侶의 覺悟」『朝鮮佛敎叢報』제4호,
   22~23쪽.

시행 이전에 불교는 산 속에 숨어서 살았지만 이 법의 시행으로 비
로서 중흥의 기회를 맞게 되었다고 한다.

金九河는 통도사 주지를 지냈으며, 1917년 30본산연합사무소위
원장을 역임하였다. 그는 사찰령 시행에 대하여 다음과 같은 반응
을 보였다.

> 明治 四十四年(1911)에 御裁可를 蒙한 朝鮮總督府의 寺刹令 七條
> 가 반포된 이래로 禪敎兩宗30本山이 차례로 寺法을 시행하야 事務
> 의 질서가 整齊되고 재산의 보호가 嚴密하야 조선사찰에 일반 승려
> 는 국가의 特恩을 感銘하며 종교의 均權을 향수하지 않는가. 그렇다
> 면 금일 승려는 이것에 대하야 萬一을 보답하려면 무엇으로써 급무
> 를 爲할까 하면 講學과 布敎의 二者에 在하다 하노니.[64]

그는 사찰령이 시행된 이래로 30본산이 사법을 제정함으로써 사
찰은 재산을 보호할 수 있게 된 것으로 이해하였다. 사찰의 재산을
처분할 때는 사전에 관청의 허가를 받아야만 했다. 대부분의 조선
인들은 관청 출입을 꺼려하였기 때문에 승려들이 함부로 사찰 재산
을 매각할 수 없을 것이라고 생각하였던 것 같다. 사찰령의 시행으
로 승려들은 다른 종교의 포교자들과 균등한 권리를 누릴 수 있게
되었다. 이 은혜에 萬分의 일이라도 보답하려면 講學과 布敎를 하
는데 힘써야 한다고 역설하였다.

30본사 가운데 하나인 강화도 전등사 주지였던 金之淳은 1911년
11월에 사찰령의 시행에 대하여 다음과 같은 논조의 글을 발표하
였다.

> 조선 불교는 宗風이 衰微하고 規律은 기강을 잃었다. 佛經은 누각
> 속에서 좀이 쓸었고, 승려들은 수행을 제대로. 하지 않고 나태한 습성
> 에 빠졌다 … 1911년에 사찰령이 시행되니 이것은 明治天皇께옵서

---

64) 金九河, 1917.4, 「謹告諸方」『朝鮮佛敎叢報』제2호, 1~3쪽.

우리 조선 민족이 도탄에 빠진 것을 진흥케 함이니 이것은 진실로 一視同仁하여 어린아이를 보살피는 것 같은 깊은 생각과 넓은 은혜에 우리 朝鮮 臣民이 涵泳한 바이로다.65)

그는 조선 불교계가 자기 계발을 게을리 하여 나태한 습성에 빠졌는데 조선총독부가 사찰령을 공포하여 불교가 발전할 수 있는 계기가 마련되었다고 평가하였다.

불교계의 지식인이었던 이능화는 사찰령의 시행을 果蒙外護66)라는 표현을 쓰면서 다음과 같이 찬양하였다. "禪敎兩宗 30本寺에서는 각기 사법을 제정할 수 있게 되었고, 주지는 행정상의 규칙을 응용하고 諸法師는 포교상의 자유를 얻었으니 불교의 宗旨를 闡揚할 수 있게 되었다."67) 그는 사찰령을 포교의 자유를 보장하는 법령으로 이해하였고, 불교가 발전할 수 있는 기틀이 마련된 것으로 이해한 듯하다.

당시 조선불교계는 사찰령이 식민통치 정책의 일환으로 승려들의 자유를 억압하고, 자주적인 발전을 저지하는 악법이라는 본질을 깨닫지 못하였다. 불교계의 많은 사람들은 사찰령이 사찰 재산을 보호해 주고, 승려들을 조선시대에 비해서 사람 대접을 받게 해 주는 법령으로 인식하였다. 이러한 현상은 조선총독부 당국의 기만적인 선전책 때문이었다. 또 다른 이유는 불교가 오랜 세월 동안 수탈과 억압을 받아왔기 때문에 근대 교육기관의 설립이 지연되어 민족의식의 발아가 늦어진 면도 있다.

그러나 불교계 일각에서는 사찰령이 교계를 제약하는 악법이라

65) 金之淳, 1911.11,「聖恩으로 寺法認可」『朝鮮佛敎月報』제10호, 3쪽.
66) 이능화, 1982,『朝鮮佛敎通史』하권, 寶蓮閣, 1117쪽. 果蒙外護란 "진실로 외부(조선총독부)의 보호를 받았다"는 뜻이다. 이능화는 사찰령이 불교계를 보전시켜주는 법령으로 이해하였다고 할 수 있다.
67) 이능화, 1917.6,「內地에 佛敎視察團을 送함」『朝鮮佛敎叢報』제6호, 三十本山聯合事務所, 1~4쪽.

는 사실을 자각하고 강한 저항의 움직임이 일어나고 있었다. 이러
한 사실은 사찰령을 시행하면서 정무총감이 9월 18일자로 각도 장
관에게 발송한 다음과 같은 官通牒에서 알 수 있다.[68]

> 사찰령은 조선 사찰의 頹廢를 방지하고 그 유지 존속을 보호하기
> 위해 해당 단속을 위한 취지를 발하였으나 왕왕 지방을 배회하며 誣
> 說을 유포하는 사람들이 있다. 심함에 이르러서는 사찰령은 朝鮮寺
> 刹의 권리를 빼앗아 僧侶를 撲滅하려 한다고 하여 조선 승려로 하여
> 금 의구심을 惹起시키는 자도 있다. 사찰령 시행에 장애가 있으면 이
> 는 조선의 승려들이 이 법령의 취지를 충분히 이해하지 못한데서 기
> 인하는 것으므로 각 사찰에 머무는 승려들에게 사찰령 시행의 취지
> 를 잘 설명하라.[69]

'사찰령이 조선 사찰의 권리를 빼앗고, 승려를 박멸하려 한다'라
는 말이 유포될 정도로 불교계 내부의 반발이 거세었다. 그러나 당
시 국내의 모든 언론과 출판물은 사전 검열을 받아야 하던 시기였
다. 그런 까닭에 조선 사람이 쓴 사찰령 시행을 반대하는 글은 쉽게
찾을 수 없기 때문에 자세한 당시의 정황은 알 수가 없다. 이 시기
는 조선불교 원종과 임제종이 서로 대립하고 있던 시기였다. 사찰
령 시행을 반대하였던 쪽은 자주적인 성격이 강하였던 임제종 계열
의 승려들로 추측해 볼 수 있다.

사찰령 시행에 대한 국외의 반응을 살펴 볼 수 있는 자료는 많지
않다. 1919년 3·1운동 이후에 성립된 상해 임시정부에서는 일본의
조선통치가 부당하다는 사실을 국제연맹에 호소하고자 책을 만들
었다.[70] 이 책에 사찰령에 대한 인식이 네 가지로 나타나 있다. 첫

---

68) 『朝鮮總督府官報』 제318호, 1911.9.18.

69) 위와 같음.

70) 李光洙 編, 1982, 國際聯盟提出 『朝日關係史料集』, 高大圖書館 影印
本.
　　이 책은 상해 임시정부에서 1919년 국제연맹에 제출하기 위하여 만들

째 사찰 신축의 不許에 관한 것으로서 그 내용은 다음과 같다. "세
상에 어떤 물건이든지 소멸하는 것을 대신할 새로운 것의 계승을
보장하지 않으면 그 物種은 사라진다. 사찰령이 시행된 이후 9년
동안 폐지된 사찰은 50개가 넘지만 새로 지어진 사찰은 하나도 없
다." 둘째 사찰의 재산처분을 조선총독부가 허가하는 것에 대해서
는 비록 寺有財産이라도 승려에게는 작은 권리도 없는 官有財産化
되어버렸다는 것, 셋째 사찰령시행규칙이 30본사를 分定함으로써
조선승려로 하여금 단결력을 발휘할 수 없게 하였다는 것, 넷째 사
찰 주지 선출이 종래의 산중공의제를 무시하고 일본식 주지 선출방
식인 師資相承·法類相續·招待繼席의 제도를 강행함으로써 승려
들의 불평이 그치기 어렵게 되었다는 것 등이다.[71]

　이 책에 의하면 사찰령은 사찰의 신축을 인정하지 않음으로써 불
교계를 枯死시키고, 재산을 官有化시킴으로써 자유로운 재산권의
행사를 제한하였다. 나아가서 주지 선출방식이 전통적인 산중공의
제를 무시하고 조선총독부의 영향력이 강하게 작용하는 방법으로
진행됨으로써 많은 문제의 소지가 내재되어 있음을 지적하였다. 따
라서 사찰령과 사찰령 시행규칙이 폐지되지 않으면 불교계의 불만
은 종식되지 않을 것이라는 점을 경고하였다.[72]

어진 것이다. 종래 韓國에 관한 보도 자료가 거의 일본측에서 나왔으
므로 사실이 잘못 전달된 부분이 많았다. 간혹 서양인의 기록 가운데
공평한 기록이 있으나 韓人의 눈으로 보면 부정확·불상세한 부분이
있다. 국제연맹에 호소하기 위하여 만들어진 이 책자는 4부로 구성되
었다. 제1부는 고대로부터 丙子修護條約에 이르기까지 한일관계이다.
제2부는 병자수호조약으로부터 '庚戌國恥'까지 한일관계이다. 제3부
는 '경술국치'부터 1919년 2월까지 일본의 對韓政策이다. 제4부는 3·1
운동 이후의 情形이다.
71) 李光洙 編, 앞의 책, 323~332쪽.
72) 위와 같음.

제4절 「布敎規則」의 공포와
佛敎 統制策의 확대 정비

조선에서 사찰령이 시행되어 30본사 체제가 성립되던 무렵 일본은 다이쇼(大正) 시대에 들어서면서 정당정치의 확립기를 맞이하였다. 초기에는 政派간의 이해 충돌로 혼란을 겪었지만 1914년에 제1차 세계대전 발발로 군부가 정권을 장악함으로써 불안한 내정은 종식되었다.[73] 메이지 시기 조선총독부가 실시한 조선의 종교정책은 조선인들을 천황제 국체에 복종할 수 있게 하는 제도적인 기구를 정비하는 것이었다. 이에 비해서 이 시기의 종교정책은 사회 안정에 치중하면서 행정기구에 의한 종교단체의 통제책을 확대 정비할 필요가 있었다. 이러한 방침은 1915년 8월 「布敎規則」(이하 「 」표시를 생략함) 공포에서 구체적으로 드러난다.[74]

포교규칙은 외국인 선교사와는 諒解親和를 도모하지만 조선의 교회에 대해서는 통제할 필요가 있다는 판단에서 제정된 것이다. 그러나 포교규칙이 기독교의 통제에만 국한된 것은 아니다. 神道와 佛敎 그리고 필요하다면 조선총독부가 '類似宗敎'라고 분류하여 통제와 감시를 강화하였던 민족종교·신흥종교까지도 통제할 수 있는 광범위한 법령이었다.[75]

조선총독부는 포교규칙을 공포하면서 1906년 통감부령 제45호로 발표하였던 「宗敎의 宣布에 관한 規則」[76]을 폐지하였다. 이 두 법

---

73) 高橋幸八郞·水原慶二·大石嘉一郞 編, 車泰錫·金利進 譯, 1992, 『日本近代史論』, 知識産業社, 213쪽.
74) 『朝鮮總督府官報』 제911호, 1915.8.16.
75) 朴相權, 1984, 「日帝의 宗敎政策과 韓國宗敎」『崇山朴吉眞古稀紀念論叢 韓國近代宗敎思想史』, 원광대학교출판국, 170쪽.

령의 차이점을 비교해 보면 <표 2>와 같다.

<표 2>「宗敎의 宣布에 관한 規則」과「布敎規則」의 비교

조항	종교의 선포에 관한 규칙	포교규칙
제1조	일본의 神道・佛敎 기타 종교로서 포교에 종사하고자 할 때는 통감의 인가를 받을 것.	종교의 범위를 신도・불교・기독교로 규정.
제2조	일본인이 종교의 선포에 종사하고자 할 때는 통감의 인가를 받을 것.	종교의 포교에 종사하고자하는 자는 자격을 증명할 수있는 문서를 갖추어 조선총독에게 신고할 것.
제3조	포교소 설립시에는 필요한 서류를 갖추어 관할 이사관의 인가를 받을 것.	神道 각 교파 또는 일본 불교 각 종파에서 포교를 할 경우 관장이 포교사를 선임하여 조선총독의 인가를 받을 것.
제4조	일본 교・종파에서 한국 사원의 管理委囑에 응하고자 할 때는 필요한 서류를 갖추어 통감의 인가를 받을 것.	조선총독은 포교자의 자격이 부적당하다고 인정될 때 그 변경을 명할 수 있음.
제5조	前 條의 인가 사항을 변경 할 때에는 다시 인가를 받아야 함.	포교관리자는 매년 12월 31일 현재 소속 포교자 명부를 다음해 1월31일까지 조선총독에게 신고할 것.
제6조	교・종파의 관리자 또는 제2조의 포교자는 소속과 이름을 관할이사관에게 제출할 것.	조선총독은 필요시 포교관리자를 두게 할 수 있음.
제7조	본 규칙은 1906년 12월 1일부터 시행함.	6조의 포교관리자는 4조・5조의 규정을 준용함.
제8조	이 규칙을 시행하는 시점에서 현재 포교에 종사하거나 제3조・제4조에 해당하는 자는 3개월 이내에 인가사항을 제출할 것.	포교자의 이름・거주지를 이전하거나 또는 포교를 폐지할 때는 10일 이내에 조선총독에게 신고할 것.

76) 宋炳基 編, 1972, 『統監府法令資料集』, 국회도서관, 234쪽.

제9조		교회당・포교소・설교소를 설립하고자 할 때는 필요한 서류를 갖추어 조선총독의 허가를 받을 것.
제10조		9조 사항에 변동이 있을 때는 사유를 구비하여 조선총독의 허가를 받을 것.
제11조		교회당・포교소・설교소를 폐지하고자 할 때는 10일 이내로 조선총독에게 신고할 것.
제12조		포교관리자 및 조선사찰의 본사 주지는 매년 12월 31일 현재 신도수 증감 상황을 다음 해 1월 31까지 조선총독에게 신고할 것.
제13조		포교관리자를 둔 교파 또는 조선사찰에 속한 자는 본령에 의해 허가를 받을 것.
제14조		9조 1항 또는 10조를 위반한 자는 백원 이하의 벌금 또는 科料에 처함.
제15조		조선총독은 종교와 유사한 단체에도 본령을 적용할 수 있음.
제16조		본령은 1915년 10월 1일부터 시행함.
제17조		통감부령 45호(신사사원규칙)는 폐지함.
제18조		통감부령 45호의 인가를 받는 자가 신고할 때에는 본령의 허가를 받은 것으로 간주함.
제19조		前條에 해당치 않는 포교관리자는 본령 시행일로부터 3개월 이내에 조선총독에게 신고하여 허가를 받을 것.

참고자료: 宋炳基 編, 『統監府法令資料集』 국회도서관, 1972 ; 『朝鮮總督府官報』 제911호, 1915.8.16.

「宗敎의 宣布에 관한 規則」은 일본 종교 세력들의 포교활동을 포괄적으로 보장하였다. 포교규칙은 적용 대상 종교의 범위를 확대하였고, 보다 구체적으로 규제를 강화하는 방향으로 재정비되었다. 조선총독부는 포교규칙의 제정 목적에 대하여 다음과 같이 밝혔다.

> 본령은 결코 信敎의 자유에 제한을 가하려는 것이 아니다. 단지 포교상의 수속을 규정하려는 것이다 … 본령을 시행한 결과 사실상 종교 선포에 종사해 온 조선인 및 외국인도 그 선교행위를 공인받고 한편으로 신고 또는 허가신청 등의 수속을 함에 이르렀고 다른 한편으로는 一視同仁의 보호 감독을 받게 되었다.77)

조선총독부는 信敎의 자유를 제한하려는 의도가 아니라고 하였지만 포교규칙은 조선에 존재하는 모든 종교에 대해서 그 포교자들을 등록하게 하여 통제를 강화하였다.

그러면 포교규칙의 주요 내용을 검토해 보기로 하자. 제1조는 "本令에서 종교라 함은 神道·佛敎 및 基督敎를 이른다"고 규정하였다. 이 조항에서 주목되는 것은 儒敎를 종교의 범주에서 제외시켰다는 점이다. 유교는 1911년 6월 5일에 공포한 「經學院規則」78)에 의해서 통제되고 있었다. 유교가 종교의 범주에서 제외된 것은 조선총독부에서 발간한 年次報告書에서 조선총독이 "유교는 사회 교화 촉진을 위해 종교적 기능을 보류해 두는 것이 필요하다고 생각한다"79)라고 한데서 그 단서를 찾을 수 있다. 여기서 종교적 기능이란 유교적 가치관을 말한다. 즉 유교의 仁·義·忠·孝와 같은 덕목들을 강조함으로써 지배세력에 대한 저항을 마비시키려는 의도를 가지고 종교단체에서 제외시켰다고 할 수 있다.

---

77) 朝鮮總督府, 1915, 『朝鮮總督府施政年報』, 66~67쪽.
78) 『朝鮮總督府官報』 제237호, 1911.6.15.
79) 조선총독부, 1911, 『Annual Report on Chosen』, 15쪽.

제4조에는 조선총독은 포교방법, 포교관리자의 권한 및 포교자 감독의 방법 또는 포교관리자가 부적당하다고 인정할 때는 그 변경을 명할 수 있었다. 총독이 포교사의 변경을 명할 수 있다는 것은 모든 종교단체의 인사권의 일부를 장악하였다는 의미한다고 할 수 있다.

제5조와 제12조에서 포교관리자는 소속 포교자의 명부를 작성하여 신도수 및 그 해 신도수의 증감 상황을 다음 해 1월 31일까지 조선총독에게 신고하게 되어 있었다. 포교자의 변동사항과 신도수의 증감을 報告받는 것은 종교의 교세 현황과 동태를 파악할 수 있는 근거가 된다. 제15조에는 조선총독은 필요한 경우에는 종교와 유사한 단체로 인정되는 것에 본령을 적용할 수도 있다고 규정하였다. 조선총독부가 종교로 인정한 단체는 학무국에서 관할하였지만 민족종교는 유사종교로 분류하여 정체가 불분명한 사회단체로 규정하여 경무국에서 수사대상으로 삼았다.[80]

포교규칙의 시행으로 지금까지 종교활동에 대한 어떠한 통제보다 강력한 규제를 가능케 할 수 있는 법적 근거가 마련되었다. 이 법의 시행만으로도 종교에 관한 모든 활동을 통제할 수 있었기 때문에 사회안정에 기여할 수 있었다.[81] 1915년 포교규칙 공포 이후 종교기관 설립현황에 관한 연구에 의하면 포교규칙의 시행으로 가장 큰 타격을 받았던 종교는 역시 기독교로 나타나고 있다. 기독교계는 포교소·강의소·설교소 등의 설립이 허가제에서 계출제로 포교규칙이 개정되는 1920년까지 활동에 큰 어려움을 겪었다고 한다. 포교규칙 시행 이전에 연평균 50여 개씩 증설되던 포교소가 이 법령의 시행으로 연평균 10개소로 감소하였다고 한다.[82]

---

80) 尹以欽, 1997, 『일제의 한국민족종교 말살책』, 고려한림원, 18쪽.
81) 박승길, 1992, 「일제 무단통치 시대의 종교정책과 그 영향」 『현대 한국의 종교와 사회』, 한국사회사연구회, 56쪽.
82) 윤선자, 1998, 「1915년 <포교규칙> 공포 이후 종교기관 설립 현황」 『한국기독교와 역사』 제8집, 한국기독교역사연구소, 141쪽.

　　포교규칙은 조선의 종교 뿐만 아니라 조선에서 포교에 종사하고
있던 외국인 선교사들의 교회 및 일본 종교들까지 광범위하게 규제
한 법령이었다. 그 내용에 있어서도 모든 포교자는 자격을 갖출 것
이 요구되었고, 조선총독에게 신고하도록 되어있었다. 조선총독부
는 포교관리자의 임명을 거부할 수 있었고, 매년 모든 종교단체의
교세 현황보고를 의무화하였다. 포교규칙은 이전시기에 비해서 종
교단체의 통제가 강화된 법령이었다. 이에 따라서 불교계도 포교당
설립시에는 조선총독부의 허가를 받아야 했으며, 신도수와 그 해의
증감 상황을 보고해야 하는 보다 강화된 통제를 받아야 했다. 포교
규칙의 시행은 모든 종교적인 행위가 철저한 감독과 감시하에서 행
하여졌다는 것을 의미한다고 할 수 있다.

제3장

3·1운동 시기 佛敎界의 동향

제1절 국내의 3·1만세 시위 운동

3·1운동은 식민지 지배권력에 저항한 거족적인 독립운동이었다. 그 발단은 민족대표 33인이 태화관에서 독립선언서를 발표함으로써 시작되었다. 학생층을 통하여 전국적으로 파급되면서 대중운동으로 확산되었다. 3·1운동에 대한 연구성과는 대단히 많지만 불교계의 3·1운동에 관한 연구성과는 그다지 많지 않다.

불교계 3·1운동에 관한 연구는 대체로 세 가지 방향에서 진행되었다. 첫째는 불교계가 주도한 시위운동과 불교계 인사들이 참여한 항일운동에 관한 연구,[1] 둘째 민족대표 33인으로 참여하였던 한용운[2]과 백용성[3]에 대한 개인 인물연구, 셋째 기미독립선언서 공약삼장의 기초를 둘러싸고 崔南善 전담설[4]과 한용운 수정설[5] 등에 관

---

1) 안계현, 1969, 「三·一運動과 佛敎界」 『三·一運動 50週年紀念論文集』, 동아일보사.
   채상식, 1991, 「한말, 일제시기 梵魚寺의 사회운동」 『한국문화연구』 4, 부산대학교 한국문화연구소.
   김창수, 1992, 「日帝下 佛敎界의 抗日民族運動」, 가산 이지관스님 화갑기념논총 『한국불교문화사상사』 하권.
   김소진, 1995, 「大韓僧侶聯合會宣言書와 佛敎界의 獨立運動」 『원우논총』 13, 숙명여자대학교 대학원 총학생회.
2) 印權煥·朴魯埻, 1960, 『韓龍雲硏究』, 통문관.
   高 銀, 1975, 『韓龍雲評傳－그 시와 저항의 운명－』, 民音社.
   만해사상연구회, 1980, 『韓龍雲思想硏究』, 民族社.
   朴杰淳, 1992, 『한용운의 생애와 독립투쟁』, 한국독립운동사연구소.
3) 李永子, 1973, 「白龍城硏究序說」 『佛敎思想』 6.
   韓普光, 1981, 『白龍城禪師硏究』, 甘露堂.
   金光植, 2000, 「白龍城의 獨立運動」 『근현대불교의 재조명』, 민족사.
4) 신용하, 1977, 「3·1獨立運動 勃發의 經緯」 『韓國近代史論』 Ⅱ, 지식산

한 연구로 구분할 수 있다. 불교계 3·1운동 연구성과가 이같이 적은 것은 그것을 밝힐 수 있는 자료가 극히 제한적이라는 데 있다. 그리고 천도교나 기독교에 비해서 불교계의 3·1운동 참여가 상대적으로 미약했었다는 데도 그 원인이 있다고 할 것이다. 그간 학계에서 이루진 불교계의 3·1운동의 연구성과를 살펴보면 다음과 같다.

安啓賢의 연구는 해방 직후에 발간된 金法麟의 회고6)를 체계적으로 정리한 것이라고 할 수 있다. 蔡尙植은 범어사를 중심으로 전개되었던 3·1운동을 고찰하였다. 그는 범어사의 승려들이 대규모의 만세 시위를 주도할 수 있었던 배경으로 다음과 같은 사실을 들고 있다. 첫째, 범어사는 한말 禪 思想을 중흥시킨 鏡虛가 修禪結社를 시작한 곳이었다. 둘째, 개화승 이동인이 범어사 출신이라는 점을 들고 있다. 이러한 점에서 범어사는 사상적으로 진보적인 승려들을 배출할 수 있는 사찰이었다고 하였다. 범어사는 19세기 후반부터 각종 契組織을 통하여 경제력을 확보하였다. 그는 이 경제력을 바탕으로 하여 각종 학교 설립과 포교소 설치가 가능하였다고 한다. 그도 역시 범어사의 3·1운동을 설명하는 데 있어서는 김법린의 회고에 의존하는 한계를 지니고 있다.

金昌洙는 사찰령 철폐운동과 3·1운동에서 불교계의 역할 그리고 상해에서 임시정부 지원운동 등 불교계의 항일운동을 폭 넓게 언급

업사.

홍일식, 1989, 「3·1獨立宣言書 研究」『한국독립운동사연구』제3집, 한국독립운동사연구소.

박걸순, 1994, 「3·1獨立宣言書 公約三章 起草者를 둘러싼 논의」『한국독립운동사연구』제8집, 한국독립운동사연구소.

5) 金相鉉, 1986, 「韓龍雲과 公約三章」『東國史學』19·20집.

金相鉉, 1991, 「三·一운동에서 韓龍雲의 역할」, 이기영박사고희기념논총『佛敎와 歷史』.

申國柱, 1988, 「3·1독립선언」『한민족독립운동사』3, 국사편찬위원회.

6) 金法麟, 1946.3, 「三一運動과 佛敎」『新天地』제1권 제2호.

하였다. 3·1운동 이후 상해에서 발표된 「大韓僧侶聯合會宣言書」(이
하 따옴표를 생략하고 승려선언서라고 약칭함)를 소개하였다. 그는
승려들이 중심이 되어 구성된 계획된 비밀결사 단체인 '義勇僧軍'
의 조직과 의의를 설명하였다. 그는 불교계의 항일운동을 언급하였
지만 불교계에서 주도한 시위의 전체적인 규모를 밝히는데 있어 추
가 설명의 여지를 남겨 놓았다.

金素眞은 승려선언서 작성 경위와 내용 그리고 임시정부에서 활
동한 중앙학림 생도들의 활동을 언급하였다. '臨時義勇僧軍憲制'의
내용을 자세히 소개하였지만 상대적으로 불교계의 3·1운동에 대해
서는 소략하게 다루었다.[7] 임시의용승군헌제는 3·1운동 당시 중앙
학림의 만세시위에 주도적으로 참여하였던 申尙玩이 구상한 僧軍
組織이다. 대한승려연합회장이 당연직 임시의용승군 총장을 겸하
게 되어있었다.[8] 조직기구로는 總領部 산하에 秘書局·參謀局·軍
務局·軍需國·司令局을 두었다. 임시의용승군의 목적은 무장독립
투쟁을 전개하는 것이었다. 임시의용승군은 독립이 성취되면 자동
적으로 해산한다고 임시의용승군헌제에 명시되어 있다.[9] 임시의용
승군헌제는 승려들을 승군체제로 편입시켜 독립운동을 전개한다는
가정하에서 구상되었으나 신상완이 검거됨으로써 발족을 보지 못
한 채 무산되었다.

3·1운동을 불교계라는 범위로 한정해서 검토하는 것은 무척 어려
운 일이다. 승려나 불교도들이 주도한 시위에 불교도만이 참여한
것은 아니었다. 다른 만세 시위에 참여한 불교도들도 적지 않았을
것이다. 그렇다고 하더라도 종교계가 중심이 되어 발단이 된 3·1운
동에서 종교별 시위 규모를 살펴보는 것도 의미있는 일이라고 할

7) 金素眞, 1999,『韓國獨立宣言書硏究』, 국학자료원.
8) 金正明 編, 1967,『朝鮮獨立運動』제1권 分冊, 原書房, 401~402쪽.
9) 위와 같음.

수 있다.

국내에서 전개된 불교계의 3·1운동은 크게 두 가지 계열로 나뉜다. 그 하나는 한용운의 지도를 받아서 움직였던 중앙학림의 학생들이 중심이 되어 전개된 중앙과 연계된 만세 시위를 들 수 있다. 또 다른 하나는 중앙과 연결을 가지지 않은 채 지방에서 발생한 만세 시위운동을 들 수 있다. 지방의 만세 시위운동은 중앙과 연계되지 않았다고 하더라도 중앙의 소식을 듣고서 인근지역의 만세 시위에 고양되어 전개되었다.

국내에서의 3·1운동은 1919년 4월 중순을 기점으로 점차 수그러드는 기미를 보이고 있다.[10] 3·1운동에 참가하였던 청년들은 만주 또는 상해로 건너가서 독립운동과 임시정부 활동에 참가하였다.

1919년 11월 15일 중국 상해에서 승려선언서가 발표되었다. 이 선언서에서 7천의 승려들은 민족이 해방되는 그 순간까지 일본 제국주의 세력과 투쟁할 것을 선언하였다. 승려선언서는 「己未獨立宣言書」의 연장선에서 발표되었다. 승려선언서에는 불교계에서 전개한 항일운동이 함축적으로 나타나 있다. 본고에서는 승려선언서를 3·1운동의 연장선에서 발표된 것으로 보고자 한다. 3·1운동과는 시기적인 차이가 있음에도 불구하고 3·1운동의 범주에 포함시켜 검토하기로 한다.

불교계 3·1운동은 한용운의 행적으로부터 시작하지 않을 수 없다. 한용운은 민족대표 33인 가운데 한 사람으로 참여하였다. 뿐만 아니라 그는 중앙학림 학생들을 통하여 3·1운동을 전국적으로 확산시키는데 기여한 인물이다. 한용운은 1908년 4월에 일본으로 건너가서 조동종 대학에 입학하여 일본어와 불교학을 공부하였다. 이 시기 그는 메이지(明治) 대학에서 황실 유학생으로 공부하고 있던

---

10) 이정은, 1993, 「3·1운동기 학생층의 선전활동」『독립운동사연구』7, 한국독립운동사연구소, 159~162쪽.

崔麟과 교류하게 된다.[11] 최린과의 만남은 이후 한용운이 3·1운동의 초기 계획 단계인 1919년 1월 말부터 참여하게 되는 계기가 되었다.[12]

최린은 나라가 없어진 상황에서 국권을 회복하자면 단체활동이 아니고는 불가능하다고 판단하였다. 당시 단체활동이 가능하였던 것은 종교단체 뿐이었다. 종교단체에 투신하기로 결심한 그는 천도교를 택하였다.[13] 그가 불교를 택하지 않은 까닭은 불교는 宗旨가 심원광대하여 쉽게 이해하기 어렵다는 점 때문이었다고 한다.[14] 불교는 조선조 5백년 동안 심한 탄압을 받았기 때문에 당시 상황에서

11) 崔麟, 1962.8, 「自敍傳」『韓國思想』 4, 한국사상강좌편집위원회 편, 153~157쪽 최린은 어려서부터 불교를 대단히 좋아하였다고 한다. 최린은 나라가 망한 1910년 금강산으로 들어가서 승려가 되려고 생각한 적도 있었다고 한다. 그러나 외아들이었던 최린은 부모님을 생각하여 승려가 될 수는 없었다고 한다.

12) 李炳憲, 1959, 『三·一運動秘史』, 時事時報社出版局, 605~606쪽. 1919년 3월 31일 경무총감부에서 일본 검사 河村靜永이 한용운에게 3·1운동에 참가한 동기를 묻자 다음과 같이 대답하였다. 나는 최린과 친밀한 사이로써 평소부터 서로 왕래하고 있었는데 본 년 1월 27일 경이라고 생각한다. 나는 동인을 집으로 찾아가서 잡담 끝에 話頭를 고쳐 시세에 대하여 이야기하기를 목하 열국간에 평화회의가 개최중인데 세계의 영원한 평화를 유지하기 위하여 각 식민지의 민족자결을 許할 것이라는 바, 식민지 주민은 독립할 좋은 기회가 되었으므로 각 국 식민지 영토의 주민은 다 독립을 할 것이고, 우리 조선도 민족자결에 의하여 독립하는 것이 좋을 것이니 우리도 운동을 하여서 독립을 하여 보는 것이 어떠냐고 하였다. 그래서 그 때 나는 동인에 대하여 독립운동을 하는 데는 적은 수의 사람으로서는 도저히 될 수 없으니 큰 단체를 조직하지 않으면 아니 된다고 하였으며 따라서 천도교는 대단체이니 그대 등 천도교 단체에서는 독립운동을 할 의사가 없는가 하고 말하였는 데 그는 한 사람이라도 그런 의사를 가지지 않은 사람이 없으니 내가 천도교인과 의논하여서 독립운동을 할 것을 기도하여 보겠다고 하였다.

13) 최린, 앞의 글, 158~160쪽.

14) 최린, 앞의 글, 186~187쪽.

불교가 사회운동으로 진출을 하기에는 어렵다고 판단되었다. 그렇
지만 그는 감옥에서 참선을 할 정도로 불교에 관한 이해가 깊었
다.[15]

불교에 대한 이해가 깊었기 때문에 최린은 한용운과 밀접한 인간
관계가 형성되었다. 이러한 인연으로 인하여 한용운은 천도교가 중
심이 되어 계획된 3·1운동의 초기 단계에서부터 관여할 수 있었
다.[16] 한용운은 1896년 출가한 이래 불교계와 쇠잔해진 국가를 위
하여 무엇인가를 해야한다는 사명감에 사로잡혀 있었다. 그는 1908
년에는 明進測量講習所를 세우고 소장으로 취임하여 개별 사찰의
토지를 수호하고자 하였다.[17]

그러던 차에 1910년 10월 원종의 종정이었던 李晦光이 조선 불교
원종을 일본 불교 조동종과 연합시키고자 하는 연합책동 사건이 발
생하였다. 이 소식을 들은 한용운은 1911년 朴漢永·陳震應·金鍾
來·都鎭鎬·宋宗憲·白龍城 등과 함께 임제종을 설립하여 조선불
교계의 자주성을 천명하는데 주도적으로 참여하였다.[18]

1919년 3·1운동이 계획될 당시에 한용운은 임제종 설립운동의 주
축 세력들을 불교계의 민족대표로서 참여시키고자 하였다. 그러나
급박한 상황속에서 사찰이 깊은 산속에 위치하고 있었던 까닭에 당
시 서울에 올라와 있던 白龍城 한 사람만을 민족대표로 참여시킬
수 있었다고 한다.[19] 백용성은 임제종 설립운동과 밀접한 관련이
있는 승려였다. 그는 1912년 임제종 중앙포교당 포교사로서 개교식
에서 운집한 대중들에게 교리를 설명하였다.[20]

---

15) 위와 같음.
16) 이병헌, 1959, 『三·一運動秘史』, 時事時報社出版局, 594쪽.
17) 朴杰淳, 1992, 『한용운의 생애와 독립투쟁』, 독립기념관 한국독립운동
　　사연구소, 27쪽.
18) 『매일신보』 1911.2.2, 「佛敎一新의 機」.
19) 김법린, 앞의 글, 76쪽.
20) 『매일신보』 1912.5.28, 「布敎堂의 盛況」.

한용운은 1918년 이회영이 천도교의 오세창·기독교의 이승훈, 교육계의 김진호·강매 그리고 이상재·안확·유진태·이득년 등 과 함께 고종을 중국 뻬이징으로 망명시키려는 계획에 참가하기도 하였다.[21] 그러나 이 계획은 고종이 사망함으로써 무산되었다.

1918년 9월 한용운은 경성부 계동에서 잡지『惟心』을 간행하면서 민중들의 의식계몽 운동을 전개하였다. 그는 1919년 2월 28일 밤 계동 자신의 집으로 평소 자신을 따르던 중앙학림의 학생들을 모이게 하였다. 이 모임에 참석한 사람들은 申尙玩·白性郁·金祥憲·鄭秉憲·金大鎔·吳澤彦·金奉信·金法麟·朴玟悟 등 이었다.[22] 이 자리에서 그는 그간 독립운동을 준비해 온 사실을 밝혔다. 불교계의 여러 인사들과 접촉하였지만 교통 사정으로 면담치 못하고 백용성 한 사람만을 민족대표로 참가시킬 수 있었다고 전했다. 아울러 선언서 작성의 기초위원으로는 崔南善·崔麟 그리고 자신이 선정되었다는 사실을 밝혔다.[23] 이 선언서는 보성사에서 3만 매를 인쇄하였는데 각 교단에서 만 매씩 배부키로 하였다. 여기 모인 청년 학생들이 중심이 되어 경성과 지방에 배포하라고 당부하였다.[24]

이러한 지시를 받은 학생들은 인근에 있는 인사동 범어사 포교당으로 자리를 옮겨 구체적인 실행방안을 협의하였다. 학생들은 연장자인 申尙玩을 총수격으로 추대하였고, 白性郁·朴玟悟는 참모격으로 중앙에 남기기로 하였다. 나머지 사람들은 각기 연고가 있는 지역으로 내려가서 선언식을 거행하고 만세시위를 주도할 것을 결의하였다.[25]

---

21) 李丁奎·李觀稙, 1985,『友堂 李會榮 略傳』, 을유문화사, 169~170쪽.
22) 김법린, 1946.3,「三一運動과 佛敎」『新生』창간호, 新生社, 15쪽.
23) 김법린, 앞의 글,「三一運動과 佛敎」『新天地』, 76쪽.
24) 위와 같음.
25) 김법린, 앞의 글, 16~17쪽.

<표 3> 불교계의 3·1운동전개상황

도 별	일 시	시위장소 (중심사찰)	주 도 자	참가인원	피검자수	비 고
경성	1919. 3.1	탑골공원	신상완·백성욱·박민오 등	1만여명		
경기도	1919. 3.31 ~4.2	광주 장터 광릉천변 (봉선사)	김성숙·이순재·현일성·강완수·김성암·김석로·지월·김석호	600여명	김성숙·이순재·지월 등 다수	'조선독립임시사무소' 명의의 전단 살포
경기도		여주 (신륵사)	영봉·권중만·윤경옥·조규선·조석영·조근수	200여명	영봉 등 다수	
경남	1919. 3.7 ~3.18	동래 장터 (범어사)	김법린·김상헌·유석규·김상호·차상명·김성구·김영구·김한기·허영호·윤상은		차상명·김영규·김봉환·이영남·황원석·박영수·김상환·박영환·김한기 등 33명	
경남	1919. 3.20	단장 장터 (표충사)	이장옥·이찰수·오학성·손영식·김성흡·구연운·오응석	5,000여명	이장옥·오학성·손영식 등 364명	통도사 승려들과 연대 시위 전개
경남	1919. 3.29	신평 장터 (통도사)	오택언·김상문 등 40~50여명			오택언이 사전 발각되었지만 시위는 전개됨
경남	1919. 3.31 ~4.16	합천 읍내 (해인사)	김봉신·홍태연·강재호·기상섭·김봉율·김윤곤·이덕세·김상호·송복만·송복룡·최범술·박달준·벽석윤·이덕진·김장윤	3월 31일 홍태연이 주도한 해인사 시위 참가자 200여명 4월 16일 야로면 참가 시위자는 1만여명으로 추정	박치수·기상섭·송봉우 등	3개 대로 나누어서 진행되었음
경남		거창 일원	신광옥·신경재·김명수			
경북	1919. 3.23 ~4.3	대구 남문 시장 (동화사)	김대용·윤학조·권청학·김문옥 등	3,000 여명		
경북		김천·성주 (청암사)	김도운·이봉정·남성엽 등			

경북		선산(도리사)	김경환 등			
경북	1919. 4.13	문경군 산북면 대하주제소 부 근(김룡사)	김룡사 지방학림 학생 18명			사전발각으로 무산
전남	1919.3	해남(대흥사)	대흥사 불교강원 생 30여명			
전남		구례·강진 ·보 성·담양 (쌍계사·화엄 사·송광사)	박근섭·박응천·신 문수·정봉윤			
충남		공주(마곡사)	우산조·나경화			
충북		보은(법주사)	박윤성			
황해도		해주(신광사)	홍태현			
함남	1919. 3.9 ~11	안변 (석왕사)				3월 8일 퇴조 부락민 200여명의 시위가 있 었음. 9일부터 석왕사 에서 추도회가 열린 다는 소식을 듣고 함 남 지방장관이 연기 시킴으로써 무산됨

참고문헌: 1971, 『독립운동사』 제2·3권, 독립운동사편찬위원회 ; 김법린,
1946.3, 「三一運動과 佛敎」『신천지』, 서울신문사 ; 이병헌, 1959,
『三·一運動秘史』, 시사시보사출판국 ; 1967, 『한국근세불교백년사』,
민족사 ; 김정명, 1967, 『朝鮮獨立運動』 I 分冊, 동경: 原書房 ; 최범술,
「청춘은 아름다워라」『국제신보』 1975.1~4 ; 『대한불교』 ; 『불교신
문』.

불교계의 3·1운동의 전개는 대체로 이들 중앙학림 학생들의 활동
이 중요한 역할을 하였다. 이들과는 별도로 지방의 승려들과 지방
학림의 학생들이 자발적으로 만세시위를 전개한 경우도 적지 않았
다. 지방의 학생들은 먼저 경성에서 내려온 선언서를 등사하여 사
찰 등지에서 선언식을 거행하였다. 시위는 주로 사람이 많이 모이

는 장터에서 이루어졌다.[26] <표 3>은 불교계가 중심이 되어 전개된 시위운동의 구체적인 상황을 기록한 것이다.

승려들 가운데는 국제정세를 이해하고 그것을 만세시위에 활용한 경우도 있었다. 경기도 양주군 봉선사의 승려 이순재는 김성숙·김석로·김성암·강완수 등과 함께 '조선독립단임시사무소'라는 단체 이름으로 격문을 만들었다. 그 격문에는 "지금 파리강화회의에서는 12개국이 독립국이 될 것을 결정하였다. 조선도 이 기회에 극력 운동하면 목적을 달성할 수 있다"는 내용이 들어 있었다. 그들은 격문 200장을 작성하여 근처 여러 동리에 뿌렸다.[27]

불교계가 중심이 되어 전개된 만세 시위에서 여타의 종교세력과 연대시위가 진행된 경우는 찾아보기 힘들다. 반면에 천도교와 기독교 계열의 만세 시위에서는 연대시위가 진행된 사례가 나타나고 있다.[28] 만세시위는 주로 사람들이 많이 모이는 장터에서 진행되었다. 사찰은 산간에 위치한 지형적인 이유 때문에 연대시위가 형성되기 어려웠을 것이다.

불교계 내부에서 이루어진 연대시위 사례는 경남의 통도사와 표충사의 승려들이 전개한 시위에서 찾을 수 있다. 1919년 3월 20일경 통도사 승려 50여명이 표충사를 찾아와 비밀회합을 가졌다. 표

---

26) 김법린, 앞의 글, 77쪽.
27) 독립운동사편찬위원회, 1972, 『독립운동사자료집』5, 302~303쪽.
28) 이병헌, 앞의 책.
   1. 1919년 4월 4일 전북 남원읍 남원 장날 광한루 앞 시위에서 기독교인들은 태극기를 나누어 주었고, 천도교인들은 독립선언서를 배포하였다(905~906쪽).
   2. 1919년 4월 3일 경남 부산진에서는 기독교인과 천도교인이 중심이 되어 수천명이 만세를 부르고 시위행진을 하다가 해산당하고 지휘자 10여명은 체포당하였다(934쪽).
   3. 1919년 4월 6일 황해도 안악 읍내에서 천도교인과 야소교인 700여명이 합동하여 만세를 불렀다(960쪽).

충사 만세 시위는 李章玉·李刹修·吳學成·孫永植·金成洽·具
蓮紘·吳應石 등이 주동이 되어 4월 4일(음력3월 4일) 단장 장날에
일어났다.[29] 표충사의 승려로서 그곳의 강사였던 이장옥은 법무계
서기인 金鍾碩에게 다음과 같이 「宣書」라고 제목한 격문을 주면서
등사하게 하였다.

> 조선 민족대표 손병희·김병조·한용운·백용성 등 29인의 信託에
> 따라 우리들은 조선을 위해 생명을 희생으로 바쳐야 한다. 이를 위해
> 우리 2천만 민족은 사람마다 만세로써 품고 있는 정의의 군을 길러
> 인도의 창과 방패로써 위 민족대표 33인의 최후의 신탁을 배반하지
> 말아야 한다.[30]

민족대표는 독립을 선언하고 수감되었다. 그들의 독립선언은 조
선인들에게 독립을 완성하라는 부탁이었다. 모든 사람들이 만세 시
위에 참가하여 독립을 주장하는 것은 정의와 인도를 실천하는 것이
라는 것이 격문의 요지였다. 4월 4일 단장 장날 이장옥을 비롯한 표
충사의 승려와 학생 30여 명은 장꾼들에게 나누어 줄 종이 태극기
수백 장을 안고 장으로 들어갔다. 12시 30분 쯤 이장옥·이찰수·오
학성·손영식·김성흡·구연운·오응석 등이 4칸 길이의 장대에
'조선독립만세'라고 쓴 깃발을 세우자 나팔소리가 울렸다. 주동 인
물들이 조선독립만세를 외치자 군중들은 여기에 고양되어 만세를
소리 높이 불렀다. 이 때 학생들 15~16명에 의하여 독립선언서가
살포되었다.[31] 군중 시위대는 헌병주재소로 몰려갔다. 분노한 군중
들은 투석으로 주재소의 유리창·지붕·벽 등을 파괴하였다. 밀양
헌병분견대로부터 군인들이 급파되어 발포하였고, 결국 364명이 검

---

29) 국사편찬위원회, 1983, 『독립운동사』 3권, 225쪽.
30) 국사편찬위원회, 앞의 책, 225~227쪽.
31) 위와 같음.

거되었다. 그 가운데 71명은 검사국에 송치되었다.[32]

표충사와 통도사 승려들이 연대시위를 전개할 수 있었던 계기를 밝혀줄 수 있는 자료는 아직까지 찾을 수 없다. 그러나 2월 28일 밤 한용운의 집에 모였던 중앙학림 학생 가운데 오택언은 통도사 시위 주도의 책임을 맡았다. 그는 3월 4일 통도사로 내려왔다. 그러나 오택언이 사전에 검거되었기 때문에 통도사 시위는 3월 29일에 소규모로 전개되었다.[33]

오택언이 검거되었다는 소식을 전해들었을 통도사의 승려들은 강화된 검문 때문에 시위를 본격적으로 전개하지 못하고 표충사로 가서 시위를 제안하지 않았을까 추정된다. 통도사의 승려들이 만세시위를 전개할 사찰로서 표충사를 택하였던 것은 무엇 때문이었을까. 표충사는 임진왜란 때 사명당 유정이 머물렀던 사찰이었다는 점에서 만세시위 제안을 쉽게 수락하였으리라고 추론해 볼 수 있다.

제2절 상해에서의 항일운동

1. 「大韓僧侶聯合會宣言書」의 작성 경위와 내용

승려선언서는 조선총독부가 사찰령이라는 가혹한 법령을 시행함으로써 불교계는 국가로부터 얻은 자유를 잃고 祖宗의 遺風은 인멸되고 絶滅의 참혹한 지경에 빠졌다고 표현하고 있다. 이 선언서에는 일본이 조선에서 실시한 통치정책의 잔혹성과 불교계가 저항한 사실들이 함축적으로 나타나 있다. 이 선언서는 일본의 식민통치에 대항하여 조국이 해방되는 순간까지 혈전을 선언하였다. 1919년 11

---

32) 위와 같음.
33) 국사편찬위원회, 앞의 책, 214쪽.

월 15일 중국 상해에서 7천의 승려들을 대표하여 불교계의 비중있
는 승려 12명이 假名으로 발표하였다.34)

한글·한문·영문으로 작성된 이 선언서는 임시정부에서 발행하
던 기관지『獨立新聞』에「佛敎宣言書」35)라는 제목으로 게재되었다.
박은식의『韓國獨立運動之血史』36)에는「僧侶聯合大會宣言書」로 수
록되어 있다. 1956년에 발행된『韓國獨立運動史』에는「僧侶聯合大
會의 宣言書」라는 제목으로 실려 있다.37)

승려선언서는 제목이 약간씩 다르고, 본문에도 약간의 오차가 있
다. 원본은 1969년 국사편찬위원회가 프랑스에서 입수하였다. 임영
정은 1970년 3월 8일자『大韓佛敎』紙에 승려선언서 발견의 의의를
소개하였다.38)

---

34)「대한승려연합회선언서」, 독립기념관 소장자료 소장번호 복671.
35)『獨立新聞』1920.3.1,「佛敎宣言書」.
36) 朴殷植, 1975,『朴殷植全集』上卷, 단국대학교출판부, 97~99쪽.
37) 애국동지원호회, 1956,『韓國獨立運動史』, 224~225쪽.
38) 임영정,「대한승려연합회 독립선언서 원문 발견의 의의」,『대한불교』,
    1970.3.15. 임영정은 승려선언서는 1919년 파리에 살고 있던 홍재하가
    보관하였던 대한민국 임시정부 파리위원부 관계 문건 중에서 발견된
    것이라고 한다. 승려선언서는 홍재하의 사망 이후 유족들에 의하여 한
    국 유이민사를 연구하던 玄圭煥에게 전달되었는데 대한승려연합회선
    언서도 여기에 포함되어 전달되었다고 한다. 이후 대한승려연합회선
    언서는 어떤 경로를 통해서인지는 알 수 없지만 상해 임시정부에서
    파리평화회의에 제출되었던 일련의 탄원서와 함께 파리법대도서관에
    소장되게 되었다. 이 일련의 문서들은 1969년 국사편찬위원회에서 발
    굴하여 공개하였다. 앞으로의 논지 전개를 위하여 여기에 소개하는
    대한승려연합회선언서는 국사편찬위원회에서 입수한 것을 독립기념
    관에서 복제품으로 제작한 것으로 독립기념관 소장자료번호 복671이
    다.

〈大韓僧侶聯合會宣言書〉
韓土의 數千僧侶는 二千萬同胞 及 世界에 對하야 絶對로 韓土에 在
한 日本의 統治를 排斥하고 大韓民國의 獨立을 主張함을 玆에 宣言하
노라.

平等과 慈悲는 佛法의 宗旨니 平素 此에 違反하는 者는 佛法의 敵이라 그러하거늘 日本은 表面 佛法을 崇한다 稱하면서 前世紀의 遺物인 侵略主義 軍國主義에 耽溺하야 자조 無名의 戰을 起하야 人類의 平和를 攪亂하며 한갓 그 强暴함만 恃하고 敎化恩惠를 受한 隣國을 侵하야 그 國을 滅하며 그 自由를 奪하며 그 民을 虐하야 二千萬 生靈의 冤聲이 嗷嗷하며 特히 今年 三月一日 以來로 大韓民族은 極히 平和로운 手段으로 極히 正當한 要求를 叫號할새 日本은 도리혀 더욱 暴虐을 肆行하야 數萬의 無辜한 男女를 虐殺하니 日本의 罪惡이 斯에 極한지라 我等은 이미 더 沈默하고 더 傍觀할 수 없도다.

일즉 全民族代表 三十三人이 獨立宣言을 發表할새 我 佛徒 中에서도 韓龍雲 白龍城 兩僧侶 - 此에 參加하였고 그 後에도 我 佛徒中에서 身과 財를 獻하야 獨立運動에 奔走한 者 - 多하거니와 日本은 一向 前過를 懺悔하는 樣이 無할뿐더러 或은 警官을 增加하고 軍隊를 增派하야 더욱 抑壓政策을 取하고 一邊 不正한 手段으로 賊子輩를 驅使하야 一日이라도 그 惡과 二千萬 生靈의 苦惱를 더 깊게 하려 하니 이제 我等은 더 忍見할 수 업도다. 不義가 義를 壓하고 蒼生이 塗炭에 苦할 때에 劍을 仗하고 起함은 我 歷代 古祖 諸德의 遺風이라. 하물며 身이 大韓의 國民으로 生한 我等이리오 顧컨데 佛法이 韓土에 入한지 于今 二千年에 李朝에 至하여 多少의 壓迫을 受함이 有하였다 하더라도 其他의 歷代 國家는 모다 此를 擁護하야 그 發達의 隆隆함이 世界 佛敎史上에 冠絶하였나니 此 日本人을 佛陀의 慈悲 中에 引導한 者도 實로 我 大韓佛敎라 壬辰倭亂 其他 危急의 時에 여러 祖師와 佛徒가 身을 犧牲하야 國家를 擁護함은 歷史에 昭詳한바 이어니와 이는 다만 國民으로 國家에 對한 義務를 盡할 뿐이라 國家와 佛敎와의 깊고 오랜 因緣에 緣由한 것이다.

日本은 强暴과 그 詭譎한 手段에 의하야 韓國을 合倂한 以來로 韓國의 歷史와 民族的 傳統 及 文化를 全혀 無視하고 各 方面에 對하야 日本化政策 及 壓迫政策으로써 韓族을 全滅하고자 하야 我 佛敎도 또한 其 毒手의 犧牲이 되어 强制的인 日本化 及 苛酷한 法令下에 束縛下에 二千年 來의 國家에 의한 保護로 얻은 自由를 잃고 얼마 아니 있어 特有한 我 歷代 祖宗의 遺風의 湮滅 榮光의 大韓佛敎는 滅絶의 慘境에 陷하려 하도다.

이에 我等은 起하였노라. 大韓의 國民으로서 大韓國家의 自由와 獨立을 完成하기 爲하야 二千年 榮光스러운 歷史를 가진 大韓佛敎를 日本化와 滅絶에서 救하기 爲하야 我 七千의 大韓僧尼는 結束하고 起하였서명을 한 12명의 승려들은 모두 가명을 사용하였다. 따라서 승려선언서는 누가 어떠한 배경에서 기초한 것인가에 대해서 아직 제대로 밝혀지지 않고 있다. 12명 가운데 吳卍光은 범어사 주지인 吳惺月·金鷲山은 통도사 주지였던 金九河·池擎山은 金擎山으로 추정39)되기도 하지만 분명한 내막은 알 수 없다.

김소진은 승려선언서의 기초자를 신상완으로 보고 있다. 신상완을 승려선언서의 기초자로 보는 근거 사료로는 1920년 5월 6일자 일본 고등경찰 기록을 들고 있다.40) 신상완은 상해 임시정부 군자금 모집을 위하여 1919년 8월 하순 국내로 잠입하였으나 큰 성과를 거두지 못하고 10월에 상해로 돌아갔다. 상해로 돌아간 신상완은 李鍾郁·金奉信·白性郁·金法允 등과 협의한 후 승려들의 단결을 도모할 목적으로 대한승려연합회 명의의 「宣言書」와 「臨時義勇僧軍憲制」를 작성하였다는 점을 들고 있다.41)

그러나 1920년 9월 30일자 신상완의 경성 지방법원 예심결정서42)와 동년 12월 23일 경성지방법원 판결문43)을 살펴보면 다음과 같은 의문이 생긴다. 예심결정서에 따르면 신상완은 1920년 4월 상순 경

노니 矢死報國의 이 發願과 重義輕生의 이 義氣를 뉘 막으며 무엇이 막으리오 한 번 結束하고 奮起한 我等은 大願을 成就하기까지 오직 前進하고 血戰할 뿐인뎌

大韓民國 元年 十一月 十五日

大韓僧侶聯合會

代表者 吳卍光 李法印 金鷲山 姜楓潭 崔鯨波 朴法林

安湖山 吳東一 池擎山 鄭雲峯 裵相祐 金東昊

39) 『대한불교』1970.3.8, 「우리말 원본 宣言書와 대한승려연합회의 독립운동」.

40) 김소진, 1999, 『大韓獨立宣言書硏究』, 국학자료원, 271쪽.

41) 김정명, 1967, 『朝鮮獨立運動』 제1권 分冊, 原書房, 399쪽(『高警』 제12574호 1920.5.6, '不逞僧侶檢擧ノ件').

42) 독립운동사편찬위원회, 1975, 『독립운동사자료집』 9, 993~1001쪽.

43) 앞의 책, 『독립운동사자료집』 9, 1001~1030쪽.

성부 인사동 숙소에서 상해로부터 이종욱이 보내 온 「대한승려연합
회선언서」라는 인쇄물 몇 장을 입수한 것으로 나타난다. 그는 건봉
사 주지 李大連 및 住僧 鄭仁牧 앞으로 조선독립운동 자금을 제공
하여 달라는 내용의 서한을 이석윤에게 교부하였다.44) 예심종결서
와 판결문45)에는 그가 승려선언서를 기초하였다는 죄목은 보이지
않는다. 그렇다면 승려선언서는 그가 기초하지 않았다고 볼 수 있
다. 그가 이 사실을 부인하였을 가능성도 있다.

　1919년 4월 하순 경 신상완은 상해로 건너가서 임시정부 요인들
을 만나고 귀국하였다. 동년 7월 그는 다시 상해로 건너가서 국내에
서 白初月과 金奉信으로부터 전해 받은 2천원을 당시 임시정부 내
무총장이었던 안창호에게 전달하였다.46) 그 후 그는 李鍾郁·金法
允·金祥憲 등과 회합하여 상해에서 항일 승려 단체를 조직하기로
결정하였다. 이 목적을 달성하기 위해서는 승려 가운데 유력자가
필요하였다. 이들은 백성욱을 파견하여 이회광을 데려 오도록 하였
다. 국내로 파견된 백성욱은 8월 중순까지 아무런 소식이 없었다.

　신상완은 안창호로부터 이회광에 대한 勸誘狀과 자신을 강원도
국내 특파원 및 내무부 위원으로 임명한다는 사령장을 받아 귀국하
였다. 그는 이회광을 만나서 상해로 도항할 것을 권유하였다. 이회
광이 애매한 태도를 취하자 그는 성과를 거두지 못하고 백초월로부
터 독립운동 자금 명목으로 300원을 받아서 10월에 상해로 돌아갔
다.47) 이처럼 신상완과 백초월은 긴밀한 관계를 맺고 있었다.

　백초월은 1919년 11월에 체포되었다.48) 승려선언서가 발표된 곳

---

44) 앞의 책, 『독립운동사자료집』 9, 1000쪽.
45) 앞의 책, 『독립운동사자료집』 9, 1001~1030쪽.
46) 김정명, 앞의 책, 398~400쪽.
47) 위와 같음.
48) 전남 경찰 수사에는 "중앙학림 학생 박학규는 백초월의 특파원을 칭
　　하며 전남 화엄사의 승려 김영렬에게 자기는 하동 쌍계사로 가서 군

은 上海이다. 이 선언서는 국내에서 서명자 12명의 서명을 받아서 상해로 건너갔을 것이다. 그 시점은 적어도 10월 중순이거나 아니면 11월 초순이 될 것이다. 백초월이 구속되기 직전이므로 승려선언서의 기초자는 백초월일 가능성이 크다고 할 수 있다.

『大韓佛敎』紙에는 당시 독립운동으로 수감 중이던 백초월을 승려선언서의 기초자로 들고 있으나 구체적인 자료는 제시하지 않고 있다.[49] 백초월은 1915년에 중앙학림의 강사를 지냈다.[50] 그는 신상완보다 12살이나 나이가 많았으며 학식을 갖춘 인물이었던 점에서 승려선언서는 백초월이 기초하였을 가능성이 크다고 하겠다.

승려선언서는 일본의 식민통치를 부정하고 독립을 선언하였다. 불교계의 독립선언은 민족대표로 참여한 한용운·백용성의 차원을 넘어서 불교도 전체의 여망이라는 점을 강조하고 있다. 이 선언서는 네 부분으로 나눌 수 있다.[51] 첫째, 불교계가 일본의 식민통치를 부정하고 독립을 선언한 부분이다. 일본의 식민통치는 불법의 宗旨인 평등과 자비에 배치된다. 일본은 前世紀의 유물인 침략주의와 군국주의에 탐닉하여 인류의 평화를 교란하였다. 그런 까닭에 이천만 生靈들의 원성이 높다. 승려들이 일본을 적으로 규정하며 민족이 해방되는 그 순간까지 투쟁할 것을 선언한 부분이다.

둘째, 불교계의 독립선언은 더 이상 소수 대표자들의 요구가 아니라 전교도들의 요구사항임을 밝힌 부분이다. 이러한 목적을 수행

자금 모집을 해야한다고 하였다. 동년 11월 7일 중앙학림 학생 이선훈이 김영렬 앞으로 보내 온 통신에 의하면 박학규로부터 화엄사의 소식은 전해 들었다. 동인에게 교부해야 할 돈 50원은 잠시 두고 봐라 운운, 또 백초월은 체포되었다"라고 되어 있는 것이다. 실제로 백초월은 일경에 체포되어 동년 12월 2일 검사국으로 송치되었다(독립운동사편찬위원회, 1975, 『독립운동사자료집』9, 432~433쪽).
49)『大韓佛敎』 1970.3.8,「僧侶3·1獨立鬪爭史발견」.
50)『조선불교진흥회월보』제1권 3호, 1915.4, 83쪽.
51) 앞의 독립기념관 소장자료, 복671.

하기 위하여 불교도들은 몸과 재산을 바쳐 독립운동에 참여하겠다는 것을 선언하였다.

셋째, 일본은 조선인들의 정당한 요구였던 3·1운동을 진압하고 오히려 경찰과 군병력을 증파한 사실을 질타하고 있다. 불교계는 임진왜란 당시 승병을 일으켰던 전통을 이어 침략주의 세력과의 투쟁을 선포한 부분이다.

넷째, "일본은 고도의 문화민족인 조선의 전통을 무시하고 각 방면에서 일본화정책 및 압박정책을 강요하였다. 그로 인하여 불교계는 가혹한 법령의 속박으로 절멸의 상태에 빠졌다. 7천의 승려들은 해방되는 그 순간까지 피로써 투쟁한다"는 것을 선언한 부분으로 구성되어 있다.[52]

승려선언서는 일본의 잔혹한 식민통치는 불교가 지향하는 인류 평등과 자비정신에 배치되므로 그로부터 해방을 추구하는 것은 더 이상 소수의 바램이 아닌 민족전체의 염원이라는 것을 밝혔다. 나아가서 과거에 일본보다 우수한 문화를 가졌던 우리 민족을 야만적인 방법으로 통치하는 것은 더 이상 참을 수 없다. 해방이 이루어지는 그 순간까지 투쟁하는 것이야말로 만인 평등을 추구하는 불법을 실현하는 것이며, 인류의 정의를 실현하는 것이다. 전교도들은 단결하여 민족해방을 성취하는 그 날까지 전진하라고 촉구하고 있다. 이러한 사실은 종래의 불교계가 은둔적이며, 비세속적이었던 자세에서 벗어나 적극적인 현실참여를 표명한 것으로 한국불교사에서 큰 의미를 지닌다.

---

52) 위와 같음.

2. 臨時政府 지원 활동

1919년 4월 상해에서 성립된 임시정부는 3·1운동 결과의 산물이라고 할 수 있다. 임시정부는 한민족의 독립운동을 지도하기 위해서 성립되었다. 불교계는 임시정부 지원활동과 무장투쟁 및 군자금 모집 등 많은 항일운동을 전개하였다. 무장투쟁이라는 개념에는 조직적인 항일무장 투쟁단체에 참가하여 활동하였던 사람들은 물론이고, 개별적으로 의열투쟁 활동을 전개하였던 사람들도 포함시키기로 한다. 불교계가 전개한 다양한 항일운동의 사례들을 검토해 보기로 한다.

1919년 3월 중순경이 되자 지방으로 내려갔던 많은 불교청년들은 경성으로 운집하였다. 해인사의 청년 승려였던 金奉律·朴達俊 등과 전남 해남 대흥사의 朴暎熙는 만주 봉천성 유하현에 있던 신흥무관학교에 입교하였다.53) 김봉률과 박달준은 신흥무관학교를 졸업한 후 1920년 9월경 해인사로 가서 김장윤·김경환·우민수 등에게 독립운동 자금을 모집해서 韓族會 司判長 최명수에게 교부하라고 당부하였다. 이들은 1920년 10월경 金龍寺와 孤雲寺에서 각각 40엔을, 大奉寺와 梵魚寺에서 각각 50엔씩 모집한 혐의로 체포되어 경성지방법원 검사국에서 취조를 받고 공판에 회부되었다.54)

월정사 출신의 李鍾郁은 李鐸이 중심이 되어 만주에서 결성된 의열단체인 27결사대55)의 일원으로 활약하였다. 27결사대는 을사5

---

53) 三寶學會, 1965, 『韓國近世佛敎百年史』 제1권 「사회참여」, 民族社, 17쪽.

54) 『조선일보』 1921.3.19, 「獨立을 運動하던 僧侶 等의 公判」.

55) 구성원은 李鐸·安景植·朱秉雄·金容友·李鍾郁·李海三·車秉濟·孫昌俊·朴基寒·李仁植·朴基濟·朴鎭台·李鍾元·韓善玉·姜聖坤·吳德衍·韓國輔·李演崔·黃集·洪淳範·羅景鎬·金炳洙·崔秉寅·

적56)과 고종의 양위를 강요한 7적57)을 암살하는 것을 목표로 하였다. 27결사대는 1919년 3월 3일 고종의 국장일에 거사를 계획하고 망우리 고개에서 기다렸다. 이들은 역적들의 위치가 순종의 御駕와 너무 가까웠기 때문에 순종에게 해를 끼칠 우려가 있어 거사를 실행하지 못하였다. 27결사대 대원들은 3월 20일경 독립문의 퇴색된 태극기를 다시 칠하고 성토문과 경고문·격문 등을 독립문과 종각 기타 여러 곳에 게시하였다. 이들은 5적·7적의 암살 기회를 엿보다가 5월 5일경 일경에게 체포되었다.58)

지방으로 내려가서 만세시위를 주도하였던 중앙학림의 학생들은 혹 검거되기도 하고, 혹은 귀경하기도 하였다. 이들은 신상완의 집에서 향후의 활동 방안을 모색하였다. 학생들은 4월 하순에 상해에 임시정부가 성립하였다는 소식을 전해들었다. 申尙玩·白性郁·金大鎔·金法麟 등 4명은 상해로 밀항하였다.59)

신상완과 백성욱은 임시정부의 국내특파원으로 불교계의 운동을 지도하기 위하여 5월 중순에 귀국하였다. 이들은 귀국 후 金尙昊·金祥憲·朴玟悟·金奉信 등과 『革新公報』라는 지하신문을 간행하여 해외소식을 국내에 알렸다. 신상완은 상해 임시정부로부터 불교계의 원로를 대표로 파견해 달라는 요청을 받았다. 그는 여러 동지들과 협의한 결과 중앙학림 강사를 지냈던 金包光을 대표로 밀파하

秉寅·林析道·李東宇·宋東浩·成某였다(독립운동사편찬위원회, 1976,『독립운동사』7, 265쪽).
56) 을사오적은 을사5조약에 찬성한 다섯사람 즉 외부대신 朴齊純·내부대신 李址鎔·군부대신 李根澤·농상공부대신 權重顯·학부대신 李完用을 말한다.
57) 7적이란 헤이그 말사사건 이후 고종의 양위를 강요한 총리대신 李完用·내부대신 任善準·탁지부대신 高永喜·군부대신 李秉武·법무대신 趙重雄·학부대신 李載崐·농상공부대신 宋秉畯을 말한다.
58) 독립운동사편찬위원회, 1976,『독립운동사』7권, 268~269쪽.
59) 김법린, 앞의 글, 78~79쪽.

였다.[60]

이종욱은 4월 2일 인천 만국공원에서 개최된 국민대회에 朴漢永과 함께 불교계의 대표로 한성임시정부의 발족에 참여하였다.[61] 그는 3·1운동 이후에 성립하였던 3개의 임시정부가 상해 임시정부로 통합되자 상해로 건너가 참가하였다. 이종욱은 1919년 9월 임시정부 국내 특파원으로 파견되었다.[62]

1919년 5월경에 상해로부터 국내로 돌아온 그는 趙鏞周·延秉昊·宋世浩 등이 중심이 되어 결성된 대한민국청년외교단의 외교특파원으로 활동하였다.[63] 대한민국청년외교단은 국제외교활동을 전개하고 상해 임시정부를 지원할 것을 목적으로 성립된 독립운동단체였다. 대한민국청년외교단의 구성원들은 기독교인들이 대부분이었다. 李鍾郁·宋世浩·龍昌殷 등은 모두 월정사의 승려였지만 기독교인들과 함께 활동하였다.

江原道 乾鳳寺 출신의 鄭南用은 이종욱·송세호 등과 함께 1919년 3월말 경에 결성되었던 대동단에 깊이 관여하였다. 대동단은 全協·崔益煥·鄭南用 등이 중심이 되어 조선의 독립쟁취를 목적으로 결성된 의열단체였다.[64] 전협은 1919년 4월 金嘉鎭을 총재로 추대하였다. 동년 10월에 이종욱을 통하여 김가진과 그의 아들 義漢을 상해로 탈출시켰다. 전협은 김가진·정남용·李載浩·韓基東·董昌律·羅昌憲·金中玉 등과 의친왕 李堈을 상해로 탈출시켜, 이강을 首領으로 하여 제2회 조선독립선언을 전개하기로 계획하였다. 이 계획은 이강이 상해로 가던 도중에 중국 안동에서 일경에게 적

---

60) 위와 같음.
61) 독립운동사편찬위원회, 1983, 『독립운동사』 제4권, 137쪽.
62) 1991, 『李鍾郁全集』 1권, 『智庵和尙評傳』, 294~299쪽.
63) 장석흥, 1988, 「대한민국청년외교단연구」 『한국독립운동사연구』 2, 275쪽.
64) 申福龍, 1982, 『大同團實記』, 養英閣, 167~168쪽.

발됨으로써 수포로 돌아갔다. 이 사건으로 정남용은 징역 5년, 송세호는 징역 3년 형을 언도 받았으며, 이종욱은 검거를 모면하였다.[65]

불교계는 군자금 모집에도 참가하였다. 1919년 10월 무렵 金尙昊 · 金祥憲 · 金石頭 등은 범어사의 원로였던 李湛海 · 吳惺月 · 金擎山 그리고 중견이었던 吳梨山 등과 협의하여 거액의 군자금을 모아서 김상호가 상해 임시정부에 전달하였다.[66] 상해 임시정부는 이담해 · 오성월 · 김경산 세 원로를 고문으로 추대하였다. 김상호는 세 승려의 임시정부 고문 추대장을 가지고 돌아와 국내 불교계 비밀 통신사무를 담당하였다.[67] 이 밖에도 1919년 3·1운동 당시 통도사 주지를 지냈던 金九河가 임시정부에 군자금을 전달하였다는 기록이 있다.[68] 김구하는 1923년부터 1925년 주지직을 사임할 때까지 李道和 · 李南淑 · 金晚覺 · 姜鳳根 · 梁景淑 등 여승 및 기생들과의 추문사건으로 부산 지방법원에 고소를 당한 일도 있었다.[69] 그는

---

65) 신복룡, 앞의 책, 166~175쪽.
66) 『한국근세불교백년사』 1권 「사회참여」, 민족사, 37쪽.
67) 『韓國近世佛敎百年史』 제1권 「사회참여」, 民族社, 37쪽.
68) 앞의 책, 35쪽. 이 기록에 따르면 1919년 3·1운동 당시 통도사 주지였던 김구하는 1만 3천원을 독립운동 자금으로 제공하였다고 한다. 이 사실은 해방 이후 1952년 8월 17일자로 통도사 寺中에 제출한 陳情書에 나타나 있다. 김구하가 제출한 독립운동 자금은 범어사처럼 사내 대중들과 협의를 거친 것이 아니고 독단으로 결정한 것이라고 한다. 김구하가 사찰공금을 독립운동 자금으로 전달한데 대하여 당시 통도사의 회계를 맡았던 김혜경이 일경에게 밀고하였다. 김구하는 이 사실을 완강하게 부인하고 사찰공금 1만 3천원을 메우기 위하여 개인소유의 전답 6천 5백평을 팔아서 충당하였다고 한다. 진정서에는 어떤 경로를 통해서 임시정부에 전달하였는지가 나와 있지 않다. 그 내역은 다음과 같다. 안창호가 보낸 밀사에게 5천엔 · 백초월에게 2천엔 · 이종욱에게 3천엔 · 鄭寅燮(독립운동가)에게 1천엔 · 오리산(상해 갈 때)에게 5백엔 · 張在輪에게 5백엔 · 辛己欣에게 5백엔 · 김포광(상해 갈 때)에게 3백엔 · 鄭鐸에게 1백엔 · 梁萬佑에게 1백엔 등 모두 1만 3천엔이라고 한다.

독립운동 자금으로 1만 3천 엔을 보냈다고 주장하였다.[70] 그러나 통도사의 대중 승려들은 그가 주지로 재임한 10년 동안 약 1만 엔을 횡령하였다고 조선총독부에 주지인가 취소 신청을 하였다.[71] 김구하는 결국 주지직에서 축출 당하였다. 이러한 사건으로 미루어 보아 이 돈이 전부 독립운동 자금으로 전달되었다고 보기는 어렵지만 구체적인 내역이 명시된 것으로 보아 상당 금액이 임시정부에 전달되었을 것이다.

제3절 교단지도부와 불교계의 3·1운동 인식

30본사 주지들은 자신들의 임면권을 가진 조선총독으로부터 자유로울 수 없었다.[72] 본사 주지들은 3·1운동에 호의적 반응을 보이지 않았다. 3·1운동이 발발하자 당시 30본산연합사무소 위원장이었던 金龍谷은 기관지에 글을 발표하여 전국에 있는 승려들과 불교도들에게 경거망동하지 말 것을 당부하였다. 그 요지는 다음과 같다. "3·1운동으로 사상계의 동요가 불교에까지 미치고 있다. 종교와 정치는 그 목적이 다르다. 불교도들은 세계 대세와 사조를 돌아보지 않고 시대적인 분위기에 휩쓸려 本旨를 망각해서는 안된다. 최근의

---

69) 『매일신보』 1923.4.23, 「五月 飛霜의 怨女가 哀訴한 通度寺 住持에 關한 醜話」.
70) 정광호, 1999, 『韓國佛教最近百年史編年』, 仁荷大學校出版部, 241~242쪽.
71) 『매일신보』 1923.12.1, 「通度寺 住持의 非行」.
72) 한동민, 2000, 「1910년대 禪教兩宗 30本山聯合事務所의 設立過程과 의의」 『한국민족운동사연구』 25, 21쪽.

상황은 표면상으로는 소요가 종식되어 사람들이 자기의 생업에 안
주하는 듯하다. 그러나 아직도 각지 인민의 사상계는 의혹이 가시
지 않고 있다. 경박한 사람들 가운데 진상을 깨닫지 못하고 치안을
방해하며 풍기를 문란하게 하는 자들이 있다. 불교도들은 이번의
정치문제에 간섭하지 말며, 경거망동하는 무리들에게 도움을 주지
말라. 불교도들은 종교인의 본분을 상실하지 말라"고 주의를 환기
시켰다.[73]

김용곡은 불교계의 首長으로서 교도들에게 종교와 정치는 분리
되어야 한다는 정교분리를 주장하였다. 그렇지만 실제로 그가 정교
분리에 관해서 쓴 글은 보이지 않는다. 다만 3·1운동에 불교도들이
참여하게 되면 자신의 입지가 좁아질 것을 두려워하여 참가하지 말
라고 한 것이었다.

1915년 30본산연합사무소 위원장을 지냈던 강대련은 조선불교의
발전을 위해 1919년 11월에 조선총독 사이토 마코토(齋藤實) 앞으
로「佛敎機關擴張意見書」라는 문서를 제출하였다.[74] 여기서 그는
사이토가 조선총독으로 부임한 이래 정치가 개선되고, 교화가 날로
더해져서 불교가 융성해졌다고 찬양하였다. 그런데 사람들은 어떻
게 해야 불교가 발전할 수 있는 지 그 방법을 모르면 안된다는 것
이다. 자신이 예전에 30본산연합사무소 위원장을 지냈던 경험을 살
려서 대안을 제시하겠다는 것이었다.[75]

그 요지는 다음과 같다. "조선의 승려는 모두 禪宗의 승려이다.
일본의 선종 승려들은 결혼하고 고기를 먹는 것을 당연하게 여긴
다. 그런데 조선 불교계에서는 아직도 그것을 금하고 있다. 일본
東·西本願寺의 法主僧은 일본 황실과 혼인관계를 맺고 있다. 일반

---

73) 金龍谷, 1919.7,「警告法侶」『朝鮮佛敎叢報』제16호, 30본산연합사무
    소, 1~2쪽.
74) 姜大蓮, 1920.3,「僧侶機關擴張意見書」『朝鮮佛敎叢報』20호, 1~10쪽.
75) 위와 같음.

승려들은 서민들과 결혼한다. 조선의 불교가 발전하려면 일본 동서 본원사의 법주 이외의 승려들이 조선의 왕족이나 귀족 여자와 결혼을 해야 한다. 조선의 일반 승려들도 서민 여자들과 결혼을 하여야 한다"고 하였다. 그 밖에도 그는 조선 불교가 발전하기 위해서는 중앙에 종무기관을 두어서 유교의 經學院처럼 조선총독부로부터 보조금 혜택을 받아야 한다. 경성에 중앙교육기관을 설립하여야 한다는 것과 스승의 재산을 제자 상속할 수 있어야 한다는 것 등을 주장하였다.[76]

요컨대 강대련은 승려들도 결혼하고, 고기를 먹어야 하며, 사유 재산권을 인정받아야 조선의 불교가 발전할 수 있다는 것이다. 이러한 주장은 조선불교의 전통을 무시하고 승단을 세속화시키는 것이라고 할 수 있다. 그의 이러한 행보는 젊은 승려들의 비난의 대상이 되었다.

전·현임 30본산연합사무소위원장의 발언에서 당시 교계지도자들의 3·1운동에 대한 인식을 엿 볼 수 있다. 불교계의 지도적 위치에 있는 승려들 가운데 민족적인 의식을 가지고 개혁을 지향하려는 의지를 가진 사람이 드물었다. 불교도들이 3·1운동에 관심을 보이는 것은 식민지 지배권력과 타협하고 있던 자신들의 입지 축소를 의미하기 때문이었다.

그렇다면 조선총독부는 3·1운동에서 불교계의 저항을 어느 정도로 인식하고 있었을까. 1919년 6월 조선헌병대 사령부 헌병대장은 경무부장 회의석상에서 다음과 같이 보고하였다.

천도교는 최제우·최시형이 모두 형벌을 받아 사망하였고, 동학당의 후예를 자처하고 있다. 손병희 또한 3·1운동의 주요 인물이 되었다.[77] 기독교측은 북장로파에 속하는 이승훈 등을 비롯하여 일찍

---

76) 위와 같음.
77) 독립운동사편찬위원회, 1984, 『獨立運動史資料集』 6, 595~596쪽.

이 테라우치 암살음모사건에 관계가 있던 자는 거의 3·1운동에 참
가하였다. 그리고 기독교 중의 유력자 및 학생들이 운동에 가담하
였다.78)

　이에 반해서 불교측은 중앙학림 교사 한용운 및 해인사 승려 백
용성 2명이 천도교 간부와 내통하여 선언서에 서명하였다. 30본산
사무소의 최고 간부들은 전혀 관계가 없다. 따라서 불교도 가운데
'不逞者'로 지목된 사람들은 중앙학림 생도 일부와 한용운·백용성
과 친교가 있는 자 및 그들의 '궤변'에 말려든 소수의 승려들에 지
나지 않는다고 하였다.79)

　이 보고에 따르면 조선총독부는 종교 세력들 가운데 천도교를 가
장 위험한 단체로 파악하였다. 서구의 영향을 받은 기독교 세력도
경계의 대상으로 삼고 있었다. 그러나 불교계는 그다지 위험한 세
력으로 인식하지 않았다. 민족대표 33인의 종교 분포는 천도교 15
명·기독교 16명·불교 2명이다. 전국적으로 전개된 만세시위 운동
의 규모도 천도교와 기독교에 비해서 부진하였다.

　그 원인은 불교계에 있다기 보다도 조선왕조 정부가 오랜 세월
동안 억불정책을 시행하였기 때문에 사회참여 의식을 고양시킬 수
있는 근대적 교육기관을 충분히 갖지 못한데서 찾아져야 할 것이
다. 3·1운동이 발발했을 때 시위를 주도하고 대열에 앞장섰던 사람
들은 대부분 책이나 글을 통하여 근대 서구문물에 접했던 학생층이
주류를 이루었다. 반면에 교단의 지도부라고 불릴 수 있는 30본사
주지들과 많은 승려들은 3·1운동에 참가하는 것을 불온하게 생각하
거나 냉담한 반응을 보였다.

---

78) 위와 같음.
79) 위와 같음.

제4장

朝鮮總督府의 佛敎界 회유책과
불교계의 반응

제1절 朝日佛敎 교류 장려책

일본은 조선에서 3·1운동을 경험하고 나서 종래의 식민지 통치정책에 문제가 있었음을 인정하지 않을 수 없었다. 한민족의 독립운동에 대처하기 위해서 형식적으로나마 통치제도의 개혁을 단행하였다. 그 변모된 통치방식이 이른바 문화정치였다. 문화정치가 감시와 통제를 강화한 기만책이었다는 것에 대한 연구성과[1]는 이미 많이 배출되었다.

3·1운동 소식을 접한 하라 다카시(原敬) 수상은 陸相 다나카 요시이치(田中義一)와 회합한 자리에서 對韓政策을 재고해야 한다는 것을 강조하였다. 그는 4월 9일 야마가타 아리토모(山縣有朋) 정무총감이 귀임할 때 새로운 개혁안[2]을 제시하였다. 일본 정부는 3·1운동의 가장 큰 원인이 무단통치에 있다고 보았다. 조선총독부의 관제를 개혁하여 조선총독에는 문관도 임명될 수 있게 하였다.[3] 일본정부는 3·1운동 발발의 정치적 책임을 물어 하세가와 요시미치(長

---

1) 姜東鎭, 1984, 『日帝의 韓國侵略政策史』, 한길사.
　　朴慶植, 1986, 『日本 帝國主義의 朝鮮支配』, 청아출판사.
　　金雲泰, 1998, 『日本 帝國主義의 韓國統治』, 博英社.
　　김동명, 1998, 「일본 제국주의의 식민지 지배체제의 개편-3·1운동 직후 조선에서의 동화주의 지배체제의 확립-」『韓日關係史研究』9.
2) 1965, 『原敬日記』 제5권, 福村出版社, 84쪽.
　　1. 문관본위의 제도로 개혁할 것.
　　2. 교육은 조선인과 일본인에게 동일방침을 취할 것.
　　3. 헌병제도를 개편하여 경찰제도로 할 것.
　　4. 原敬이 종전부터 주장했던 조선을 內地의 연장으로 인정해서 조선을 동화할 것.
3) 靑柳南冥, 1922, 『朝鮮統治論』, 朝鮮研究會, 99쪽.

谷川好道) 조선총독과 야마카타 정무총감을 해임하였다. 후임으로 해군 대장 출신인 사이토 마코토(齋藤實)를 조선총독으로, 미즈노 렌타로(水野鍊太郞)를 정무총감으로 임명하였다.[4]

제3대 조선총독으로 부임한 사이토가 실시한 문화정치의 특징은 분할통치였다. 분할통치란 식민지 내부의 종족적·계층적·종교적 대립을 이용하여 식민지 피압박 민족의 국민적 통일과 민족운동을 차단하는 분열정책이었다.[5] 이 통치방식은 서구 열강들이 식민지에 의회를 설치하고 그것을 통해서 식민지 민족자본가를 분열시켜 상층부에 대한 회유와 포섭을 꾀했던 방식이다. 이러한 통치방식은 피식민지인들 상호간에 분열을 조장하는 것이었다. 공격의 대상이 식민지 통치권력이 아니라 같은 동족이었다. 이 통치 방식은 식민지 지배가 끝난 다음에도 여전히 피식민지인들 상호간에 갈등의 요인으로 작용하여 협력에 장애요인이 되었다. 해방 이후 불교계의 비구·대처승의 분쟁은 그 좋은 사례가 된다고 할 수 있다.

조선총독부의 통치방식 변화는 1920년대 사회의 각 분야에서 많은 친일단체가 생겨나게 하였다. 뿐만 아니라 많은 민족지도자들이 조선총독부의 회유책에 넘어가서 친일파로 전락하였다. 이러한 현상은 민족운동 노선을 약화시키는 결과를 초래하였다.

3·1운동이 종교계 지도자들에 의해서 발단이 되었다는 사실에 주목한 사이토는 민족대표 33인의 종교를 분석한 결과 천도교 15명, 기독교 16명, 불교 2명이라는 결론을 얻었다.[6] 사이토는 이와 같은 분석을 통하여 종교의 정치관여가 조선역사의 고질적인 병폐라고 단정하였다.

조선총독은 학무국에 종교과를 신설하여 외국인 선교사와는 諒

---

4) 강동진, 앞의 책, 23쪽.
5) 강동진, 위의 책, 11쪽.
6) 金素眞, 1999, 『韓國獨立宣言書硏究』, 國學資料院, 93쪽.

解親和를 도모하는 정책을 취하였다. 한편으로는 布敎規則의 개정, 사립학교규칙의 개정, 종교단체의 법인화를 허가하는 등 잇달아 종교에 관한 종무방침을 시달하였다.[7] 조선총독부는 3·1운동 이후에도 여전히 커다란 잠재력을 가지고 있던 종교단체에 내분을 조장하는 방법을 구사하였다. 친일파로 하여금 종교단체의 주도권을 장악하게 하고 민족주의자를 몰아내는 방법을 취하였다.[8]

1920년 사이토 조선총독이 본국에서 받은 문서 「朝鮮의 民族運動에 대한 對策」 가운데 '종교적 사회운동'에는, 불교에 관한 대책이 구체적으로 6개 항목으로 제시되어 있다.[9] 그 요지는 30본사를 통괄하는 총본산을 두어 불교계의 중앙집권 체제를 꾀하고, 친일파를 종교계의 지도자로 내세운다는 것이었다. 불교진흥촉진 단체의 역할은 조선총독부의 정책을 선전하는 것이었다.

사이토가 구상한 불교계의 대책은 일본인과 조선인이 제휴하여 식민통치에 협조할 수 있는 단체를 만드는 것이었다. 이러한 정책구도에 따라서 1920년 9월 朝鮮佛敎大會가 성립하였다. 마에다 노보루(前田昇)·나카무라 켄타로(中村健一郎) 등 在朝鮮 일본 在家불교도들과 朴永孝·李完用·權重顯·崔南善·李能和·韓昌洙·

---

7) 朝鮮總督府, 1921, 『朝鮮の統治と基督敎』, 14~20쪽.
8) 강동진, 앞의 책, 388쪽.
9) 『齋藤實文書』 제9권 1990, 「朝鮮民族運動ニ 對スル 對策案」, 高麗書林, 143~151쪽.
   1) 사찰령을 고쳐 경성에 30본산을 통할하는 總本山을 세우고 중앙집권화를 꾀한다.
   2) 總本山의 官長에는 친일주의자를 세운다.
   3) 불교진흥촉진단체를 만들어 총본산의 옹호기관 노릇을 시킨다.
   4) 진흥촉진단체는 본부를 경성에 두고 회장을 거사(居士) 중 친일주의자 덕망이 높은 사람으로 채운다.
   5) 이 단체의 사업을 일반 인민의 교화, 죄인의 감화, 자선사업 기타로 한다.
   6) 총본산·각본산·불교단체에 상담역으로 인격있는 內地人을 둔다.

韓相龍 등 친일파들이 중심이 되어 1920년에 조선불교대회가 발족되었다.[10] 마에다는 훗날 조선불교대회가 朝鮮佛敎團으로 전환될 때 초대 부단장을 지낸 인물이었다.[11] 그는 육군 소장으로 1920년에 주차 조선헌병대 사령관을 지냈다.[12] 나카무라는 조선불교단 상무이사[13]를 지냈으며, 뒤에 조선불교사 사장을 지냈다. 그는 1924년 4월에 日鮮融和를 목적으로 성립된 同民會의 실무 담당자였다.[14]

조선불교대회는 1925년 재단법인 조선불교단으로 확대 재편되었다.[15] 초대 단장은 權重顯이었다. 고문에는 일본 政財界의 저명한 인물들이 망라되어 있었다.[16] 조선불교단의 단장은 언제나 조선 사람이 역임하였고, 실질적인 모든 일은 실무 책임자인 일본인이 집행하였다. 조선불교단의 창단 목적은 "조선에서 불교의 진흥을 도모하고 인심을 교화선도하며 민중의 복지를 증진시키기 위함"이라고 되어있었다.[17] 그러나 실질적인 목적은 일본과 조선의 유력 인사들이 교류를 통하여 친일파를 양성하고 조선총독부의 식민지 통

---

10) 조선불교대회와 조선불교단에 대해서는 다음 논문을 참조할 수 있다. 김순석, 1995, 「朝鮮佛敎團研究」『한국독립운동사연구』9, 한국독립운동사연구소.
11) 『朝鮮佛敎』5호 1924.9, 「朝鮮佛敎大會彙報」, 朝鮮佛敎社. 『조선불교』는 1924년 5월에 창간되었다. 창간호부터 제12호까지는 타블로이드판 신문 형식으로 발간되었다. 13호(1925. 5)부터는 잡지 형식으로 발간되었다.
12) 박경식, 앞의 책, 559쪽.
13) 『朝鮮佛敎』제5호, 1924.9.
14) 강동진, 앞의 책, 245쪽.
15) 『朝鮮佛敎』제14호 1925.6, 52쪽.
16) 조선불교단 고문은 다음과 같다. 貴族院 議長을 지냈던 德川家達, 일본 수상을 지냈던 淸浦奎吾, 宮內省宗秩僚總裁를 지냈던 德川賴倫, 도쿄 상업회의소 회장 澁澤榮一, 당시 정무총감이었던 下岡忠治 등이었다. 한국인 고문으로는 朴永孝 · 李完用 · 閔泳綺 등이었다(김순석, 1995, 「朝鮮佛敎團研究」『한국독립운동사연구』9, 133쪽).
17) 『朝鮮佛敎』제14호 1925.6, 「朝鮮佛敎大會彙報」, 朝鮮佛敎社, 52쪽.

치정책에 협력하는 친일세력을 확보하는데 있었다. 조선총독부는
불교계 회유책의 일환으로 조일불교 교류를 장려하였다. 불교계는
조선총독부의 지원을 받아서 일본에 불교시찰단을 파견하였다.[18]

　불교시찰단 파견은 1920년대 들어와서 처음 시작된 것은 아니었
다. 시찰단은 1910년 이전에도 있었다. 1907년에 李能和 등 30여 명
이 3개월 동안 일본을 시찰한 적이 있었고, 1909년에는 洪月初·金
東宣 등 60여 명이 일본을 다녀온 적이 있었다.[19] 1917년 30본산연
합사무소 위원장 金九河와 李晦光·姜大蓮, 佛敎叢報社 기자 權相
老 등 9명이 불교시찰단[20]으로 선발되어 조선총독부 학무국 촉탁
가토 간가쿠(加藤灌覺)의 안내로 일본을 다녀 온 적이 있다.[21]

　이 사찰단이 일본으로 떠날 때 환송장에는 중앙학림 강사 박한영
과 범어사 포교당 포교사 한용운이 참석하였다. 당시 조선총독 하
세가와는 이들을 직접 면접하고 여비 명목으로 300원을 주었다. 그
밖에도 李完用·李允用과 당시 중앙학림 고문이었던 오다 쇼오고
(小前省吾)도 참석하였다.[22] 조선총독부는 승려 교육의 내부 문제를
노골적으로 간섭하기 위해서 일본인 관리 고문을 두었고, 불교학교
에서 영어와 역사 등을 엄금하여 일본의 하수인이 될 수 있는 승려

---

18) 김순석, 앞의 논문, 143~143쪽.
19) 정광호, 1988, 「日帝의 宗敎政策과 植民地 佛敎」『近代韓國佛敎史論』,
　　민족사, 81쪽.
20) 李能和, 1917.6, 「內地에 佛敎視察團을 送함」『朝鮮佛敎叢報』6, 三十
　　本山聯合事務所, 1~4쪽. 시찰단의 구성은 다음과 같다. 통도사 주지
　　金九河·해인사 주지 李晦光·용주사 주지 姜大蓮·봉은사 주지 羅晴
　　湖·위봉사 주지 郭法鏡·범어사 주지 후보 金龍谷·장단사 주지 李
　　智求·신륵사 주지 金相淑·불교총보사 기자 권상로 등 9명이었다.
　　이들은 1917년 8월 31일부터 9월 23일까지 일본의 사찰과 유적지를 방
　　문하고 당시 일본 요인들과 면담하였다.
21) 이경순, 2000.8, 「1917년 불교계의 일본 시찰연구」『한국민족운동사연
　　구』25, 58~65쪽.
22) 위와 같음.

들을 양성케 하였다.[23]

시찰단의 일본 방문은 조선불교단이 창립되고 난 이후에는 정례화되어 매년 조선인 주지급 승려와 불교계의 유력자 가운데 5명 내외를 선발하여 일본에 시찰단으로 파견하였다.[24] 조선불교단은 시찰단의 일체 경비를 부담하여 일본의 名刹과 기타 문화시설을 돌아보게 하고 명사들을 만날 수 있도록 주선하였다.[25] 시찰단을 파견한 표면적인 명분은 견문을 넓히고 조선불교의 진흥에 이바지하도록 한다는 것이었다.[26] 그러나 실질적인 목적은 활기가 없는 조선과 제1차 세계대전의 전쟁경기로 윤택한 일본을 비교시켜서 일본의 강대성과 조선인의 독립불능론을 머리 속에 심어 주려는 정치선전의 속셈이 내재되어었다.[27]

조선불교단이 전개한 사업은 강연회, 강습회 및 활동사진회 개최와 조선인 포교사 양성, 기관지 발행, 불교에 관한 연구 및 조사, 사회사업에 관한 시설운영 및 보조, 視察團의 파견 등이었다. 1924년 5월부터 조선의 젊은 청년 가운데 적게는 3명에서부터 많게는 10여 명을 선발하여 일본 유학생으로 파견하였다.[28]

조선불교단은 1929년 10월 11일부터 10월 13일까지 財團法人 朝

---

23) 李光洙 編, 1982, 國際聯盟提出 『朝日關係史料集』, 高大圖書館 影印本, 338쪽.

24) 鄭昌朝, 1925.10, 「內地見學の旅を終へて」 『朝鮮佛敎』 18, 朝鮮佛敎社, 33~37쪽.

25) 시찰단의 파견은 당초의 계획대로 매년 정례적으로 이루어진 듯하지는 않다. 그러나 1925년에 조선불교 記者 鄭昌朝 등이 파견되었고, 1926에는 李能和·洪鐵牛·金寶蓮·白覞基·宋淳夔 등이 파견되었다. 1927년에는 견학단이 파견되었다는 기록을 찾을 수가 없다. 1928년에는 白景霞·林錫珍 등이 파견되었다(『朝鮮佛敎』 제48호 1928.4, 「朝鮮僧侶의 內地視察團」, 35쪽).

26) 『朝鮮佛敎』 24 1926.4, 「朝鮮佛敎團彙報」, 朝鮮佛敎社, 52~53쪽.

27) 강동진, 앞의 책, 49쪽.

28) 『朝鮮佛敎』 21, 1925.1, 「布敎學生募集」, 朝鮮佛敎社, 91쪽.

鮮佛敎中央敎務院과 京城佛敎各宗聯合會 3단체가 연합해서 조선
불교대회를 개최하였다.[29] 이 행사는 조선총독부 본관 건물과 근정
전 및 훈련원 마당에서 진행되었다. 일본 불교계의 13개 종단 28개
파의 管長 및 대표자와 사이토 조선총독 이하 조선총독부 고위 관
리들과 일본 불교계의 고승과 석학 90여 명이 참석하였다. 조선 불
교계에서는 31본사 주지들과 韓昌洙·李能和 등 불교계의 저명인
사들이 참여하였다. 이 대회의 참석자는 일본과 조선의 고승들을
비롯해서 유력인사 500여 명에 달했다.[30]

조선불교대회의 개최 목적은 "조선과 일본 불교도들의 친목을 도
모하고 조선의 불교를 촉진시키기 위하여 서로 제휴하고 협력할 길
을 모색함으로써 조선문화 발달에 공헌함"이라고 하였다.[31] 그러나
실질적인 목적은 일본 불교계와 조선불교계의 유력 인사들의 교류
를 통하여 친일파를 양성하고, 조선총독부의 시책을 선전하기 위한
것이었다. 이 대회는 식민통치 20년의 시정을 기념하기 위해서
1929년 9월 12일부터 10월 31까지 개최되었던 조선박람회 기간에
맞추어서 개최되었다.

일반적으로 제국주의 세력이 식민지 경영에 실시하는 온갖 문화
적 시책은 궁극적으로는 식민통치를 선전하는 전시효과를 노린 것
이다.[32] 조선불교대회의 개최는 일본 불교계와 조선불교계의 현실
비교를 통하여 식민통치의 본질을 은폐시키고, 조선총독 정치와 문
화시책을 선전하려는 것이었다.

---

29) 佐佐木淨鏡, 1930, 『朝鮮佛敎大會記要』, 조선불교단.
30) 佐佐木淨鏡, 앞의 책, 102~104쪽.
31) 佐佐木淨鏡, 1930, 앞의 책, 92~93쪽.
32) 강동진, 앞의 책, 65쪽.

제2절 제2차 朝日佛敎 연합책동

1920년대 초반 불교계는 1915년에 성립된 30본산연합사무소 체제로 운영되고 있었다.[33] 초대 위원장으로는 수원 龍珠寺의 강대련이 선출되었다.[34] 30본산연합사무소 체제는 1924년 재단법인 조선불교중앙교무원(이하 재단법인 교무원이라 약칭함)이 성립할 때까지 존속되었다.

조선불교계는 1920년에 들어서 또 한차례의 소란을 겪었다. 해인사 주지였던 이회광이 1910년에 이어서 또다시 조선 불교계를 일본 불교계에 연합시키려 한 사건이 발생하였다. 이회광은 1919년 12월 이래로 조선에 들어와 있던 일본 臨濟宗 妙心寺 출장소의 승려 고토 쓰이강(後藤瑞岩)과 결탁하여 조선 불교를 일본 임제종에 부속시키려고 하였다.[35]

이회광의 지론은 불교가 산 속에 세상과 떨어져서는 어떤 진리와 연구를 하더라도 사회와 민족을 감화시키지 못한다는 것이었다.[36] 그는 불교를 개혁하자면 일본 불교 세력의 힘을 빌리지 않으면 개혁을 도모할 수 없다고 하였다.[37] 그는 5월 2일 大源寺 주지 趙永泰·靑岩寺 주지 金大雲·실상사 주지 陳昌洙 등과 함께 동경을 방문하여 총리대신과 체신대신을 만나 불교계의 형편을 이야기하였다.[38] 그는 조선총독을 만나서 조선에는 지금 여러 가지 宗이 있으나 禪敎兩宗은 몇 천년 전 신라나 고려 때에 적합하였지 현재 조선

---

33) 『朝鮮佛敎叢報』 제1호, 1917.3, 「三十本山聯合事務所」, 4쪽.
34) 『韓國近世佛敎百年史』 제1권 「僧團編年」, 民族社, 56쪽.
35) 『동아일보』 1920.6.24, 「佛敎改宗問題(一)」.
36) 『조선일보』 1920.6.27, 「朝鮮佛敎運動上 二大潮流의 衝突(四)」.
37) 『동아일보』 1920.7.4, 「佛敎改宗問題(九)」.
38) 위와 같음.

에 적합하지 못하다고 하였다. 조선시대 이후로는 임제종이 조선불교의 대표라고 할 수 있다. 그리고 조선 불교계를 일본 임제종에 연합시킨다는 사실에 대하여 일본 당국자들의 양해를 얻어서 돌아왔다.[39] 이회광은 경상남북도의 8개 본산[40] 주지들을 대구로 불러 회의를 개최하였다. 그 자리에서 그는 일본 총리대신과 체신대신을 만나서 나눈 이야기를 전했다.[41] 조선 불교를 개혁하기 위해서는 宗名을 개칭하여, 종무원을 설립하고 사찰재산을 정리해야 한다고 역설하였다. 이어서 30본산에 통문을 보내어 종명 개정신청서와 이유서에 連名해 가지고 조선총독부에 제출할 것이라고 하였다.[42]

각 사찰에서는 이회광이 발송한 공문을 받아 보고 이 사실에 대하여 30본산연합사무소위원장 강대련에게 질문하였다.[43] 이회광의 이러한 책동은 1920년 6월 4일자 京都에서 발행되는『中外日報』에 보도되었다. 강대련은 조선총독부에 들어가서 종교과장 나카라이 키요시(半井淸)를 만났다. 그는 "이회광이 일본으로 건너가서 중앙정부와 교섭하여 조선불교를 일본 불교 임제종 묘심사파에 부속시키기로 했다고 한다. 이 소식을 들은 조선 각 사찰의 승려들이 동요하고 있다. 이에 대한 대책은 어떻게 하면 좋은가"라고 물었다. 종교과장은 "조선 사찰 문제는 사찰령에 의하여 조선총독이 결정할 것이니까 아무리 각 대신에게 진정서를 제출하여도 효과가 없을

---

39) 위와 같음.
40) 孤雲寺・金龍寺・銀海寺・桐華寺・祈林寺・通度寺・梵魚寺・海印寺.
41)『동아일보』1920.6.25,「佛敎改宗問題 (二)」.
42)『동아일보』1920.6.25,「불교개종문제(二)」. 그 자리에 모인 사람들 가운데 한 사람이, 이 일을 삼십본산연합사무소와 의논하면, 자연히 의사 충돌이 생겨서 안될 것이니, 우리 경상도 8본사가 먼저 시작하고 30본산 각 사찰에 통문을 돌려, 들으면 좋고 듣지 않으면 그만이라고 하였다. 이에 이회광은 그럴 듯하다고 생각하여 전국에 있는 사찰에 공문을 발송하였던 것이다.
43) 위와 같음.

것"이라고 하였다.[44]

동경에서 유학하고 있던 불교청년 학생들은 이회광의 경솔한 행동에 대하여 동년 6월 20일자로 성명서를 발표하였다.[45] 유학생들은 京都에 있는 임제종 대학과 중학에 재학하던 20여 명에게 동맹퇴학 권고문을 발송하여 다른 학교로 전학시키고자 하였다. 조선의 불교가 경솔한 몇 사람에 의하여 멸망의 화를 입게 됨을 앉아서 볼 수는 없으며, 만여 명의 조선 승려는 한 사람도 저들의 망동을 인정치 않는다는 것을 밝혔다. 아울러 일본 臨濟宗 妙心寺派에도 조선에 있는 1,500여 처의 사원과 10,000여명의 승려는 한 사람도 이 사실을 즐겨할 자가 없다. 그러니 저들 무리들의 망령된 의견을 듣지 말라고 경고하였다.[46] 연합책동에 대한 반대 의견이 들끓자 경상남북도 8본사도 이회광의 책동에 반대하고 나섰다. 후술하게 될 불교청년회는 맹렬한 반대운동을 전개하여 이회광에게 『중외일보』의 기사를 철회하라고 요구하였다.[47] 결국 이회광의 연합책동은 불교도들의 격렬한 반대에 부딪혀서 실패하고 말았다. 이 사건은 이회광이 『중외일보』 기사를 번역하여 조선의 각 사찰에 돌린 강대련을 명예훼손죄로 고소하는 촌극을 벌임으로써 일단락 되었다.[48]

1910년 일본 조동종과 연합책동을 벌였다가 성공하지 못한 이회광은 이후 방법을 바꾸어서 다시 시도하였다. 그는 국가나 민족의 관념으로 사상을 평가하는 것은 정치가의 좁은 생각에서 나온 것이라고 하였다. 자신은 도덕가이므로 국가나 민족의 관념으로 사상을 평가하지는 않는다고 하였다.[49]

---

44) 위와 같음.
45) 三寶學會 編, 1969, 『韓國近世佛教百年史』 1 「僧團編年」, 民族社, 89∼90쪽.
46) 위와 같음.
47) 『동아일보』 1920.6.27, 「불교개종문제(四)」.
48) 『동아일보』 1920.8.15, 「改宗戰爭의 再開는 朝鮮佛敎界의 恥辱」.
49) 『동아일보』 1920.6.27, 「불교개종문제(四)」.

이회광은 종교의 보편성만 알았지 제국주의의 본질이 식민지의
인력과 자원의 수탈에 있다는 사실을 깨닫지 못하였다. 조선인들이
식민통치로 고통받고 있는 상황에서 위안과 희망을 주어야할 종교
가 자주적인 발전을 지향하지 못하고 일본 종파의 힘을 빌려 발전
을 도모하겠다는 생각은 용서받지 못할 일이다. 조선불교의 포교방
식이 낙후되어 있었다면 발전된 방법을 배워서 해결할 일이었다.
그는 연합이라는 예속의 길을 택함으로써 빚어질 여러 가지 폐단을
고려하지 못하였다. 조선 불교를 일본 불교 특정 종파와 연합시키
는 것과 같이 중대한 일을 특정인이 독단적으로 결정할 수 있는 사
안이 아니었다. 더구나 교섭의 대상이 임제종의 책임자도 아닌 일
개 포교사50)였다는 점에서 연합책동은 처음부터 실현 가능성이 없
었다. 이회광은 1912년 30본산연합사무소위원장을 지냈다. 그 이후
두 차례에 걸쳐 30본산연합사무소위원장이 된 강대련에 비해서 입
지가 약화되었다. 1920년의 이 사건은 이회광이 자신의 세력만회를
위하여 벌인 무모한 책동에 불과한 것이었다.

이 연합책동 실패의 보다 본질적인 이유는 조선총독부가 반대 의
사를 가지고 있었기 때문이다. 이회광이 일본으로 건너가서 총리대
신과 체신대신을 만나서 그들의 양해를 얻었다고 하더라도 조선총
독은 천황에게 직속되어 있어서 일본 내각의 간섭을 받지 않았다.
요컨대 조선총독부는 1910년 강제병합 이후에는 일본 불교의 영향
력을 배제하고 조선불교계를 독자적으로 운영하고자 하였던 것이
다. 이러한 사실은 앞서 언급한 종교과장이 "조선 사찰의 문제는 사
찰령에 의해서 조선총독이 결정할 것"이라고 한 발언에서 잘 드러
난다.

---

50)『조선일보』1920.6.24,「朝鮮佛敎運動上 二大潮流의 衝突 姜大蓮 對
    李晦光」.

제3절 佛敎界 개혁 세력의 대두와 위축

1. 朝鮮佛敎靑年會의 성립

1920년대 일본의 식민지 통치 정책은 조선인의 민족운동을 철저히 탄압하는 한편 민족부르조아지 상층부를 회유하여 민족운동 노선을 분열시키는 데 그 기본 방침을 두었다.[51] 이러한 정책에 의해서 민족운동 세력은 분열되었다. 지식인과 민족부르조아지 상층부 가운데 많은 사람들이 친일의 길로 전환하였다.

조선총독이 30본산 주지들의 인사권과 재정권을 장악한 상황하에서 주지 계층은 기득권 수호를 위하여 조선총독부 권력과 타협하였다. 그로 인하여 불교계의 교육사업과 포교사업은 지지부진 하였고, 재정운영도 불투명해졌다.[52] 당시의 언론은 불교가 오늘날과 같이 타락하고, 쇠퇴한 원인을 승려가 관권과 결탁하여 각종 부패의 근원이 된 데서 찾았다.[53] 불교계의 청년 승려들은 관권과 결탁된 일부 주지 계층의 권위적인 행태를 시정하고자 하였다. 그들은 불교계를 자주적이고, 민주적인 방향으로 개혁하려고 하였다.

불교청년운동의 시원은 1910년에 일어났던 임제종 설립운동에서 찾을 수 있다. 한용운은 당시 임제종 설립운동이 영·호남지방에서 풍미하였으며, 불교청년은 누구든지 피가 뛰고 주먹이 쥐어져서 一波萬波로 保宗運動의 예비병으로서 자세를 취하였다고 한다.[54]

당시 불교계 교육의 중추기관이었던 中央學林 학생들은 1920년 5

---

51) 朴慶植, 앞의 책, 193쪽.
52) 五峰山人, 1925.1, 「朝鮮佛敎의 懸案을 解決하라」『불교』7, 16~18쪽.
53) 『동아일보』 1922.5.31, 「佛敎改新에 對하야」.
54) 卍海, 1938.2, 「佛靑運動을 復活하라」『佛敎』(新) 10, 佛敎社, 2~3쪽.

월 12일에 각 지방으로 전국불교청년회 발기인 대회 개최에 관한 통지서를 보냈다.[55] 6월 6일 중앙학림에서 열린 발기인 총회에서는 임시 실행위원을 선정하였다.[56] 6월 9일 임시 실행위원들은 중앙학림에서 청년회에 대한 규칙 및 취지서를 제정하였다. 이들은 6월 20일 하오 1시에 覺皇寺에서 창립총회를 개최하였다. 참석자들은 수백명에 달하였으며, 諸般會務를 조직하고 임원을 선출하였다.[57]

朝鮮佛敎靑年會(이하 청년회로 약칭함)의 창립 목적은 다음과 같다. 첫째, 敎祖 석가모니의 정법으로 세계 민중을 제도하기 위한 佛陀精神을 體現한다. 둘째, 쇠퇴해진 불교를 부흥시키기 위해서는 合理的 宗政을 確立한다. 셋째, 조선의 불교는 천년 세월이 지난 낡은 집과 같아 老僧들은 옛날 이야기만 하고 있고, 새로운 지식들을 수용할 생각을 하지 않고 있다. 이러한 상황을 극복하고 大衆佛敎의 실현을 위하여 청년들이 기존의 제도를 개혁하기 위해서 청년회를 창립한다고 밝혔다.[58] 청년회는 창립 직후 이회광의 매종행위를 적극적으로 저지하였다. 청년회는 이회광을 조선불교를 망하게 하는 악마이며, 조선사회에 대한 중대한 죄인으로 규정하였다. 이회광을 규탄하는 4개항의 결의문을 채택하였다.[59]

1920년 12월 15일 청년회는 지방위원들과 간부들이 모여 維新豫

---

55) 『동아일보』 1920.5.24, 「佛敎界의 曙光」.
56) 『朝鮮佛敎叢報』 제22호, 1921.1, 「彙報」, 58쪽.
57) 위와 같음.
58) 발기인일동, 1921.1, 「朝鮮佛敎靑年會趣旨書」『朝鮮佛敎叢報』 22, 三十本山聯 合事務所, 18~19쪽.
59) 『조선일보』 1920.6.28, 「朝鮮佛敎 改宗問題의 運動者 李晦光에」. 결의 문의 내용은 아래와 같다.
　一. 日本 臨濟宗과 提携盟約을 解除할 事.
　一. 中外日報의 此の記事를 取消할 事.
　一. 李晦光은 朝鮮僧侶에 對하여 悔케 할 事.
　一. 李晦光으로부터 一個月 以內에 右記事項을 斷行치 않을 時는 吾人은 상당한 罪法을 취함.

備會를 개최하였다. 16일에는 維新協議會를 개최하여 당시 불교계
가 당면한 제반 문제들에 대해서 논의하였다. 그리고 30본산연합사
무소에 8개항의 건의문을 제출하였다.[60] 8개항의 건의문 채택 과정
에서 논의된 내용은 다음과 같다. 청년회는 종래 30본산 주지들의
독단적인 사찰운영을 부정하고, 萬事를 民衆的 公議에 의해서 결정
하도록 해야한다고 주장하였다. 이를 위해 30본산연합제규를 수정
하여 위원장 아래 議事·庶務·財務·敎育·布敎·法規부장을 둘
것을 요구하였다.[61]

  청년회는 건의문에서 30본산연합사무소의 재정관리를 일원화 할
것을 요구하였다. 교육문제는 일요학교, 유치원, 보통학교를 신설해
야 한다. 아울러 지방학교는 병합되어야 한다는 것과 도시에는 중
학교를 경영할 것, 중앙학림은 전문학교로 승격시킬 것을 요구하였
다. 日本·支那·印度에 유학생을 파견해야 한다고 주장하였다. 또
번잡한 의식의 개선, 포교사업, 인쇄물의 발간을 통한 교리의 전파
와 홍보활동 등을 전개해야 하는 필요성을 건의하였다.[62]

  이러한 구체적인 사업들을 실천하기 위하여 청년회는 연합사무
소와 교섭할 교섭위원으로 金石頭·李幻海·李春潭·金鏡峰·金
洛淳 등 15명을 선출하였다.[63] 이들은 일본 불교와의 연합책동이

---

60) 『韓國近世佛敎百年史』 제3권, 1965, 「各宗團體編年」, 民族社, 6~10쪽.
  一. 朝鮮佛敎는 萬事를 公議에 付할 것.
  一. 三十本山연합제규를 수정할 것.
  一. 조선사찰의 재정을 통일할 것.
  一. 조선불교 교육의 주의와 제도를 혁신할 것.
  一. 포교방법을 혁신 할 것.
  一. 종래의 의식을 개선할 것.
  一. 京城에 弘敎院을 건설할 것.
  一. 인쇄소를 설치할 것.
61) 위와 같음.
62) 위와 같음.
63) 위와 같음.

진행되었던 점과 교육과 포교사업이 부진한 점 그리고 재정운영이 불투명한 점 등 여러 가지 모순의 원인이 산중공의제가 시행되지 않은 데 있다고 보았다. 이들은 산중공의제의 부활을 주장하였다.

청년회가 현실개혁을 주장할 수 있었던 배경은 1920년대 들어서 조선총독부의 정책노선이 표면단체의 설립을 허용한 것에서 찾을 수 있다. 표면단체는 조선총독부가 허용하는 범위 내에서 자주적인 활동을 할 수 있었다. 그러나 그 이면에는 항상 감시와 통제가 뒤따랐기 때문에 일정한 한계를 넘을 수는 없었다.

2. 朝鮮佛教維新會의「寺刹令」철폐운동

조선불교계의 발전 방향을 모색하고 있던 청년회는 주요한 현안에 대해서 개혁을 단행하려는 계획을 가지고 있었다. 그러나 이회광이 조일불교 연합책동을 벌인 적이 있었고, 30본사 주지들 가운데는 청년회의 불교유신 사업에 반대하는 승려들이 있었다. 이러한 상황에서 청년회는 별개의 행동조직을 필요로 하고 있었다.[64]

朝鮮佛教維新會(이하 유신회라고 약칭함)는 이러한 필요성에 의해서 탄생되었다. 유신회는 1921년 1월 30본사 주지 총회가 열릴 무렵 여러 가지 사안을 건의하였지만 임시로 조직된 것이었다. 유신회는 1922년 초에 경성에서 열리는 30본사 주지 총회에 불교계의 혁신안을 제출하기 위한 필요성에서 1921년 12월 13일 金法光 외 4명의 발기로 이루어졌다.[65]

유신회는 지방 회원가입 권유를 통하여 가입한 회원이 1,000여

---

64) 卍海, 1938.2,「佛青運動을 復活하라」『佛教』(新) 10, 불교사, 2~3쪽.
65) 『동아일보』1921.12.15,「千年의 佛教青年의 '維新會'를 조직코자 운동 중 明春 住持總會에 개혁안 데출」.

명이나 되었다. 사업 목표는 네 가지로 정해졌다. 첫째 여러 가지 불교계 제도를 변경할 것, 둘째 모든 재정을 통일할 것, 셋째 여러 사찰의 소유재산을 정리할 것, 넷째 학문을 일으키고 포교를 성실히 할 것 등이었다.[66] 유신회는 불교계가 당면하고 있었던 주요한 문제들을 새롭게 개선함으로써 교계의 면모를 일신하고자 하였다. 1921년 12월 21일에 창립총회를 열어 회칙을 통과시키고, 규칙과 임원 선정 등 기타 사무를 협의하였다.[67]

1922년 1월 4일에 수송동 覺皇寺에서 30본사 주지 총회가 열렸다. 시바다(柴田) 학무국장의 인사말에 이어 임시의장으로 해인사 주지 이회광이 추천되고 散會하였다. 이튿날 이회광의 자격문제로 시비가 있어 이회광은 회장직을 사퇴하였다.[68]

유신회는 30본사 주지 총회에 발언권을 요구하여 회의 형식을 조선승려대회로 하자고 제안하였다. 청년측과 주지측의 격렬한 논쟁 끝에 몇몇 본사는 30본산연합회에서 탈퇴를 선언하기에 이르렀다. 탈퇴측의 주장은 30본산연합사무소를 결성할 때는 사업을 하기 위한 것이었는데 십 년 동안 아무런 성공이 없었으니 그것을 해산시키고 다른 방법으로 연합하여 새 사업을 구상할 때가 되었다는 것이다. 반대측의 입장은 각 본사 의무분담금에 대해서도 반대가 있는 이 시점에 30본산연합사무소를 깨뜨려 버리면 수습할 수 없는 상황이 벌어진다는 것이다. 그렇게 되면 종래에 해오던 사업도 큰 영향이 있을 것이니 현상을 유지하고 개혁은 장래를 보아 가면서 서서히 도모해야 한다는 것이었다.[69]

1922년 1월 6일에 속개된 30본사 주지총회는 회의 명칭을 주지총회로 할 것인가, 조선불교도총회로 할 것인가에 대하여 찬반투표

---

66) 위와 같음.
67) 『매일신보』 1921.12.22, 「僧侶七千餘名을」.
68) 『동아일보』 1922.1.5, 「開幕初에 議長辭職」.
69) 위와 같음.

를 진행하였다. 전자에 찬성한 사람이 11명, 후자에 찬성한 사람이 13명이었다.. 이로써 종래 30본사 주지 총회는 조선불교도총회로 명칭이 바뀌었다. 의장에는 박한영이 선출되었다.[70] 1월 4일 30본사 주지 총회에서 유신회는 회의의 명칭을 조선승려대회로 하자고 제안한 바 있다. 그런데 6일에는 조선불교도총회로 바뀌었다. 그간의 사정을 분명하게 알 수는 없으나 참가의 범위가 확대되었다. 이것은 회의의 진행방식을 보다 민주적으로 진행하려는 의지로 이해된다.

동년 1월 7일 30본산연합사무소에서 개최된 조선불교도총회에서 朴漢永은 이 회의가 열리게 된 유래를 간략하게 설명하였다. 그는 주위의 여러 가지 곤란한 사정을 들어 청년들이 과분한 요구를 하여 공론에 그치게 할 것이 아니라 현실적인 요구를 해야 원만한 성공을 거둘 수 있다고 하였다.[71] 조선불교도총회는 30본산연합제규가 몇몇 주지들의 專制로 결정되었기 때문에 사업이 잘 안되었다는 점을 들어 폐지를 만장일치로 가결하였다. 나아가서 불교계 통일기관으로 총무원을 두기로 결정하였다.[72] 중앙학림은 50萬圓의 기부금을 마련하여 재단법인 불교전문학교를 만들기로 결의하였다. 통일기관을 유지하기 위한 규칙을 제정하기 위하여, 吳惺月 외 14인을 규칙위원으로 선정하였다. 선정된 위원들은 그 해 3월까지 宗憲을 제정하여 불교도 총회를 열어 통과시키기로 하였다.[73]

조선불교도총회를 발의한 유신회는 회원 150여 명이 1922년 3월 24일에 각황사에서 총회를 열고 당국에 불교개혁에 대한 建議案을

---

70) 『동아일보』 1922.1.7, 「住持會가 佛教總會로」. 의장 선출에서 전라북도 전주의 威鳳寺 주지 郭法鏡과 朴漢永이 동점이 되어 두 사람이 서로 사양하다가 제비뽑기를 하여 박한영으로 낙착되었다.
71) 『동아일보』 1922.1.8, 「佛教總會 二日」.
72) 『동아일보』 1922.1.9, 「三十本山聯合制를」.
73) 『동아일보』 1922.1.11, 「財政問題까지 解決」.

제출하였다. 유신회는 총무원의 기초를 공고히 할 일과 교육과 포
교에 힘쓸 일을 협의하였다. 26일에는 회의를 열어 敎憲을 통과시
킬 예정이었다.74) 그러나 종헌과 교헌 제정은 3월 26일 '鳴鼓逐出事
件'이 발생하여 핵심 인사들이 수난을 당하게 됨으로써 성립되지
못하였다.

  '鳴鼓逐出事件'이란 유신회원들이 수원 용주사 주지 姜大蓮에게
망신을 준 사건이다. 이들은 강대련의 등에 小鼓를 지우고 '佛敎界
大惡魔姜大蓮鳴鼓逐出'이라는 깃발을 들고 북을 치면서 남대문에
서 종로 네거리를 지나 동대문까지 행진하였다. 여기에는 유신회에
참석하기 위하여 지방에서 올라온 姜信昌·金尙昊·鄭孟日 등 회
원 백여 명이 참가하였다. 이 급보를 접한 종로경찰서는 10명의 경
찰을 출동시켜 군중을 해산시키고 주모자 5명을 연행하였다.75) 5월
16일 경성 지방법원은 주모자 姜信昌·金尙昊·鄭孟日 등에게는
징역 6개월, 梁武弘에게는 징역 4개월, 朴汶星·朴宗眞·奇尙燮·
金知俊에게는 징역 4개월에 집행유예 2년을 선고하였다.76)

  사건이 발생하게 된 배경은 강대련이 유신회의 사업에 번번히 반
대하였기 때문이었다. 뿐만 아니라 그는 재산을 농락하고 횡포한
일을 많이 하였다. 강신창은 처음에 성토 강연회를 열자고 하였다.
김상호가 이전 白丈和尙의 淸規77)에 의지하여 '鳴鼓逐出'을 하는

---

74) 『동아일보』 1922.3.27,「佛敎敎憲通過」.
75) 『동아일보』 1922.3.27,「暴力化한 佛敎分爭 奇怪한 僧家의 鳴鼓事件
    룡주사 주지 강대련씨를 반대파에서 조리를 돌녀」.
76) 『동아일보』 1922.5.17,「鳴鼓事件判決」.
77) 白丈(720~814)은 중국 당나라 때의 승려이다. 법명은 懷海이다. 당시
    선종은 아직 宗旨로서 하나의 독립된 사원도 없었고, 별다른 제도도
    없었다. 백장이 이 책을 만들어 법당·승당·방장의 제도를 마련하였
    다. 승려에게는 東序·寮元·堂主·化主 따위의 각각 직책을 분담시
    켜 승당에 있게하고 자기는 방장에 있으면서 때때로 법당에 나와 上
    堂 등을 하였다. 이 책을 백장청규라고 부른다. 당·송 시기를 지나면

것이 좋겠다고 하여 정맹일과 상의한 끝에 사건을 일으키게 되었다.[78]

유신회는 불교계의 최대 장애였던 사찰령 폐지운동을 전개하였다. 1922년 4월 19일자로 유신회원 劉碩規 외 2,284명의 연서로 사찰령 폐지에 관한 건백서를 조선총독부에 제출하였다.[79] 건백서의 개략적인 내용은 30본산제도의 시행으로 본산 주지들은 자리 다툼에 골몰하고 있으며, 末寺 주지를 압박하여 부질없이 원망하는 폐단이 생기고 불교사업이 황폐해졌다. 이러한 폐단을 시정하기 위해서는 사찰령을 하루 속히 폐지하고 불교계의 운영은 불교계의 자율에 맡겨야 한다는 것이다.[80]

유신회의 사찰령 철폐운동은 政教分離 문제와 밀접한 관련성을 가진다. 1922년에 시작된 사찰령 철폐운동은 정치권의 종교계 간섭이 배제되어야 한다고 주장함으로써 정교분리 실현을 주장하였다.[81] 조선총독부는 형식적으로는 메이지 헌법 제28조[82]에 명시된 정교분리 실현을 주장하였지만 실제 식민지 조선의 통치에 있어서는 종교가 정치권에 복종할 것을 강요하는 '정교일치'를 지향하고 있었다. 조선총독부가 정교분리의 원칙을 지키지 아니하고 불교계를 간섭하는 것에 대하여 한용운은 다음과 같이 그 폐단을 지적하였다.

　　사찰령과 사찰령시행세칙으로 인하여 불교의 기관 즉 사찰의 조직

서 없어져서 지금은 전하지 않는다.
78) 앞의 『동아일보』 기사, 1922.3.27.
79) 『동아일보』 1922.4.21, 「寺刹令의 弊端을 말하고」.
80) 『佛青運動』 제9호 ; 『韓國近世佛教百年史』 제3권, 1965, 「各宗團體編年」, 民族社, 16~18쪽.
81) 위와 같음.
82) 朝鮮總督府, 1940, 『朝鮮法令輯覽』, 2쪽. 메이지 헌법 제28조는 다음과 같다. "日本臣民은 安寧秩序를 방해하거나 臣民된 義務에 違反되지 않는 限에 있어서 信教의 自由를 가진다."

> 방식과 敎役者 즉 주지의 任免과 사찰재산의 처분 어느 하나도 행정
> 의 구속을 받지 않는 것이 없다. 이것은 정교분리의 원칙에 위배됨은
> 물론 각국의 旣定한 헌법의 정신에 배치되는 것이오 朝鮮內에서도
> 조선불교에만 限하여 있는 특수현상이다 … 사찰령은 理論에 있어서
> 정교분리의 원칙에 위배되고 현실에 있어서 조선불교의 장애물이 되
> 는 것이니 어떠한 의미로든지 존속할 필요가 없는 것이다.[83]

사찰령으로 조선불교계가 정치권의 간섭을 받는 것은 일본의 헌법
에도 위배되는 일이다. 그런데도 조선총독부는 사찰령을 강행였다.
유신회가 사찰령 철폐운동을 전개한 것은 조선총독부의 정책에 정면
으로 반대한다는 뜻을 지니고 있기 때문에 더욱 그 의미가 크다.

조선총독부로부터 사찰령 폐지에 관해서 아무런 회신을 받지 못
하자 유신회는 1923년 1월 6일에 또 다시 사찰령 폐지에 관한 건백
서를 제출하였다. 그리고 朴漢永·金敬弘 등 9명의 위원을 선정하
여 1주일 안으로 당국에 다시 질문하기로 하였다.[84] 두 차례에 걸친
사찰령 철폐 건백서에 대하여 조선총독부는 회신을 하지 않았다.
유신회는 1923년 5월 26일자로 또 다시 사찰령 철폐를 건의하였다.
그러나 조선총독부는 끝내 아무런 반응을 보이지 않았다.

사찰령 폐지 건백서에 서명된 2,284명의 명단이 남아 있지 않아
서 구체적으로 확인할 수는 없다. 그러나 서명한 많은 사람들은 3·1
운동에 참가하였던 젊은 청년 내지는 혁신세력이었을 것으로 추정
된다. 그것은 건백서에 명시된 대표자의 이름이 범어사의 3·1운동
을 주도하였던 劉碩規[85]라는 점과 다음과 같은 사실에서 그러한 추

---

83) 한용운, 1931.9, 「政敎를 分立하라」, 2~13쪽.

84) 『동아일보』 1923.1.8, 「寺刹令撤廢에 對하야」. 이 기사에는 박한영·김
  경홍 이외 7명의 이름은 전하지 않는다.

85) 유석규는 범어사의 3·1운동을 주도하였던 인물 가운데 한 사람이다(蔡
  尙植, 1991, 「한말, 일제시기 梵魚寺의 사회운동」 『한국문화연구』 4,
  부산대학교 한국문화연구소, 160~163쪽).

정을 할 수 있다. 1차 건백서를 제출할 무렵 유신회는 15명의 대표를 선정하여 이 사안을 협의케 하였다. 15명의 대표는 朴漢永·劉碩規·金圭鉉·林錫珍·曹學乳·李古鏡·鄭晃震·金泰煥·康道峰·趙影海·金海隱·奇石虎·金大泰·金雲學·金石頭 등 이었다.[86] 15명의 대표 가운데 康道峰과 金石頭는 후술하게 될 1920년대 비구승들이 중심이 되어 전통불교의 禪脈 계승운동을 표방하였던 禪學院 창설의 주역이다. 2차 건백서 제출 이후 조선총독부 당국에 질문을 하기로 하였던 박한영은 3·1운동 이후 성립하였던 漢城臨時政府에 참여한 인물이었다는 점에서 혁신세력이라는 점이 뒷받침된다.[87] 또 유신회가 지향하고 있던 불교계 개혁 내용이 불교계 대중들의 공의를 수렴해야 한다고 한 점에서 그러한 추정이 가능하다고 하겠다.

1월 7일 유신회 제2회 총회는 청년회 발기인이었던 李鍾天의 사회로 진행되었다. 회의 벽두에 의원을 개선하자는 결의가 있어 종래의 임원을 모두 바꾸었다. 전무이사에 姜信昌·黃日圭 등을 만장일치로 선출하였다. 강신창은 그 동안 유신회의 사업은 아무런 성공이 없었다고 평가하였다. 이어서 그는 당국의 무리한 간섭에 대하여 수수방관한 일반 회원의 무기력·무정성함과 간부 일동의 무능력함을 질타하였다. 여기에 대하여 이전 간부가 일어나서 "우리가 진실로 정성이 없음이 아니라 배후의 모든 폭력이 그렇게 한 것이다. 그러나 책임은 우리에게 있는 터인 즉 과거의 모든 불미한 허물은 우리가 지는 터이다"라고 하였다.[88]

유신회는 사찰령 폐지운동을 지속적으로 전개하였지만 관권과 결탁한 주지 계층으로부터 외면당하였고, 조선총독부의 감시와 탄

---

86) 三寶學會, 『韓國近世佛敎百年史』 3권, 各宗團體編年, 17~18쪽.

87) 독립운동사편찬위원회, 1983, 『독립운동사』 제4권, 137쪽.

88) 『佛靑運動』 제9호 ; 『韓國近世佛敎百年史』 제3권 「各宗團體編年」, 民族社, 20쪽.

압으로 인하여 큰 성과를 이룰 수가 없었다. 유신회는 1924년 1월에
종래 幹事制에서 總裁制로 체제를 바꾸고 한용운을 총재로 이종천
을 총무로 선출하여 면모를 일신하였다.[89] 그러나 1924년 4월 총무
원이 30본사 주지들 중심으로 친일적 성향이 강하였던 교무원에 흡
수 통합되면서 불교청년 운동은 결국 침체에 빠지게 되었다.

제4절 財團法人
朝鮮佛敎中央敎務院의 성립 과정

1922년 1월 4일부터 개최된 30본산 주지 총회는 명칭이 조선불교
도총회로 바뀌었다. 조선불교도총회는 30본산연합제규를 폐지하고
통일기관이 설립될 때까지 임시기구로서 총무원을 두기로 결정하
였다.[90] 아울러 재정통일 문제는 全道 900여 사찰의 전 재산을 3등
분으로 나누어 3분의 1은 그 절의 유지에, 3분의 1은 그 지방의 포
교와 교육사업에 쓰고, 나머지 3분의 1은 총무원의 불교사업에 쓰
기로 결정하였다.

이 때 선임된 총무원 임시원장은 전주 威鳳寺 주지 郭法鏡이었
다. 理務部長에는 吳惺月이, 庶務部長은 李晦光이 그리고 部員으로
는 劉碩規·黃耕雲·林錫珍·金智玄 등이 선임되었다.[91] 곽법경은
조선불교도총회의 결의에 따라 중앙학림을 재단법인으로 만들어
불교전문학교로 승격시키기로 하였다는 사실을 밝혔다. 그리고 임
시총무원은 7명으로 구성된 議事會를 두어 전체적인 운영을 맡기

---

89) 『동아일보』 1924.1.8, 「韓龍雲氏 出陣 佛敎維新會 總裁로」.
90) 『동아일보』 1922.1.9, 「三十本山 聯合制를」.
91) 『동아일보』 1922.1.11, 「財政問題까지 解決」.

로 결의되었다.[92]

1월 12일에 속개된 조선불교도총회에서 임시의장 洪蒲龍은 통일기관 문제와 재정통일 문제에 대해서 사찰령에 위반되는 듯한 발언을 하였다. 그러자 조선총독부 학무과장 마쓰무라(松村)는 방청을 일절 금지시켰다. 그는 비밀리에 무슨 훈화를 내렸다. 회의장은 전에 없는 살풍경으로 변하였다.[93]

시바다(柴田) 학무국장은 "유신회가 제기한 일련의 개혁안과 조선불교도총회의 결의 사항에 대해서 둘 다 모두 사사로이 회의를 열어 결정한 사안이므로 당국에서는 간섭하지 않겠다. 그러나 주지총회는 법령으로 인정한 기구이므로 방해하는 일이 있으면 경찰권을 발동하여 통제를 가하겠다"고 통보하였다.[94]

통도사 승려 姜信昌은 임시의장이었던 홍포룡과 유점사 주지 金一雲 그리고 30본산연합사무소에서 승려 신분으로 사무에 종사하고 있던 李混惺을 논박하였다. 강신창은 회의장이 살벌하게 된 것에 대해서 본사 주지들이 조선총독부의 官力을 빌려서 유신회원을 압박하고 불교의 체면을 유지할 수 없는 결의를 하였다고 비분강개한 말로 공격하였다.

이에 대하여 반대편의 본사 주지들은 官力을 빌려서 유신회를 압박한 것이 아니라 자신들은 유신회의 공격으로 회를 정리할 수 없어서 조선총독부에 가서 회의를 진행할 수 없으니 돌아가겠다고 하였다. 그랬더니 학무국 간부가 자진하여 나온 것이라고 대응하였다. 그들도 어제 결의한 것 중에 가장 불행한 일은 동광고등보통학교를 폐지한 것이라고 하였다. 그들도 자유가 없었으므로 어찌할 수 없었다고 하였다.[95] 여기에서 30본사의 주지들은 수시로 조선총독부

92) 『동아일보』 1922.1.11, 「佛敎界의 新光明」.
93) 『동아일보』 1922.1.13, 「任員選擧議論中에」.
94) 위와 같음.
95) 『동아일보』 1922.1.14, 「官力을 借하야 維新會를 壓迫」.

를 드나들면서 긴밀한 관계를 유지하였음을 알 수 있다. 본사 주지
들은 관력을 빌려서 민족주의 세력을 탄압하였다는 사실도 밝혀졌
다. 결국 본사 주지 세력들은 그들의 기득권 수호를 위하여 불교도
총의로 성립한 총무원을 무시하고 불교계에서 역점을 두고 있던 교
육사업 마저도 제대로 시행하지 못하는 결과를 초래하였다.

　교육과 포교사업은 대한제국 시기 원종이 성립된 이래로 불교계
에서 가장 역점을 둔 사항이었다. 불교의 근본 목적은 불법을 널리
전하는 것이었다. 그 목적 수행을 위해서는 제대로 수업을 받은 교
사가 필요하였다. 교육사업은 반드시 포교사 양성에만 두어진 것이
아니었다. 불교계가 학교를 운영함으로써 학생들에게 자연스럽게
교리를 가르치는 것도 교육사업의 하나였다.[96]

　東光學校와 新明學校를 운영해 오던 30본산연합사무소는 동광학
교의 설립인가를 신청하였으나 인가가 나오지 않았다. 30본사 주지
회의는 동광학교 폐교를 결의하였다.[97] 조선총독부 학무과장의 감
시하에 1월 12일 30본사 주지회의가 비밀리에 개최되었다. 이 회의
에서 마쯔무라는 동광고등보통학교는 폐지하고 중앙학림은 현상
유지할 것과 초등학교 정도의 수준인 신명학교는 다른 곳으로 넘길
때까지 현상 유지 할 것이 결정되었다. 이 소식을 들은 동광학교 학
생들은 동맹휴학을 결정하였다. 1월 13일 조선불교도총회는 동광학
교 문제의 해결을 위하여 다시 회의를 속개하였으나 주지들 가운데
반수 이상이 참석치 않았으므로 유회되었다.[98]

　유신사업을 찬성하는 주지 십여명은 비공식 회의를 열어 해인사
등 10본사[99]에서 각 사찰 재산의 3분의 1일을 출자하여서 동광학교

---

96) 東大七十年史刊行委員會, 1976, 『東大七十年史』, 동국대출판부, 12쪽.
97) 『동아일보』 1922.1.14, 「中央學林만 專門으로」.
98) 『동아일보』 1922.1.15, 「東光學校問題로 작일 하오에도 불교임시총회」.
99) 10본사는 通度寺·梵魚寺·海印寺·釋王寺·白羊寺·威鳳寺·奉先
　　寺·松廣寺·祇林寺·乾鳳寺였다(『동아일보』 1922.1.15, 「十本山決議

와 신명학교를 경영하기로 결정하였다.[100] 총무원은 1922년 1월 4일 개최된 30본사 주지 총회에서 통일기관이 설립될 때까지 임시기구로서 성립되었다. 그 후 본사 주지들간의 의견이 통일되지 않아 결국 10본사만으로 총무원이 구성되었다. 10본사는 동광학교 경영에서 운영난에 부딪쳤고, 당국의 허가도 나지 않아 동광학교는 휴교 상태에 빠졌다. 10본사는 1922년 5월 29일 각황사에서 열린 본사 주지 회의에서 동광학교 운영권을 30본사 주지 회의로 이관하였다. 30본사 주지 회의에서 내린 결론은 금년에는 잡종학교로 운영하다가 내년에 고등보통학교로 운영하기로 결정되었다.[101]

총무원은 1923년 6월 22일 大田에서 통도사 주지 金九河·범어사 주지 金擎山·송광사 주지 金贊儀·고운사 주지 李萬愚·석왕사 주지 張河應 등 17명이 모여서 보성고등 보통학교를 경영하기로 결의하였다. 이 학교는 본래 천도교 측에서 운영하다가 재정난에 봉착한 상태였다. 이 학교를 인수한 총무원은 운영난을 견디지 못하였다. 이후 보성고등 보통학교는 1924년 4월 총무원이 재단법인 교무원과 통합이 이루어지면서 동광학교와 통합되어 재단법인으로 운영되었다.[102]

학무국은 1922년 5월 24일 30본산 주지 총회를 개최하게 하였다. 학무국은 회의에 참석한 26본사 주지들에게 종래 30본산연합제도를 폐지하고, 지난번 10본사에서 설립한 총무원도 폐지하여 새로운 통일기관을 세워 불교사업을 하라고 지시하였다.[103]

30본사 주지들은 조선총독부의 지시대로 5월 27일 총회를 열었다. 총무원 의사회는 7명의 의사 가운데 5명의 발언권을 요구하였

　　로 東光學校를」).
100) 『동아일보』 1922.1.15, 「十本山決意로 東光學校를」.
101) 『동아일보』 1922.5.31, 「東光高에 新曙光」.
102) 『동아일보』 1924.4.3, 「三十本山團結로 普成高普經營」.
103) 『동아일보』 1922.5.25, 「佛敎紛爭解決乎」.

다. 30본사 주지회의는 한사람의 발언권만 허락하였다. 발언이 허용된 한 사람은 금번 회의를 주지 총회로 하지말고 불교도 총회로 하자는 의견을 제시하였으나 채택되지 않자 퇴장하고 말았다. 통도사 주지 대리 黃耕雲은 주지 金九河의 위임장을 가지고 회의에 참석하려고 하였다. 주지 회의 측은 그 위임장이 주지 총회에 참석할 것을 위임한 것이 아니라 불교도 총회에 참석할 것을 위임한 것이라 하여 참석을 거절하였다.

조선총독부로부터 총무원을 폐지하고 불교계를 총괄할 수 있는 새로운 대표기관을 만들라는 지시를 받은 30본사 주지들이 개최한 총회는 반대파의 참여 자체가 봉쇄된 채 진행되었다.[104] 30본사 주지들은 중앙기관 설립문제를 토의한 결과 경성에 朝鮮佛敎中央敎務院을 설립하기로 하고 傳任理事 5명을 두기로 결정하였다.[105] 같은 날 오후에 속개된 회의에서는 불교사업 경영을 위한 재단법인 설립문제를 토의하였다.

이 회의에서 총무원 議事會의 대표 다섯 사람은 30본산연합제규는 폐지되었으므로 일반 불교도들도 참석하여 일을 처리해야 한다고 주장하였다. 교무원 주지들만으로 결의하는 것을 그들은 믿을 수 없다고 하여 교무원 주지 불신임안을 제출하였다.[106] 교무원측 주지들은 이 불신임안은 받아들일 필요가 없다고 결정하고, 회의를 진행하여 재단법인을 설립하기로 결정하였다.[107] 5월 29일 교무원측 본사 주지들은 회의를 속개하였다. 범어사 주지 吳惺月은 일반 승려의 의사를 존중하고자 연합제규를 폐지하였는데도 금번 회의는 여론을 무시하므로 참석할 수 없다는 의견을 밝히고 퇴장하였

---

104)『동아일보』1922.5.28,「中央機關은 敎務院」.
105) 위와 같음. 전임이사들은 庶務·敎育·布敎·財務·社交部의 업무를 처리하기로 하고 임기는 2년으로 하였다.
106)『동아일보』1922.5.29,「不信任으로 一波瀾」.
107) 위와 같음.

다. 총무원의 본사인 釋王寺는 5월 30일에 열리는 30본사 주지 회의에 참석치 않겠다는 의사를 밝혔다. 교무원의 주지들은 60만 원의 재단법인 설립문제를 결의하였다.108)

동년 10월 15일에 총무원을 운영하던 통도사·범어사·석왕사를 제외한 金龍寺 주지 金慧翁 등 27개 본산 주지들은 교무원의 재단법인 설립을 조선총독부에 신청하였다. 교무원은 1922년 12월 30일자로 조선총독부로부터 재단법인의 인가를 받았다. 설립자본금은 621,765圓 51錢이었으며, 실제불입금은 156,384圓 80錢이었다.109)

재단법인의 조직 방법은 전조선 사찰의 소유 地價 오분지 일에 해당하는 땅이나 삼림을 팔아 기본금을 만들기로 결정되었다. 포교에 대한 사항은 각황사에 포교사 한 사람을 두고 일요일마다 전도사업을 펴기로 하였다. 포교사 양성소는 차차로 형편에 따라서 설립하기로 결의하였다.110) 교무원측 주지들은 재단법인이 조직되기 전에 우선 준비 사무를 진행하기 위하여 이사 5명과 감사 3명을 선임하였다.111)

관권과 결탁된 불교계의 이러한 현실에 대하여 동아일보는 5월 31일자 사설에서 주지들의 행태를 비판하였다.

　　학무국장이 불교에 대하야 如何한 造詣가 有한가, 조선불교의 革新·發達·擴大·向上은 순전히 조선 불교도의 각성에 있다는 것을 알아야 한다. 우리는 사찰령을 폐지하는 동시에 불교도의 자치적 조직을 제창하노니 주지를 관청에서 임명함은 時代的 錯誤요, 종교적

---

108)『동아일보』1922.5.30,「六十萬圓의 基本으로」.

109)『朝鮮總督府官報』제3153호, 1923.2.16.

110)『동아일보』1922.5.30,「六十萬圓의 基本으로」.

111)『동아일보』1922.5.31,「敎務院의 新任員」. 선임된 이사들은 庶務理事 李晦光·學務理事 郭法鏡·敎務理事 金一雲·社交理事 姜大蓮·財務理事 申鏡虛가 선임되었고, 監査에는 玄懿龍·權相老·金載善가 선출되었다.

滑稽라 …112)

『동아일보』는 그 대안을 다음과 같이 제시하였다. 첫째 주지 임명제를 철폐하고 승려의 선거권과 통일기관의 감독을 인정하라. 둘째 전조선 사찰을 통합하여 통일기관을 조직하고 그 기관 아래 전조선 승려들이 일치된 행동을 취할 수 있도록 자치적 통일조직의 성립을 인정하라는 것이었다. 비록 30본사 주지가 조선총독의 인가를 받아야 취임할 수 있는 상황이었지만 재단법인이 성립되었다는 것만으로도 30본산연합사무소 체제 이상의 효과를 얻을 수는 있다. 그렇지만 그 이상의 효과, 즉 불교도 전체를 하나의 조직하에 총동원하여 종교의 사회화와 사회의 종교화에 힘쓰기는 불가능하다. 그렇다면 재단법인의 성립은 하나의 고식적인 방법에 지나지 않는다. 결코 근본적인 방책을 강구하는 방법은 아니라는 것이다.113)

『동아일보』는 불교계의 모든 폐단 원인은 관권이 주지를 인가하는 사찰령과 사찰령시행규칙에 내재되어 있다는 것을 지적하였다. 불교계를 통솔할 수 있는 통일기관을 자체 내에서 민주적인 절차를 통하여 탄생시키는 것이 불교계의 발전을 보장하는 길이라고 하였다. 이러한 논조는 1920년대 좌파 계열의 절대독립론에 대비되는 민족주의 우파 계열의 자치론을 대변하는 것이었지만 조선총독부는 그러한 자치조차도 허용하지 않았다.

교무원은 재단설립이 마무리 될 무렵 일본 臨濟宗 妙心寺 승려 가미야 소이치(神谷宗一)를 고문으로 영입하였다. 총무원 측의 박한영은 유신회를 대표해서 일본 승려를 고문으로 초빙한 사실을 비판하였다. 그는 아무리 전조선 승려를 무시하고 일반 사회의 주목을 의식하지 않는다고 하더라도 나날이 새로워지는 현대 사회에서 누

---

112)『동아일보』1922.5.31,「佛敎改新에 對하야」.
113) 위와 같음.

구를 기만할 것이며, 누가 기만을 당할 것인가라고 힐책하였다. 그
는 조선인 승려 가운데 자격이 있는 사람이 없지 않음에도 굳이 일
본인을 고문으로 위촉한 교무원 측의 저의를 비판하였다.[114]

조선총독부의 조종으로 성립된 교무원에 자주적 성격을 띠고 출
범한 세 본사 즉, 통도사·범어사·석왕사는 참여하지 않았다. 교무
원에 참여한 본사들도 대중 승려들의 의사를 결집한 것이 아니고
주지가 일방적으로 결정한 것이었다. 이러한 사실이 알려지면서 본
사 주지를 불신임하는 사찰이 생겨났다.

통도사의 경우 1922년 연말 마산 포교당에서 개최된 본말사 주지
총회에 본말사 청년 45명이 참석하였다. 경남 도청에서는 학무과장
이 출석하여 재단법인 교무원에 가입하기를 권유하였다. 청년들은
몇몇 승려의 야심으로 성립한 재단법인에는 참가할 수 없다고 만장
일치로 결의하였다. 그들은 교무원의 재단법인 성립을 부인할 것을
결의하고 즉석에서 결의문을 발표하였다.[115] 결의문의 개략적인 내
용은 다음과 같다.

> 1922년 5월에 많은 조선 승려들이 모여서 개최한 조선불교도총회
> 를 무시하고, 몇몇 주지들은 학무국과 경관의 입회 아래서 재단법인
> 을 조직하였다. 교무원 당국자가 인격이 있어 일을 하여 나갈 여망이
> 있으면 일반 교도의 여망을 무시한 죄는 용서될 수 있다. 그러나 그
> 간부들 가운데는 십여년 동안 사사로운 권리만 경쟁하고, 시기 질투
> 와 음란만을 일삼는 자들이 있다.[116]

청년 승려들은 연대책임이 있는 일을 자신들의 방청까지 금지하
고 이루어진 것은 인정할 수 없다고 교무원에 참여할 의사가 없음

---

114) 『동아일보』 1923.11.18, 「佛敎中央敎務院에 顧問을 置하는데 對하야」.
115) 『동아일보』 1922.12.25, 「通度寺가 又脫退」.
116) 『宗敎に關する雜件綴』 1924, 「通度寺·梵魚寺ノ排日氣分ニ關スル件」,
　　　정부기록보존소문서.

을 밝혔다. 楡岾寺에서도 12월 15일 재단법인 교무원 참가여부를
놓고 회의가 열렸다. 강원 도청 학무과장과 高城 郡廳 직원들과 유
점사 부근 주재소 순사 일동이 모두 출장하여 방청하였다. 주지 金
一雲은 본말사 승려에게 재단법인 참가를 권유하였다. 그러나 승려
일동은 재단법인이 일반 교도들의 공론으로 성립된 것이 아니라 주
지 몇몇 사람이 어떤 세력을 빌려서 한 일이라 하여 주지 불신임안
을 제출하였다.117) 그러나 김일운은 경질되지 않고 7월 5일자로 재
임되었다.118)

　비슷한 사례는 安邊 釋王寺에서도 일어났다. 본말사 승려들이 모
여서 교무원에서 결의한 재단법인 가입 문제를 토의하였다. 그 결
과 석왕사는 재단법인에서 탈퇴하기로 결의하였다. 그런데 함경남
도 도지사가 석왕사 주지 崔犀湖를 불러 교무원 가입을 권유하였
다. 최서호는 도지사의 권유를 거절하기 어려워서 손도장을 찍고
돌아와서 본말사의 승려들의 질책을 받았다. 최서호는 함남 도지사
앞으로 손도장을 찍은 것은 최서호 개인으로 찬성한 것이지, 본말
사 전체가 찬성한 것은 아니라는 통지를 보냈다.119)

　석왕사 승려들은 1923년 1월에 주지 불신임안을 가결하고, 2월에
주지 사직을 권고하였다. 최서호는 압박을 견디지 못하고 3월 7일
자로 사직서를 제출하였다.120) 후임 주지로 姜淸月이 선출되었다.
최서호는 학무국장 앞으로 자신의 억울함을 호소하고 강청월의 주
지 인가를 却下해달라는 진정서를 제출하였다.121) 강청월은 1924년

---

117) 『동아일보』 1922.12.28, 「佛敎敎務院 財團法人 유덤사에서도 반대의
　　　 사를 결의」.
118) 『조선총독부관보』 제3574호, 1924.7.12.
119) 『동아일보』 1923.1.4, 「釋王寺問題 교무원에 가입여부 아즉도 결명치
　　　 못해」.
120) 『寺刹關係書類』 1924, 「佛敎中央敎務院ニ加入方ノ勸誘」, 정부기록보
　　　 존소 문서.
121) 위와 같음.

3월 13일 사망하였다.[122] 3월 29일 재선거 실시 결과 崔煥虛가 최다 득표[123]를 하였으므로 1924년 4월 21일자로 주지로 인가되었다.[124]

총무원은 조선총독부로부터 가해지는 압력과 천도교측으로부터 인수한 보성고등 보통학교의 운영난 등 중첩된 압박감에서 벗어나지 못하였다. 1924년 4월 3일에 총무원이 교무원에 吸收됨으로써 30본산은 통합이 되었다. 재단법인 교무원은 통합이 이루어진 직후에 총무원 측의 통도사 주지 金九河와 범어사 주지 吳惺月을 새로운 이사로 영입하여 이사는 모두 7명이 증원되었다.[125]

재단법인 교무원은 보성학교와 동광학교를 통합하여 운영하였다. 1922년에 강제 폐교되었던 중앙학림을 전문학교로 승격시켜 운영하였다. 權相老로 하여금 『佛敎』라는 기관지를 발행하게 하였다. 1930년대 초반 후술하게 될 '心田開發運動'이 시작되자 1935년 7월 28일에 在京 주지들을 중심으로 '朝鮮佛敎心田開發事業促進會'를 구성[126]하였다. 1937년 중일전쟁이 발발하자 조선군사후원연맹을 만들었고, 만주 지방으로 위문단을 파견하는 등의 침략전쟁을 후원하였다.[127]

조선총독부는 1930년대 종교계를 중심으로 전개되었던 '심전개발운동'을 통하여 불교계에 총본사의 설립을 종용하였다. 불교계에서는 총본사를 건설해야한다는 논의가 일어났다.[128] 총본사는 1941

---

122) 『동아일보』 1924.3.19, 「釋王寺 住持 長逝」.
123) 『寺刹關係書類綴』 1924, 「釋王寺住持就職認可申請ニ關スル件」, 정부 기록보존소 문서. 선거 결과는 崔犀湖 6점, 姜道峰 2점, 崔煥虛 13점, 金寶輪 2點이었다.
124) 『朝鮮總督府官報』 제3507호, 1924.4.25.
125) 『동아일보』 1924.4.3, 「統一的 中央機關」.
126) 『佛敎時報』 제2호, 1935.9.1, 「朝鮮佛敎心田開發事業促進發起會」.
127) 『佛敎』(신) 제10집, 1938.2, 「교계소식」, 불교사, 31쪽.
128) 김광식, 1996, 「일제하 佛敎界의 總本山 建設運動과 曹溪宗」 『한국근대불교사연구』, 민족사, 418~419쪽.

년 4월에 성립되게 되는데 그 과정에서 총본사의 설립이 완성되면 교무원은 해산하여 총본사의 산하기구로 편입시킨다고 결정되었다.[129] 이 결정에 따라 교무원은 1942년 5월 18일자로 교육사업을 주관하는 재단법인 曹溪學院으로 변경되었다.[130]

  1920년대 초 조선총독부가 종교단체에 법인 설립을 허가한 것은 법인은 이사 선임과 경질에서부터 재정지출과 연말결산 사항을 매년 연말에 조선총독부에 보고하였기 때문에 합법적인 통제가 가능하였기 때문이다. 종교단체는 교단의 재산을 보전할 수 있었고, 나아가서 대외적인 신인도를 높일 수 있었기 때문에 법인화에 찬동하였던 것이다. 종교단체의 법인화는 강압 일변도의 통치방식에서 보다 세련된 통치방식으로의 전환이었던 것이다.

---

129) 최금봉, 1937.6, 「三十一本山住持會同見聞記」『불교』신3집, 28~29쪽.
130) 『朝鮮總督府官報』제4646호, 1942.7.24.

제5장

禪學院의 전통 禪脈 계승운동과
'帶妻食肉' 禁止論의 전개

제1절 禪學院의 전통 禪脈 계승운동

1. 禪學院의 창설

1920년대 초반의 불교계는 자주적인 성격을 띤 총무원과 조선총독부의 후원을 받은 교무원이 갈등과 대립을 거듭하다가 1924년 재단법인 교무원으로 통합되었다. 재단법인 조선불교 중앙교무원은 탄생과정에서부터 친일적인 성격이 강하게 내재되어 있었다. 이 무렵 재단법인 교무원과는 상반된 성격을 가진 사찰이 설립되었다. 1921년에 창설된 禪學院이 그것이다. 선학원은 대처승들이 늘어가고, 교단의 수행 풍토가 무너져 가던 시기에 비구승들이 중심이 되어 건립된 사찰이다. 선학원은 白龍城·宋滿空·吳惺月 등 민족적 성격이 강하던 승려들이 불교의 진리를 널리 펴고, 正法을 수호하기 위한 목적에서 발족되었다.

백용성은 1910년 이회광이 원종을 일본 불교 조동종과 연합시키고자 하였을 때 그것을 저지하고자 생겨난 임제종 중앙포교당에서 포교사로 일한 적이 있다.[1] 그는 또 3·1운동 당시 민족대표 가운데 한 사람으로 참가하였다.

송만공[2]은 근대 禪 佛敎의 중흥조라 불리는 鏡虛의 法을 받아

---

1) 『조선불교월보』제5호, 1912.6,「雜報」, 70쪽.

2) 송만공은 1937년 2월 26일에서 27일 사이에 조선총독부 제1회의실에서 '조선불교진흥책'에 관한 문제로 개최된 31본사 주지회의에 마곡사 주지로서 참석하였다. 이 회의에는 조선총독이 참석하였다. 이 자리에서 그는 다음과 같은 요지의 발언을 하였다고 한다. "조선불교는 사찰령 반포 이후 31본사 체제가 성립된 이래 주지들의 專斷이 감행되자 승풍이 문란하여졌다. 조선불교 승려들은 전부 파계승이 되어 버렸다.

온양 鳳谷寺·공주 麻谷寺 동래 梵魚寺 등지에서 선 불교를 일으키는데 노력한 승려였다.[3] 경허는 수 많은 禪院들을 복원하고 대중들의 관심에서 벗어난 禪을 대중적인 실천운동으로 이끌고자 한 선각자였다.[4] 오성월은 3·1운동 직후 상해 임시정부에 군자금을 전달함으로써 임시정부 고문으로 추대되었던 승려였다. 1920년대 초반 총무원이 성립될 때 주도적인 역할을 한 승려였다.

선학원에 대한 연구로는 정광호[5]와 김광식의 연구[6]를 들 수 있다. 정광호는 선학원은 사찰령 체제하에서 조선 불교가 일본 불교로 동화되어 가던 시점에 비구승들이 중심이 되어 창설되었으므로 은연중에 전국의 선객들을 통솔하였다고 한다. 해방 후의 이른바 정화불사 때에는 비구승 측의 대본산이 되었다고 하였다. 그는 식민지 시기 선학원의 창설을 전통 선맥 회복운동의 일환으로 평가하였다.[7]

김광식은 식민지 시대 선학원은 일본 불교의 대처식육 풍토에 대항하여 전통불교의 맥을 수호하려는 차원에서 창설되었다고 한다.

자신은 이 책임은 전적으로 당국에서 불철저한 법령으로써 조선불교를 간섭한데 있다고 생각한다. 이 같이 7천 승려를 파계시킨 功 이외에 당국이 무슨 대단한 업적이 있는가. 조선불교를 직접 간섭하려면 일본 불교 이상으로 발전시킬 자신이 있으면 잘 감독해야겠지만 그렇지 못하면 조선불교계에 전임하여 달라. 그러면 병합 이전에 당하였던 壓制와 더한 奴隸가 될지라도 자제하여 갈 것이다"라고 하여 좌중을 숙연하게 하였다고 한다(최금봉, 1937.6, 「三十一本山住持會同見聞記」 『佛敎』 신3집, 27~28쪽).

3) 만공문도회, 1982, 『滿空法語』, 덕숭산수덕사 능인선원, 298~309쪽.

4) 金敬執, 「鏡虛의 禪敎觀 硏究」 『韓國思想史學』 9, 253쪽.

5) 정광호, 2001, 「한국 전통 선맥 계승운동」 『일본침략시기의 한·일 불교 관계사』, 아름다운 세상.

6) 김광식, 1996, 「일제하 禪學院의 운영과 성격」 『韓國 近代佛敎史 硏究』, 민족사.

7) 정광호, 앞의 논문, 271~272쪽.

창립 초기부터 재정난으로 존폐의 위기를 맞았지만 1930년대 초반
에 한의학에 능통한 金寂音이라는 승려의 노력으로 중흥기를 맞게
되었다.[8] 그러나 선학원도 중일전쟁 이후에는 조선총독부의 시책에
협력하는 면모를 보였다고 한다.[9] 이러한 연구들은 사찰령을 거부
하고 조선불교계의 정체성 확립과 전통 선맥 계승을 위한 노력을
규명하였다는 점에서 의의가 있다.

선학원의 창설 목적은 상량문[10]에 잘 나타나 있는데 '불법을 전
파하기가 至難한 시점에 正法을 널리 전하기 위함'이라고 되어 있
다.[11] 선학원은 교무원 성립에 끝까지 반대하였던 범어사와 석왕사
의 노력에 의해서 탄생되었다. 범어사는 1912년 4월에 경성 인사동
에 임제종 중앙포교당을 세우고 金南泉이라는 승려를 포교사로 파
견하였다.[12]

김남천은 경성 諫洞에 있던 석왕사 포교당의 康道峰과 경성 시
내에 正法禪理를 포교할 禪院을 만들 것을 협의하였다.[13] 이들은
선학원 건립 기금을 모집하기 위해서 1921년 5월 15일 석왕사 포교
당에서 보살계단을 마련하였다.[14] 그 결과 김남천이 2,000엔·강도
봉이 1,500엔·김석두가 2,000엔을 기부하였고, 오성월은 범어사 포
교당을 처분하여 건설자금으로 제공할 것을 약속하였다.[15] 선학원
은 1921년 8월에 건축공사가 시작되어 동년 11월에 완공되었다.[16]

---

8) 김광식, 앞의 논문, 119쪽.
9) 김광식, 앞의 논문, 137~146쪽.
10) 선학원, 「선학원 상량문」『재단법인 선학원약사』, 1986. 상량문에 이름
    이 실려 있는 승려는 다음과 같다. 白龍城·吳性月·宋滿空·康道
    峰·金石頭·韓雪濟·金南泉·李景悅·朴普善·白俊燦·朴敦法등
    이다.
11) 위의 문건.
12) 삼보학회 편, 앞의 책 2권, 「布敎編年」, 1쪽.
13) 위의 책, 「禪房編年」, 7~8쪽.
14) 정광호, 앞의 책, 278쪽.
15) 정광호, 앞의 책, 280쪽.

선학원이 寺나 庵이 아니고 院이라고 이름 지워진 것에 대하여
정광호와 김광식은 조선총독부의 사찰령에 반대하여 사찰령의 지
배를 받지 않으려는 의식의 발로였다고 한다.17) 정광호는 이러한
면모를 1921년 5월에 선학원 창설기금 마련을 위한 석왕사 간동 포
교당에서 있었던 회의에서 송만공이 한 다음과 같은 말에서 찾을
수 있다고 한다.

> 여러분이 아시다시피 지금 조선의 불교는 완전히 식민지 조선총독
> 관할 밑에 들어가 있지 않습니까? 그래서 우리는 지금 조선총독의 허
> 가 없이는 사찰의 이전, 폐합으로부터 절간에 있는 온갖 재산, 기물에
> 이르기까지 조금도 손댈 수가 없게 되어 있는 것입니다 … 지금 조선
> 의 중들은 일본 중처럼 변질이 되어가고 있단 말입니다. 진실로 佛祖
> 정맥을 계승해 보려는 衲子들이 점점 줄어들고 있다는 말이지요 …
> 우린 사찰령과는 관계가 없는 순전히 조선사람끼리만 운영하는 선방
> 을 따로 하나 만들어 보자, 이런 생각을 가지고 오늘 회의를 부치게
> 된 거 올시다18)

선학원의 창설을 주도한 승려들은 조선총독부의 간섭으로부터
자유로운 사찰을 만들고자 하였다. 즉 조선의 승려들이 자율적으로
운영할 수 있는 선방을 건립하기를 원하였다. 그들은 일본 불교의
영향으로 대처승들이 늘어가는 상황에서 조선 불교의 전통성을 회
복하려는 뜻에서 선학원 창설을 계획하였다는 것이다.

그러나 실제로 院이라는 이름이 붙여진 데는 사찰령에 사찰의 신
규창립에 관한 조항이 없었기 때문이 아닐까 한다. 이러한 추측을
가능하게 하는 근거로는 1925년 6월 교무원에서 여태까지 시행되어
온 사찰관련 법규를 모아서 발간한 『寺刹例規』에서 찾을 수 있

---

16) 위와 같음.
17) 정광호, 앞의 책, 279쪽.
　　김광식, 앞의 책, 102쪽.
18) 혜공 편, 1968, 『滿空語錄』, 50쪽.

다.19) 『寺刹例規』에 따르면 "사찰령 및 사찰령시행규칙에 사찰 창립에 관한 규정은 없는 까닭에 사찰의 신규창립은 이들 법령이 개정되지 않는 한 불가능한 일이다"라고 되어있다. 실제로 최근에 『朝鮮總督府官報』에 실린 불교 관련 항목들을 모아서 발간된 자료집을 살펴보면 사찰의 병합과 이전·폐지에 관한 항목들은 있지만 조선 사찰이 창립된 예는 찾을 수 없다.20) 식민지 시대에 寺나 庵이 아니었다고 하더라도 식민지 통치권력으로부터 자유로울 수 있는 공간을 마련한다는 것은 불가능했다고 생각된다.

선학원이 창설될 수 있었던 배경은 1920년대 조선총독부의 통치정책이 문화정치로 전환되면서 각종 문화단체의 창립을 용인한 것과 관련이 있다. 1920년대 일본은 조선에서 정치단체를 제외한 문화단체의 설립을 허용하였다. 그것은 반일운동의 鎭靜化를 노린 일종의 '안전판'이었다. 그러나 민족주의자들은 이 안전판에 달라붙어 교육·문화적 측면의 독립달성을 위해 보다 효과적인 수단으로 중시하는 경향이 짙었다. 이것은 해방과 독립을 싸워서 쟁취한다는 민족주의 본래의 입장에서 보자면 일보 후퇴한 것이라고 볼 수 있다.21) 선학원은 항일적인 성향이 강한 승려들이 주축이 되어서 결성되었다. 그렇지만 조선총독부 당국이 인정하는 범위 안에서 활동할 수 밖에 없었기 때문에 일정한 한계가 있었다.

2. 禪友共濟會의 창립과 활동

1921년 11월 30일에 선학원을 창설하였던 비구승들은 선풍진작

---

19) 재단법인 조선불교중앙교무원, 1925.6, 『寺刹例規』.
20) 대한불교조계종 총무원, 2001.7, 『일제시대 불교정책과 현황』.
21) 강동진, 1984, 『日帝의 韓國侵略政策史』, 한길사, 384쪽.

활동을 전개하였다. 이러한 노력은 선우공제회의 결성으로 나타났다.[22] 1922년 3월 30일에서 4월 1일까지 선학원에서 선우공제회 창립총회가 열리었는데 취지서[23]에 나타난 창립 목적의 요지는 다음과 같다.

'진정한 수행자의 숫자는 적고, 비구승과 대처승이 뒤섞여 있다보니 일반인들이 구분을 할 수 없다. 식민통치하에서 승려들의 처지는 날로 궁색해져서 자기 한 몸을 보전하기도 힘든 상황이다. 그런 까닭에 출가의 목적을 성취하기 위해서 비구 선승들이 함께 모여서 대책을 마련하자는 취지에서 선우공제회는 창설되었다'.

창립총회의 주요 결의 사항을 살펴보면 다음과 같다. 첫째, 경성에 선우공제회 본부를 두고 庶務・財務・修道部의 부서를 설치하고 지방에는 지부를 둔다.[24] 둘째, 임원 선출이 있었다.[25] 셋째, 유

---

22) 鄭珖鎬 編, 1999.8, 「禪友共濟會趣旨書」『韓國佛敎最近百年史編年』, 인하대학교출판부, 248~251쪽.

23) 1996, 「禪友共濟會創立總會錄」『近代佛敎其他資料』63, 民族社, 3~5쪽. "多少의 학자가 有하다 할지라도 진정한 發心衲子가 少할 뿐 아니라 眞贋이 相雜하여 승려를 等視하는 고로 禪侶到處에 窘迫이 相隨하여 一衣一鉢의 雲水生涯를 支持키 難함은 실로 금일의 현상이라. 그러나 人을 怨치 말고 己를 책하여 猛然反省할지어다 … 吾輩禪侶는 警醒奮勵하여 命을 覩하여 道를 修하고 따라서 자립의 활로를 개척하여 禪界를 勃興하고 大道를 闡明하여 중생을 苦海에 구하고 迷倫을 彼岸에 度할지니 만천하의 禪侶는 自立自愛할지어다"
발기인 吳性月・李雪耘・白鶴鳴・韓龍雲 외 79명.

24) 앞의 책, 「禪友共濟會創立總會錄」. 지부는 총 19개처로 다음과 같다. 望月寺・定慧寺・直指寺・白羊寺・梵魚寺・佛影寺・乾鳳寺・摩訶衍・長安寺・月精寺・開心寺・通度寺・神溪寺・南長寺・釋王寺・仙巖寺・泉隱寺・龍華寺・海印寺.

25) 위와 같음, 본부에는 이사 3인 및 서기 1인을 둔다. 지부는 간사 2인을 두되 해당 지부의 衆望에 의해 선정하기로 한다. 선출된 임원은 다음과 같다. 본부 임원은 서무이사 金寂音・재무부 이사・金石頭・수도부 이사 宋滿空・서기 金用煥이었다. 본회의 사무를 토의하기 위하여 全鮮寺刹을 통하여 평의원 20인이 투표 선출되었다. 선출된 승려는 다

지방법에 대한 결의가 있었는데 경비는 禪友의 義捐金과 희사금으로 충용하고 각 지부의 禪糧米 2할과 매년 예산액 중 남는 돈을 저축하여 기본 재산으로 하여 禪院을 진흥케 하기로 가결되었다.[26]

1924년 11월 15일 제3회 정기총회가 선학원에서 개최되었다. 임시의장에 한용운이 피선되었다. 주요 議題 가운데 선우공제회를 사단법인화 하려는 논의가 구체적으로 진행되었다. 선우공제회의 서기가 1923년 9월 6일자로 사단법인 설립허가원을 조선총독부에 제출하였다.[27] 이 설립허가원은 동년 12월 20일에 조선총독부 학무국으로부터 '법인 정관 중 몇 개 조를 개정하라'는 이유로 반려되었다. 선학원은 설립허가원을 수정하여 접수시켰으므로 사단법인은 머지 않은 시점에 인가될 것이었다.[28]

제3차 총회가 열릴 무렵 선우공제회 회원은 통상회원 203명에 특별회원 162명을 합쳐서 총 365명이었다. 선우공제회는 1924년 무렵부터는 재정난에 봉착하게 된다. 창립총회 때 전임간사의 봉급을 매월 50원씩 지급하기로 하였다. 재정난으로 인하여 제2회 정기 총회 때에는 전임간사의 봉급을 20원으로 삭감하였다.[29] 1924년 1월 5일 통도사·범어사·석왕사가 중심이 되어 운영되던 총무원 회의에서 선학원을 직할로 운영하기로 결정하였다.[30] 그렇지만 동년 4월에 총무원이 교무원과 통합됨으로써 이 결정은 무위로 끝이 났다. 이후 선학원은 1926년 5월 1일자로 범어사 포교소로 전환되었

음과 같다. 吳惺月·白學鳴·康道峰·林(金의 誤記임: 필자)石頭·鄭石庵·申幻翁·黃龍吟·李海山·權一鳳·朴古峰·奇石虎·李覺元·李龍河·李戒奉·金南泉·權南鏡·金初眼·金映海·金法融·金敬奭 등 이었다.

26) 위와 같음.
27) 앞의 문건, 「禪友共濟會第三會定期總會錄」, 32쪽.
28) 위와 같음.
29) 앞의 문건, 「禪友共濟會第二會定期總會會錄」, 24쪽.
30) 『조선일보』 1924.1.5, 「佛敎總務院總會」.

다.[31] 이것은 선학원이 재정난으로 인하여 사실상 활동이 중단된 것을 뜻한다.

3. 財團法人 朝鮮佛教中央禪理參究院의 성격

1924년경부터 재정난에 부딪혀서 침체되었던 선학원은 1931년 1월에 金寂音이 선학원을 인수함으로써 중흥의 계기를 맞았다.[32] 그는 송만공의 제자로서 한의학에 능하여 침술과 시약으로 많은 사람들의 병을 고쳐 주었다고 한다. 인수 즉시 큰 방을 거처로 하고 李炭翁을 立繩[33]으로 하여 참선을 시작케 하니 승려 및 신도는 20여명에 달했다.[34] 3월 1일에 禪의 대중화를 위해서 남녀선우회가 조직되었다. 회원 수는 약 70여명이었고, 부인선우회도 조직되었다.[35] 대중포교를 위해서 기관지『禪苑』을 간행하였다.[36]

선학원은 선의 대중화에 노력하면서 全鮮首座大會를 개최하여 내실을 기하고자 하였다. 수좌대회는 1931년, 34년, 35년, 39년 등

---

31) 『불교』30호, 1926.12,「官報抄錄」, 佛教社, 44쪽.
32) 老姿, 1931.10,「禪學院日記招要」『禪苑』창간호, 선학원, 28쪽.
33) 입승이란 禪 수행을 하는 사찰에서 대중 가운데 도덕과 학식이 높은 승려가 소임을 맡는다. 수행의 기강을 확립하는 것이 주요 임무이다.
34) 老姿, 앞의 글, 28쪽.
35)「조선불교중앙부인선원」『禪苑』4, 1935.10, 33~34쪽. 부인선우회는 별도의 공간이 없어 불편한 생활을 하였다. 김적음의 도움과 자체 회비를 적립하여 1935년 초에 선학원 옆 안국동 41번지에 이층 양옥을 구입하여 조선불교중앙부인선원을 개설하였다. 매월 한차례 정기 모임을 가지고 설법을 들었다고 한다.
36) 『禪苑』은 선학원에서 발간하였는데 통권 4호까지 간행되었다. 1931년 10월에 창간호가 발간되었고, 1932년 2월에 제 2호, 1932년 8월에 제3호가 발간된 이후 선학원이 침체기를 맞으면서 휴간되었다가 1935년 10월에 제4호가 복간호로 발간되었다.

몇 차례에 걸쳐서 개최되었으나 회의록이 남아 있지 않아서 자세한 내용은 알 수 없다. 다만 『禪苑』지에 단편적인 내용이 전한다.

제1회 대회에서 결의된 내용은 선 수행에 전념하는 비구승들의 처지가 너무 곤궁하므로 중앙선원을 설치해 달라는 건의서를 교무원[37] 종회에 제출하였다. 교무원 종회는 예산상의 이유로 부결시켰다.[38] 김적음은 1931년 11월 8일 예전부터 인연이 있던 범어사에 경비 보조를 요청하였다. 범어사 본사 총회에서는 선학원이 요청한 매년 600엔의 경비에 대하여 경제 사정이 어려운 까닭에 매년 200엔씩을 보조하기로 결의하였다.[39]

---

37) 여기서 교무원이란 1924년에 성립한 재단법인 교무원이 아니라 1929년에 개최된 조선불교선교양종 승려대회의 결과로 탄생한 집행기관으로서 교무원을 의미한다. 조선불교선교양종 승려대회에 대해서는 다음의 논문을 참조할 수 있다. 김광식, 1996, 「朝鮮佛敎禪敎兩宗 僧侶大會의 개최와 성격」 『韓國近代佛敎史硏究』, 民族社. 그는 이 논문에서 1929년 1월 3일부터 5일까지 진행된 승려대회가 사찰령의 제약을 받기는 하였지만 불교계의 자주적인 발전을 지향한 것으로 평가하고 있다. 불교계에 통일기관을 설립하는 것이 불교발전 및 민족운동으로 나아가기 위한 기본과제였다고 하였다. 승려대회 개최 이전의 불교계의 정황은 사찰령과 시행규칙, 일본 불교의 침투, 주지 층의 현실적인 타협 등으로 분열되어 있었고, 불교계는 그러한 분열을 극복할 만한 역량이 없었다고 한다. 승려대회는 식민지 불교정책을 극복하고 불교계의 자주적인 발전을 확립할 수 있는 종헌과 전체적인 통일을 기할 수 있는 통일기관인 종회와 집행기관으로서 교무원을 완성하였다고 승려대회의 의의를 평가하였다. 그러면서 그는 승려대회 발기인 가운데는 재단법인 교무원의 이사를 비롯하여 많은 사람들이 처음부터 관여했다는 점을 지적하였다. 대회의 진행과정에서 진행의 책임 맡은 준비위원장을 비롯한 핵심인사들이 불참하였다고 하였다. 뿐만 아니라 승려대회 결과로 성립된 종회와 교무원은 실질적인 활동을 하지 못하였다는 점 등을 한계점으로 지적하였다.
38) 老姿, 앞의 글, 29쪽.
39) 日波, 1932.2, 「禪學院日記招要」『禪苑』 제2호, 선학원, 85쪽.

〈표 4〉財團法人 朝鮮佛教中央禪理參究院 기부 재산일람표

寄贈者	住 所	地目	地 積	地 價
宋滿空	충남 예산군 덕산면 사천리 60	전	1/549	309.80
		답	22/779	8,182.30
全西耕	〃	전	5/874	174.80
		답	5/286	1,850.10
		대지	5/131	26.20
金玄鏡	경북 문경군 북면 전두리	전	8/223	956.00
嚴兌永		답	28/374	9,791.00
朴初雲		대	/125	30.00
黃法泉	충남 예산군 덕산면 사천리 60	전	1/894	422.20
方法印		답	2/268	907.20
馬錢禪				
尹退雲	경북 김천군 대항면 운수동 216	답	4/95	1,609.00
徐對岩				
具澤喜	경성부 계동 34	전	/938	375.20
李貞淑	경성부 통동	답	3/194	1,580.10
金石頭	경성부 화동	답	1/560	1,568.00
吳惺月	경남 동래군 범어사	답	2/294	1,000
金擎山	〃	전	/958	316.40
		답	1/589	589.05
吳梨山	〃	답	44/696	16,929
		대지	/224	8,700
		건물	/190	20,000
		건물	/34	1,700
金南泉	경성부 숭일동 3번지	전	21/674	4,042.00
		답	4/575	1,416.45
		대지	/457	114.25
		溝渠	/24	6.00
계			15.8	82,970.45

* 참고자료:『禪苑』제4호, 재단법인조선불교중앙선리참구원설립당시기
  부재산자일람 1935. 10.

비구승들은 보다 안정적인 수행풍토를 정착시키기 위하여 재단
법인 결성의 움직임을 보였다. 선학원은 10년 전 선우공제회 창설
시에 들어온 토지와 신도들의 성금 그리고 새로 각 사찰에서 들어
온 토지 등을 모아서 1934년 초 무렵 재단법인 설립 인가를 신청하
여 동년 12월 5일자로 朝鮮佛敎中央禪理參究院(이하 선리참구원으
로 약칭함)으로 인가를 받았다.[40] 선학원 창립초기의 자산현황은
<표 4>와 같다.

1935년 3월 7일과 8일 2일 간에 걸쳐 선리참구원에서 제3차 수좌
대회가 개최되었다. 이 대회에서 선리참구원은 禪宗을 탄생시키고
宗憲[41]에서 규정한 각종 법안을 제정하고 종정, 종무원 간부, 선리

---

40) 『불교시보』 창간호, 1935.8.3.

41) 禪宗 宗憲은 18장 102조로 이루어져있다. 이 종헌은 故 이재열이 조계
종 총무과장이었던 金圭烈로부터 1963년 12월 26일에 입수하여 보관
하다가 그 유족이 1989년 동국대학교 중앙도서관에 기증하였다. 이 종
헌 표지에 "檀紀 四二八八年(1955) 8월 12일 전국 승려대회에서 대한
불교조계종 종헌을 제정·공포한 이후에 僞作한 것이니 第一條 第二
項·第二條 및 第六條 중 특히 第二條는 그 증명이다"는 메모가 남아
있다. 김광식은 1998, 「朝鮮佛敎禪宗 宗憲과 首座의 現實認識」(『한국
근대불교의 현실인식』)이라는 논문에서 한때 선종 종헌이 이재열의
필적에 의해 비구·대처승간의 갈등과정에서 나온 비구 계통의 위작
으로 이해된 바도 있었다고 한다. 그러나 이 종헌의 내용을 세밀히 분
석해 보면 1934년 12월 선학원이 재단법인 선리참구원으로 전환된 직
후 제정·공포된 것이 사실임을 알 수 있다고 본다. 그 근거로서 1935
년 3월 13일자 『동아일보』의 기사 내용에 "조선불교 선종 종무원 원규
를 비롯하여 6종의 규약을 통과한 후 아래와 같이 임원 선거를 하였다
고 한다"는 사실을 들고 있다. 그러나 이 사실만으로는 이 종헌이
1935년에 제정된 종헌이라고 입증하기는 어렵다. 왜냐하면 이 종헌 제
5조를 보면 "본종은 釋迦牟尼佛의 紀元을 1307年으로서 起算함. 檀紀
四二八八年·佛紀二九八二年은 乙未年이다. 또한 불교가 우리 조선
에 수입된 紀元은 고구려 小獸林王 二年으로서 起算한다"라고 되어있
다. 여기서 단기 四二八八年은 1955년이고 乙未年 역시 1955년이다.
그렇다면 이 문건은 적어도 1955년 이후에 만들어졌다고 볼 수 있다.

참구원 이사, 수좌대표의원 등을 새로이 선출하였다.[42]

이 시기 조선총독부의 후원을 받은 교무원과는 상반된 성격을 가진 선학원이 새로운 종단을 탄생시켰다는 것은 큰 의미를 갖는다. 그것은 불교계가 식민지 동화정책에 물들지 않고 독자적으로 전통수호를 천명하였기 때문이다. 이것은 넓은 의미에서 항일적인 성격을 지니는 것이라고 할 수 있다. 그리고 수좌대회에서는 종정을 비롯한 임원들을 선출하였다. 宗正에는 申慧月 · 宋滿空 · 方漢岩, 원장은 吳惺月이 선출되었다.[43]

선리참구원은 불과 반년만에 선원 수가 십여개로 수좌 수는 300

김광식은 이 사실에 대하여 "서기 혹은 일제의 천황 연호를 배제하였다는 점에서 당시 수좌들의 민족의식의 일면을 살필 수 있는 것이 아닌가 한다"고 하였다. 그리고 이 종헌 제15장 제80조에는 "韓國內에 있는 寺刹은 總히 本宗에 속함 본종에 속한 사찰은 별책에 의함"이라고 되어있다. 여기에 대해 김광식은 현재 별책은 전하지 않아 자세한 내용은 알 수가 없다고 한다. 이러한 규정은 일제가 규정한 사찰령과의 상충 문제를 고려하면 그 실현성에 의문이 가지만 일단 한국의 모든 사찰을 선종에 속한 사찰이라고 천명한 것은 매우 의미가 있다고 평가한다. 이러한 평가는 다음과 같은 점에서 많은 의문점을 남긴다. 그 당시 불교계의 주류는 31본사 주지들로 구성된 재단법인 교무원이었다. 선학원은 소수집단이었다. 뿐만 아니라 선학원은 이 당시 운영난으로 교무원의 지원을 받아야 할 형편이었다. 이런 상황에서 교무원을 의식하지 않을 수 없었던 선학원이 식민지 시대 모든 사찰을 선종에 소속시켰다는 것은 이해하기 힘들다. 그리고 이 시기 "한국"이라는 명칭을 썼다는 점도 의심이 간다. 그리고 제81조에는 "본종은 사찰 및 포교소를 창설할 수 있음"이라고 되어 있다. 사찰령과 사찰령시행규칙에는 사찰 창립에 관한 규정이 없다. 이러한 사실들을 종합해 볼 때 필자는 이 문건이 1955년 이후에 작성된 위작이라는 이재열의 주장이 타탕하다고 본다.

42) 『동아일보』 1935.3.13, 「佛敎首座大會」.
43) 『동아일보』 1935.3.13, 「佛敎首座大會」. 부원장에는 薛石友, 이사에는 金寂音 · 鄭雲澤 · 李兀然, 禪議員에는 奇石虎 · 河龍澤 · 黃龍吟이 선출되었다.

명을 초과하게 되었다고 한다. 신도들의 기부금도 천여 원을 초과
하였다. 주요 사업으로는 지방 각 선원의 연락과 통제·기관지 발
행·건전한 신앙의 확립·법의 전파·각 본사에 선방증설·수좌대
우 개선·설법포교의 확대 등 선종의 독립적 발전을 적극적으로 확
장하는 것이라고 하였다. 1935년 현재 자본금은 설립 당시에 9만원
에서 기부금이 답지하여 14만원이 되었고, 법인에서 운영하는 선원
이 5개나 된다고 한다. 장차 31본사에서 몇 천 원씩이라도 찬조할
의사를 보이고 있다고 한다.[44]

　1941년 2월 26일부터 10일간 선리참구원은 遺敎法會를 개최하였
다. 법회의 목적은 대처승들이 늘어남으로써 교단이 세속화되고, 타
락해 가는 상황에서 비구승들이 청정한 수행 기풍을 진작시키고자
하는 것이었다. 유교법회는 원래 '高僧法會'라고 하기로 하였으나
교무원측이 법회의 명칭을 맹렬히 비난하였기 때문에 부득이 변경
할 수 밖에 없었다고 한다.[45] 교무원측이 비난한 까닭은 그 법회의
명칭이 자신들을 제외한 상황에서 '고승법회'라는 표현을 썼다는
데 대한 강한 불만을 표시한 것으로 이해된다. 이 법회는 宋滿空·
朴漢永·河東山 등 당시의 고승들이 참석하여 성황리에 끝이났다.
유교법회 이후 계속해서 비구들은 梵行壇[46]을 조직하여 선학과 계
율을 선양하기 위한 노력을 하였다.[47]

　선리참구원의 전통 불교 禪脈 계승운동은 1942년에 근대 선불교
의 중흥조라고 불리는 鏡虛[48]의 문집인『鏡虛集』발간으로 이어진

44)『禪苑』4, 1935.10,「우리 각 긔관의 활동상황」, 29~34쪽.
45) 정광호, 앞의 책, 295~296쪽.
46) 梵行이란 범어 brahma-carya의 번역으로 淨行이라고도 번역하며 청정
　　한 행위를 말한다. 따라서 범행단이란 청정한 무리 곧 비구승을 뜻
　　한다.
47)『불교시보』제69호, 1941.4.15,「梵行壇組織」.
48) 경허의 본명은 宋東旭(1846~1912)이다. 일찍이 아버지를 여의고 9살
　　되던 해 어머니를 따라 경기도 廣州의 淸溪寺에 입산하였다. 桂虛 화

다. 1936년 6월에 吳惺月・宋滿空・張石霜・方漢岩・韓龍雲・康道
峰 등 40명이『경허집』간행 발기인으로 참여하였다. 이들은 전국
의 禪院에 5원 이상, 개인은 50전 이상의 모금을 통하여 1942년 6월
에『경허집』을 발간하였다.[49) 식민지 시기 말기에『경허집』이 발간
되었다는 것은 선리참구원이 선풍의 진작을 통하여 전통불교의 맥
을 계승하고자 하였다는 것을 보여준다고 하겠다.『경허집』은 전국
의 禪院들이 동참하여 발간되었다. 발간취지서에서는 조선의 首座
로서 경허의 가르침을 받지 않은 사람이 없다고 함으로써 근대 禪
의 부흥이 경허에서 비롯되었음을 밝혔다.[50)

그러나 선리참구원은 중일전쟁 이후 성격이 변화되어 조선총독
부 정책에 협조하는 면모를 보이게 된다. 교무원과도 협조체제를
형성하는 모습을 보였다. 교무원에서 국방헌금을 모집할 때 선학
원[51)에서도 30엔 4전을 납부하였다.[52) 1937년 8월 11일에는 교무원
과 교무원 사간정 포교소 그리고 선리참구원 세 곳이 함께 출정부
대 송영식에 참석하였다.[53) 동년 8월 17일에는 김상호・황금봉・이

상을 스승으로 출가하였다. 이후 23세에 동학사에서 開講하여 敎義를
논하였다. 乙卯年(1879) 동학사에서 깨달음을 얻고 거처를 서산 天藏
庵으로 옮겼다. 이후 20여 년간 開心寺와 浮石寺 등지를 왕래하면서
선풍을 크게 떨쳤다. 경허는 조선말기 불교가 禪敎의 뚜렷한 구별을
가지지 못한 상황에서 선과 교와 염불이 함께 행해지던 三門修業이
이루어지고 있었다. 이러한 때 경허는 선을 중심으로 교를 원용하는
입장을 취했다. 1912년 함북 갑산의 웅이방 도하동에서 입적하였다.
문하에 滿空 月面・慧月 慧明・水月 音觀・漢岩 重遠 등이 배출되었
다(金敬執, 1997,「鏡虛의 禪敎觀 硏究」『韓國思想史學』9).

49) 鏡虛 著・釋明正 譯註, 1991,『鏡虛集』, 通度寺 極樂禪院.
50) 崔柄憲, 1999,「近代 禪宗의 復興과 鏡虛의 歷史的 位置」『덕숭선학』
  1, 불교선학연구원, 64쪽.
51) 선학원은 1934년에 재단법인 조선불교중앙선리참구원으로 바뀌었지
  만 자료에는 선학원으로 나오는 경우가 많다.
52)『佛敎時報』27, 1937.10.1,「在京城各寺庵及布敎堂獻金」.
53)『佛敎』신7집, 1937.11,「교계소식」, 49쪽.

갑득·한성훈 등과 선학원[54] 및 사간정 포교소 대표가 출정부대 送迎에 참가[55]하는 등 이후로 유사한 많은 행사에 참여하였다. 1940년 2월 創氏改名令이 실시되자 총본산건설사무소에서 무료상담소를 운영할 때 선리참구원도 상담소를 운영하였다.[56] 선리참구원은 1941년 9월 3일에는 전국 各 寺 및 선원에 공문을 보내서 모금된 황군위문금 159圓 23錢을 매일신보사에 납부하였다.[57] 1943년 5월 24일 태고사에서 있은 금속류 헌납운동에 참여하여 眞鍮器 1점을 헌납하기도 하였다.[58]

선학원은 재단법인으로 전환하면서 그 성격도 바뀌게 된다. 설립 당시에는 비구승들이 중심이 되어 대처승들이 주류를 이루었던 교무원과 차별성을 보이면서 출발하였다. 그러나 재단법인이 성립된 이후에는 조선총독부의 시책에 협조하는 모습을 보였다. 선리참구원이 제대로 운영되기 위해서는 31본사로부터 지원을 받지 않을 수 없는 상황에 처하였다.[59] 선리참구원은 수좌대회를 통하여 선종을 탄생시켰으나 종정으로 선출된 세 승려 가운데 方漢岩은 1941년 조계종 총본사 태고사의 종정으로 취임하였다.[60] 그리고 宋滿空·金擎山·宋蔓庵은 총본사의 종무고문을 승낙하는 등 여러 가지로 굴절된 면모를 보였다.[61]

---

54) 선학원은 1935년 재단법인 선리참구원으로 개편되었으나 이후에도 선리참구원과 선학원을 혼용되고 있다. 선리참구원은 해방 이후 선학원이라는 본래 이름을 회복하였다.

55) 앞의 글,『불교』신7집,「교계소식」, 49쪽.

56)『佛敎時報』제60호, 1940.7.15.

57)『佛敎時報』제75호, 1941.10.15,「선학원의 황군위문금 헌납」.

58)『佛敎』신50집 합집, 1943.7,「조계종보」, 3쪽.

59) 앞의 글,「우리 각 긔관의 활동상황」, 31쪽.

60)『佛敎』신30집, 1941.9,「宗務日誌」, 41쪽.

61)『佛敎』신31집, 1941.12,「宗務日誌」, 55쪽.

제2절 '帶妻食肉' 禁止論의 전개

1920년대 불교계에 나타나는 특징 가운데 하나는 일본 불교의 '帶妻食肉'(이하 따옴표 생략함) 풍습이 유입된 것이었다. 불교계에서 帶妻 문제는 1910년 전부터 논의가 있었다. 근대 사회에 들어와서 불교계에서 가장 먼저 대처를 주장한 사람은 경성 奉元寺의 승려 高永杓였다.[62] 그는 인구 감소를 막기 위해서 승려의 결혼을 허용해야 한다는 것이었다. 고영표의 대처론은 아직 체계적인 이론이 갖추어지지 않았다.[63]

승려의 결혼문제에 관해서 본격적으로 문제를 제기한 사람은 한용운이었다. 한용운은 1910년 3월에 중추원 의장 金允植 앞으로 「中樞院獻議書」를 제출하였다. 동년 9월에는 조선총독 앞으로 「統監府 建白書」를 제출하여 승려의 결혼을 허락하여 줄 것을 청원하였다.[64] 제목이 「통감부 건백서」인 것으로 보아 제출 시기는 경술국치가 단행된 1910년 8월 29일 이전이었던 것으로 보인다.

승려가 결혼하지 않으면 한용운은 다음과 같은 점에서 문제가 있다고 하였다. 첫째, 윤리에 해롭다. 인간의 不孝중에 無後한 것이 가장 크다는 것이다. 둘째, 국가에 해롭다. 승려가 결혼하지 않으면 그만큼 국가의 인구증가에 손실이 된다는 것이다. 셋째, 포교에 해롭다. 넷째, 風俗에 해롭다. 인간의 욕망 가운데 食色의 욕망이 가장 강렬한데 그것을 억지로 제어하면 부작용이 따른다는 것이다.[65]

---

62) 『대한매일신보』 1907.1.30, 「具足自由」.
63) 정광호, 2001, 『일본 침략시기의 한·일불교관계사』, 아름다운 세상, 175쪽.
64) 한용운 지음, 이원섭 옮김, 1992, 『조선불교유신론』, 운주사, 25~130쪽.
65) 한용운 지음, 이원섭 옮김, 앞의 책, 120~125쪽.

한용운이 개인적으로 불교의 근본 계율을 수정하겠다는 결정을 내리고 정치적인 힘을 빌려서 관철시키려 했다는 것은 이해할 수 없는 부분이다. 더구나 두 번째 건의서를 제출한 곳이 통감부였다는 점에서 더욱 당혹스럽다. 대한제국 말기에 한용운이 아직 제국주의 본질을 제대로 이해하지 못한 탓이 아닌가 생각된다. 1910년 이전의 대처식육론은 어디까지나 개인적인 담론 수준에 지나지 않는 것이었다. 식민지 시기에 들어와 일본 유학승들에 의해 유입된 대처식육 현상은 불교계를 큰 혼란에 빠지게 하였다.

조선을 병합한 이후에 조선총독부는 끊임없이 조일불교 교류를 장려해왔다. 불교계는 1910년 이전부터 불교시찰단을 파견하였고, 1920년대에 들어와서는 조선불교단이라는 단체를 만들어 시찰단과 유학생을 파견하였다. 승려들의 일본 유학은 개인적으로 이루어지기도 하였다. 그 경우는 恩師의 도움을 받거나 고학을 하였다. 유학승들의 귀국은 불교계에 적지 않은 문제를 일으켰다. 학업을 마치고 귀국하는 유학승들은 일본 불교의 영향을 받아서 결혼을 하지 않은 사람이 없을 정도였다고 한다.[66] 이들이 당시 개혁세력으로서 불교계의 전면에 부상하고 있던 청년 운동에 가담하면서 보수적인 주지 계층과 대립관계가 형성되었다.[67]

유학승들이 본사 주지가 될 수 있는 자격이 갖추어 지는 시기에 와서 한가지 문제가 발생하였다. 그것은 사법에 본사 주지가 될 수 있는 자격이 비구승만으로 명시되어 있었기 때문이다.[68] 유학승들이 본사 주지가 되는 것을 조선총독부가 반대해야 할 이유는 없었

---

66) 伽倻袾子, 1926.5, 「背恩忘德」『佛敎』제23호, 31쪽.
67) 김광식, 1998, 「1926년 불교계의 帶妻食肉과 白龍城의 建白書」『韓國近代佛敎의 現實認識』, 민족사, 179쪽.
68) 사법 가운데 본사 주지가 될 수 있는 자격제한 조항인 제 16조 2항은 '比丘戒를 具足하고 다시 菩薩戒를 수지한 자'로 되어 있었다(李能和, 1982, 『朝鮮佛敎通史』下卷, 寶蓮閣, 1139쪽).

다. 본사 주지의 지위는 대단한 것이었기 때문에 일본 유학을 다녀
온 경험이 있는 이들이 본사 주지가 된다면 조선총독부로서도 환영
할 일이었다.

그러나 당시 범어사 주지로 있었던 백용성은 1926년 5월 함경도
석왕사 주지 李大典과 해인사 주지 吳會眞 등 127명의 연서로 전조
선 4천의 비구 승려를 위하여, 불교의 장래를 위하여 대처식육을 금
지해 달라는 진정서를 제출하였다.[69]

당시 승려들의 대처현황은 1925년 교무원에서 파악한 통계에 따
르면 전국의 승려 숫자는 비구가 6,324명 비구니가 864명으로 모두
7,188명으로 집계되었다.[70] 그런데 결혼을 하지 않은 승려의 수는 4
천여 명으로 추정되고 있다.[71] 절반에 가까운 승려가 결혼을 하였
다고 볼 수 있다.

승려들의 대처식육 문제는 당시 불교계의 많은 논쟁을 야기시켰
다. 1925년 10월에 대처승도 본사 주지가 될 수 있도록 사법을 개정
하기 위하여 31본사 주지회의가 개최되었다. 이 회의에는 불교도이
면서 친일파의 거두였던 이완용도 후원자로 참석하였다. 그러나 이
회의에서 일부 본사 주지들의 반대로 대처승의 주지 취임 인증은
결론을 내지 못하였다.[72]

승려들에게 대처식육을 허용하는 문제는 조선총독부 측에서도
상당히 신중한 자세를 보였다. 승려의 대처식육은 일본에서도 많은
논란이 있었다. 그것은 승려들을 세속화시킴으로써 위기에 처한 불
교계를 구하기 위한 방편으로 이용되었다. 메이지 정부는 승려들을
호적에 편성시켜 국가에서 인적사항을 관리하기 위한 방편으로 이

---

69)『동아일보』1926.5.19,「百餘名 連名 犯戒生活 禁止 陳情」.

70)『朝鮮佛敎一覽表』「寺刹僧尼數」, 1928.3, 56쪽.

71) 具萬化, 1926.8,「その罪三千大千世界に唾棄する處無し」『朝鮮佛敎』28
　　집, 朝鮮佛敎社, 19쪽.

72)『동아일보』1925.10.31,「참지 못할 一呵 去益悲運의 불교계」.

용하고자 하였다.73)

조선총독부는 시대의 추세와 일본 불교의 현상을 감안할 때 승려에게 대처식육을 허용해야 한다는 결론을 내렸다. 학무국장은 1926년 3월 23일 교무원 평의원회에서 대처식육 허용에 관한 내용을 지시한다고 결정하였지만 이 안에는 「廢案」이라고 표시되어 있다.74)

조선 승려들의 대처식육 풍습은 날로 늘어났던 것 같다. 1926년 9월에 백용성은 다시 조선총독부에 승려들의 대처식육을 금지해 달라는 탄원서를 제출하였다. 2차 탄원서는 대처승들이 거주하는 사찰이 많아져서 독신 수행 승려와 연로한 승려들이 머무를 수 있는 사찰이 부족하므로 비구승들이 머물 수 있는 몇 개의 본사를 선정

---

73) 일본 불교의 대처식육 풍습은 조동종의 雪爪淸拙의 건백서에 의해서 이루어졌다. 그는 막부말기에서 메이지유신 시기에 활약하였던 승려로서 1868년 55세 되던 해 세속으로 환속하여서 政敎問題 해결에 투신하였다. 1871년 雪爪淸拙은 메이지유신 정부의 上局 議長을 역임하였다. 동년 그는 종래 최고 정무기구였던 太政官이 正院·左院·右院으로 분리되자 승려들의 대처식육을 허용해 줄 것을 관할 관청인 左院에 건의하였다. 당시는 神佛分離와 佛敎排斥 정책이 시행되던 때였다. 左院은 기독교의 만연을 방지하고, 공화제 정치의 배제를 목표로 국내 인심의 안정을 도모하던 곳이었다. 좌원의 창설을 계기로 지금까지의 신불분리와 불교배척의 정책에서 벗어나서 敎化能力을 기대하기 어려운 神官을 대신해서 승려를 이용한 敎導政策으로 크게 전환되고 있었다. 雪爪淸拙이 불교계의 많은 반발을 감수하고서 대처식육을 공인해 줄 것을 주장한 동기는 다음과 같다. 메이지 정부에는 排佛論이 팽배해 있었다. 계율을 잘 지키는 승려는 근소한 실정이었다. 雪爪淸拙은 대처식육을 허용함으로써 승려의 세속화를 촉진시켜 승려 신분을 존속시키기고자 하였다. 그의 이러한 건의는 메이지 정부의 종교정책에 반영되었다. 승려신분은 호적에 편성되었고, 불교배척을 방지하는 구체적인 대안이 되었던 것이다. 그 결과 1872년 4월 25일 太政官達 33호로 승려의 대처식육은 각자의 임의에 맡긴다는 조치가 내려졌다(池田英俊, 1997, 『近代佛敎の歷史』, 佼成出版社, 53~55쪽).
74) 『寺刹關係書類』1926, 「朝鮮寺刹制度中修正ノ件」, 정부기록보존소 문서.

하여 달라는 형태로 제출되었다.[75]

　이러한 건백서에도 불구하고 결국 조선총독부는 1926년 11월에 승려들에게 대처식육을 허용하였다. 조선총독부 학무국은 대처승도 본사 주지가 될 수 있도록 사법개정을 신청하도록 각 본사에 지시하였다.[76] 이로써 본사 주지는 비구계[77]와 보살계[78]를 구족하지 않은 승려도 피선거 자격을 얻게 되었다. 그러나 비구계와 보살계는 승려로서 가장 고결한 계명이었다. 이 조항을 완전히 철폐하면 승려들의 소행이 문란해질 우려가 있었다. 조선총독부는 사법 제50조에 "僧尼는 品行을 신중히 하고 禪定을 잘 지켜서 중생제도에 필요한 慧行을 행함에 노력할 것"이라는 조항을 삽입하여 승려들의 계행문란을 방지하고자 하였다.[79]

　승려들이 결혼을 하고 육식을 한다는 것은 불교의 근본 계율을 저버리는 처사이다. 이것은 조선 전통 불교의 맥을 단절시키고, 일본 불교에 동화된다는 것을 의미하는 것이다. 승려들의 대처식육 허용으로 사찰경제는 더욱 어렵게 되었다. 독신인 비구승에 비해서 처자를 거느린 대처승의 생활비가 모두 사원경제에서 충당되었기 때문이다.

---

75) 『龍城大宗師全集』 제1권, 1991, 「龍城禪師語錄」, 大覺寺, 550~551쪽.
76) 『매일신보』 1926.11.26, 「寺刹住持의 選擧資格 改正」.
77) 남자로서 출가하여 승려가 된 사람이 지켜야 할 250가지의 실천 덕목을 가르키는데 좋은 습관을 익혀야 할 것과 나쁜 습관을 익히지 않아야 할 것으로 구분된다. 계는 본래 석가가 불교도 이외의 종교가들이 행하는 비행에 대해 불교도들에게 내린 경계의 성격이 담긴 교훈이다. 이것을 범하였을 경우 처벌이 뒤따르는 것은 아니다. 따라서 자발적인 노력에 기대하는 것을 그 특징으로 한다. 가장 기본적인 5계는 다음과 같다. 1. 살생하지 말라, 2. 도적질 하지 말라, 3. 정한 부부 이외에 淫事를 하지 말라, 4. 거짓말을 하지 말라, 5. 술을 마시지 말라.
78) 지혜를 닦아서 미래에 깨달음을 얻으려고 하는 사람들이 지켜야 할 계율로 梵網經을 宗으로 하는 것과 瑜伽經係의 2종류가 있다.
79) 앞의 『매일신보』, 1926.11.26.

　수행 풍토도 혼탁해졌다. 낮에는 사찰에서 승려 생활을 하다가 밤에는 가정으로 돌아가거나 또는 사찰에서 처자와 함께 거주할 경우에는 경내에서 부녀자들의 세탁물을 말리는 풍경이 눈에 띠게 되었다.[80] 이러한 현상은 해방 이후 불교계의 비구·대처승분쟁으로 나타났다. 비구·대처승 분쟁 과정에서 숱한 물리적인 충돌이 발생하였다. 이 분쟁은 법정소송으로 비화되어 결국은 원만한 해결을 보지 못하고 1970년에 들어와서 分宗事態를 초래하였다. 대처승 측이 太古宗을 창설함으로써 막을 내렸다. 하지만 불교계는 아직까지도 그 후유증으로 시달리고 있다.

---

80) 정광호, 2001, 『일본침략시기 한·일불교관계사』, 아름다운 세상, 184 쪽.

제6장

'心田開發運動'과 불교계

제1절 '心田開發運動'의 전개 배경

일본은 1931년 만주사변을 도발하여 만주국을 건설하고, 1932년
에는 상해사변을 일으켜 국제사회에서 물의를 빚었다. 마침내 1933
년에는 국제연맹에서 탈퇴하였다.[1] 1935년 3월 16일 독일이 제1차
세계대전의 결과로 체결된 베르사이유조약의 군사조항 폐기를 공
식적으로 선언하자 이 사실에 고무되었다.[2]

이 무렵 동경대학 교수직을 정년 퇴임하고 귀족원 의원으로 칙임
되었던 미노베 다쓰키치(美濃部達吉)가 천황기관설을 제기하였다.
그 파문은 일본 사회를 뒤흔들었다.[3] 일본 정부는 미노베의 서적에
대해서 발매금지 처분을 내렸다.[4] 천황기관설이 큰 문제로 대두되
자 검찰은 미노베로부터 자신의 학설이 국체관념에 위배되는 것이
아니라는 점을 밝히게 하였다.[5] 일본 정부는 국민들에게 국체를 분
명히 인식시켜야 할 필요성을 느꼈다.

1930년대 초반 일본은 경제적으로도 위기를 맞고 있었다. 1929년
에 밀어닥친 세계공황의 여파로 일본 경제 사정은 매우 악화되었
다. 일본은 자국의 공황 피해를 줄이고자 朝鮮米 移入制限措置를
취하였다.[6] 세계공황과 더불어 일본 사회는 1920년대부터 확산되기

---

1) 구대열, 1995, 『한국 국제관계사 연구』, 역사비평사, 343~344쪽.
2) 『京城日報』 1935.3.18, 「ヴ條約の軍事條項を獨政府廢棄を宣言」.
3) 『每日申報』 1935.3.13, 「天皇機關說에 또다시 猛爆擊」.
4) 손정목, 1992, 「朝鮮總督府의 神社普及·神社參拜 强要政策 硏究」
   『한국기독교와 신사참배문제』, 한국기독교 역사연구소, 285쪽.
5) 『경성일보』 1935.4.9, 「忠誠に於いては人後に落ちぬ」.
6) 池秀傑, 1984, 「1932~35年間의 조선농촌진흥운동」『한국사연구』 46,
   119쪽.

시작한 사회주의 사상으로 사회전체가 큰 위기를 맞고 있었다. 이른바 '外患國難'·'思想國難'·'經濟國難'이라는 3대 위기를 맞고 있었다.[7]

일본은 위험사상 방지책으로 神道·佛教·基督教를 이용하기로 하였다. 특히 불교에 그러한 역할을 기대한 일본은 불교의 恩諦思想[8]에 주목하였다. 그리하여 불교로 하여금 천황제 국가관을 보완하는 가족적 국가주의와 현실을 긍정하는 諦의 정신을 통해 사상선도를 지향하도록 하였다.[9] 식민지 조선에서 이러한 상황을 극복하는 방안은 사상적으로 조선인들에게 황국신민으로서의 국체관념을 철저히 고취시키는 형태로 나타났다.[10]

경제국난을 극복하는 방안으로 조선총독부는 안정적 소농경제 체제를 수립하는데 농정의 주안점을 두기 시작하였다.[11] 1930년대 초 세계 공황의 영향을 받은 일본 농촌 경제 위기 타개책으로 취해진 朝鮮米 移入制限措置는 조선 농민들의 절대 생존권을 위협하였다. 조선 농촌 내부에서는 다양한 형태의 농민단체가 결성되어 조직적인 정치투쟁을 전개하였다.[12]

이러한 상황에서 우가키 가즈시케(宇垣一成)는 1931년 7월 제6대 조선총독으로 부임하였다. 우가키에게 주어진 선택의 폭은 매우 좁았다. 조선은 포기할 수 없었고, 조선의 지배계급인 지주를 무시할 수도 없었다. 예산은 제약되어 있었고, 경험도 부족하였다. 결국 우

---

7) 孝本貢 編, 1988, 「大正·昭和期の國家·旣成佛教教團·宗教運動」『論集日本佛敎史』, 雄山閣出版株式會社, 31~32쪽.
8) 존재하는 모든 것이 인연에 의하여 성립되었기 때문에 서로 그 은혜에 감사해야 한다는 사상.
9) 小室裕充, 1987, 『近代佛敎史硏究』, 同朋會出版, 7쪽.
10) 『경성일보』 1936.3.21, 「中等學校歷史敎科書改正國體觀念を徹底」.
11) 정태헌, 1991, 「1930년대 식민지농업정책의 성격전환에 관한연구」『일제말 조선사회와 민족해방운동』, 일송정, 56쪽.
12) 지수걸, 앞의 논문, 120~121쪽.

가키는 일본의 농촌경제갱생계획을 모방한 농촌진흥운동[13)을 채택할 수 밖에 없었다.[14)

내선융화와 조선의 경제부흥이라는 두 가지 과제를 안고 부임한 우가키는 1932년부터 조선의 농촌 상황을 개선하기 위해서 농촌진흥운동을 전개하였다.[15) 농촌진흥운동이 물질적인 면에서의 갱생운동이었다고 한다면 심전개발운동은 정신계몽운동이었다.

뿐만 아니라 심전개발운동은 조선인들을 마음으로부터 천황에게 순종하는 충량한 황국신민으로 육성하기 위한 정신통제책이었다.[16) 우가키에 이어 부임한 미나미 지로(南次郎) 조선총독 시대에도 이 운동은 그대로 계승되어졌다. 1937년 일본이 중일전쟁을 일으켜 전시비상체제로 체제가 개편되면서 퇴색하게 된다.

'心田'이라는 단어는 종래에 불경 가운데 나오는 것으로만 이해되었다.[17) 그러나 '심전'이란 말은 불교의 고유한 용어가 아니고 유

---

13) 농촌진흥운동에 관해서는 다음의 연구성과를 참조할 수 있다.
　　宮田節子, 1973,「朝鮮における'農村振興運動'」『季刊現代史』 2. 宮田의 이 논문은 번역이 되어 소개되었다(안병직·박성수 외 편, 1980,『한국근대민족운동사』, 돌베개).
　　富田貞子, 1981,「準戰時下朝鮮 農村振興運動」『歷史評論』 377.
　　池秀傑, 1984,「1932~35年間의 조선농촌진흥운동」『한국사연구』 46.
　　靑野正明, 1991,「植民地期 農村再編成政策 位置付」『朝鮮學報』 136.
　　정태헌, 1991,「1930년대 식민지농업정책의 성격전환에 관한연구」『일제말 조선사회와 민족해방 운동』, 일송정.
　　정문종, 1993,『1930년대 朝鮮에서의 農業政策에 관한 硏究』, 서울대학교 경제학과 박사학위논문.
　　김영희, 2003,『일제시대 농촌통제 정책 연구』, 경인문화사.
14) 정문종, 1993,『1930년대 朝鮮에서의 農業政策에 관한 硏究』, 서울대학교 경제학과 박사학위논문, 38~39쪽.
15) 宇垣一成, 1988,『宇垣一成日記』, みすず書房, 801쪽.
16) 宮田節子, 앞의 논문, 217쪽.
17) 김영희, 앞의 책, 156~164쪽.
　　한긍희, 1996,「1935~1937年 日帝의 '心田開發' 정책과 그 성격」『韓

교 경전인『禮記』의 「禮運」편[18]에도 나오고 있다. 또 梁나라 簡文
帝의 '上大法頌表'에도 '澤雨無偏 心田受潤'이라는 말이 있고, 당나
라 시인 白樂天의 詩에도 '心田灑掃淨無塵'이라는 구절이 있다.[19]

　심전개발운동은 불교·유교 뿐만 아니라 기독교를 포함해서 조
선인들에게 정신적 위안과 희망을 주는 종교계를 중심으로 광범위
하게 전개되었다. 기존 연구에서는 심전개발운동이 1935년부터 시
작된 것으로 이해하였다.[20] 그러나 심전개발운동이 입안된 것은 늦
어도 1933년 말부터였다. 조선통치 30년을 맞이하여 조선총독부가
1940년에 발간한『施政30年史』祭祀項에서 그러한 내용을 확인할
수 있다.

　　조선에서 神社제도 개정의 議는 多年의 懸案으로서 銳意 조사연
　구를 거듭해 온 바이다. 마침 1933년 말 이래로 조선에서 心田開發運
　動의 비상한 진전에 따라 신사를 중심으로 한 정신운동 또한 점차 현
　저해졌다. 당국은 조속히 신사제도를 확립함으로써 시운에 대처할 필
　요가 있음을 인정하게 되었다. 오랫동안의 현안인 神社제도의 전면
　적 개정을 기약하는 입안의 심의가 진행되었다. 1936년에 이르러 성
　안되어 동년 8월에 관계법령은 공포되었다. 이에 획기적인 신사제도

　　國史論』35, 서울대학교 국사학과.
18)『禮記』,「禮運」編에 "禮義以爲器 故事有考也 人情以爲田 故人以爲奧
　　也"라는 말이 있는데 그 뜻은 "사람 다루기를 밭 다스리듯 하여 잡초
　　가 나서 거칠어 지는 일이 없도록 해야 한다. 사람들도 자기 마음을
　　잘 다스려서 집안에서 奧室(방의 서남쪽 귀퉁이로 가옥에서 가장 깊숙
　　한 곳, 여기서 제사를 지내므로 가장 중심이 되는 곳을 뜻함)이 으뜸인
　　것처럼 만물의 영장이 될 수 있다"는 것이다.
19) 安龍伯, 1936.9, 「心田開發指導原理の再吟味」(下)『朝鮮』255, 86~87
　　쪽.
20) 宮田節子, 앞의 논문, 216~219쪽.
　　富田貞子, 앞의 논문, 80~82쪽.
　　靑野正明, 앞의 논문, 50~56쪽.
　　김영희, 앞의 책, 156~164쪽.

의 개정은 이루어졌다.[21]

불교와 관련하여 '心田'이라는 단어가 처음 자료에 나타나는 것은 1934년 3월이다. 3월 5일부터 31본사 주지들로 이루어진 재단법인 교무원 평의원회가 개최되었다. 8일 우가키는 평의원들을 조선총독 관저로 초대하여 다과를 베풀면서 다음과 같은 인사말을 하였다.

여러분들은 마땅히 시세의 推移에 유의해서 祖師先德의 행적을 살피시고 더욱 知德硏鑽에 노력하여 私를 버리고 公을 취해야 할 것 입니다. 半島民衆의 精神作興 즉 心田이 젖을 수 있도록 당국이 의 도하는 것을 양해하시고 일심으로 협력하여 주시기 바랍니다. 특히 조선불교를 부흥시켜 정신계를 진전시키는 데 공헌해 줄 것을 바라 마지 않습니다.[22]

우가키는 심전개발운동의 전개에 있어 불교계에 상당한 기대를 가지고 있었다. 심전개발운동은 조선인의 정신생활의 안정과 물질 생활 개선에 역점을 두고 진행되었다.

심전개발운동의 목적에 대해서 경성제국대학 화학과 교수였던 쯔다 사카에(津田榮)는 다음과 같이 말하였다. 쯔다는 재조선 일본 인을 중심으로 녹기연맹[23]을 창설하고 내선일체를 선도적으로 수 행하였다.

심전개발운동을 통해서 성취하고자 하는 것은 조선인들로 하여금 조선총독부의 정책에 순응하게 하고 천황에게 충성을 다하는 충량한 황국신민을 만드는데 있다. 심전개발은 단순히 외형적인 생활의 개선

---

21) 조선총독부, 1940, 『施政30年史』, 768쪽.
22) 宇垣一成, 1934.4, 「精神界のために貢獻せよ」 『朝鮮佛教』 99, 2～3쪽.
23) 녹기연맹에 대해서는 다음의 논고를 참고할 수 있다.
   鄭惠瓊·李昇燁, 1999, 「일제하 綠旗聯盟의 활동」 『한국근현대사연 구』 10.

이 아니고 생활의 근저가 되는 올바른 신념을 주는 것이어야 한다. 따라서 이것은 당연히 종교와 밀접한 관계를 가지는 것이다.[24]

쯔다의 발언은 조선총독부가 심전개발운동을 추진하는 목적을 분명하게 밝혀주고 있다. 심전개발운동은 조선 민중들을 천황에게 절대 복종하는 충량한 신민을 만들고, 농촌진흥운동에 적극 참여하여 농가의 경제생활을 향상시키기 위한 것이었다. 그 방법으로서는 조선의 전통적인 祖上崇拜와 敬神思想을 이용하였다. 조선총독부는 먼저 조선인의 조상숭배관념을 활성화시키기 위해 종교를 이용하였다.

심전개발운동은 1935년 초에 조선총독부가 道知事會議와 道參與官會議 등을 통하여 정신작흥·농산어촌진흥·자력갱생운동 강화에 관한 의견을 청취하는 과정에서 입안되었다.[25] 조선총독부는 심전개발운동을 전개하는 데 있어서 종교를 주요한 매개체로 이용하고자 하였다. 조선인들의 종교 가운데 특히 불교를 부흥시켜 思想善導와 정치적 교화를 목적으로 활용하려는 계획을 수립하였다.[26]

조선총독부가 특히 불교에 역점을 두고 심전개발운동을 전개한 이유는 다음과 같다. 첫째, 불교는 오랜 전통을 가지고 있지만 조선시대를 거치면서 가혹한 탄압을 받아서 피폐된 상황이다. 그렇지만 여전히 부녀자 층을 비롯해서 많은 신도들을 가지고 있는 잠재력이 큰 종교라는 점에 착안하였다.[27] 둘째, 승려들의 자질이 저하되어

---

24) 津田榮, 1936.3, 「心田開發の根本的用意」『朝鮮』, 250.
25) 『매일신보』1935.1.17, 「物心兩面으로 半島를 樂園化」. 1935년 초 도참여관회의에서 우가키 조선총독의 훈화 요지는 생활양식의 개선을 급무로 추진할 것, 건전한 신앙으로 미신을 퇴치할 것, 농가갱생을 조선갱생으로 여기고 추진할 것 등이었다.
26) 『朝鮮日報』1934.12.5, 「思想善導 一計로 宗敎統制를 計劃」.
27) 大西良慶, 1936.2, 「心田開發と佛敎」『心田開發に關する講演集』, 朝鮮總督府中樞院, 118쪽.

있었기 때문에 조선총독부가 그들의 지위를 상승시켜주고, 정책적
으로 불교를 지원해 준다면 심전개발운동에서 지향하고 있는 목적
을 달성하는데 무난한 할 것이라고 판단하였다. 셋째, 불교는 일본
국가신도에서 중시하는 조상숭배 정신을 거리감 없이 수용할 수 있
는 종교라는 점이었다. 넷째, 일본이 점령하고자 하는 중국을 비롯
해서 동양이라는 견지에서 보더라도 불교는 거부감이 생기지 않는
종교였기 때문이었다.[28]

조선불교계를 심전개발운동에 동원하기 위해 1937년 2월 26일에
개최된 31본사 주지회의에서 학무국장 토미나가 분이찌(富永文一)
는 다음과 같은 발언을 하였다. "조선 불교는 2~3백 년 이래 현저
히 쇠퇴하였다. 그렇지만 오랫동안 대중의 정신을 배양하여 온 관
계상 그 영향력은 아직도 강고하다"고 하였다. 그는 조선불교계가
심전개발운동을 잘 활용하면 쇠퇴해진 세력을 만회할 수 있다고 본
사 주지들을 회유하였다.[29]

조선총독부가 심전개발운동을 추진하는 초기 단계에서 조선불교
계를 주목하였던 까닭은 우가키 조선총독의 구상에서 잘 드러나고
있다. 우가키는 참여관 회의 및 각 방면의 의견을 들어본 결과 심전
개발운동에 神道·儒敎·佛敎·耶蘇敎 등 종교를 이용하기로 하였
다.[30] 우가키는 敬神崇祖 사상을 고양시키기 위해서 다음의 사안에
역점을 두어야 한다고 하였다. 첫째, 神社를 건설하고 일반인들의
참배를 장려한다. 둘째, 승려의 素質改善을 도모하고, 불교의 가두
진출을 꾀한다. 셋째, 사원의 재산을 整理할 필요가 있다. 넷째, 儒
敎를 부흥시키고, 明倫學院 및 문묘의 활동을 장려한다. 특히 그는
정치적으로 압박을 받았던 불교를 소생시켜 심전개발운동에 앞장

---

28) 위와 같음.
29) 富永文一, 1937.4,「社會敎化民心作興을 朝鮮佛敎에 期待」『불교시보』
     제21호.
30) 앞의 책,『宇垣一成日記』2권, 997쪽.

세우고자 하였다.[31]

　심전개발운동의 전개는 1935년 1월부터 학무국이 중심이 되어 1
년간 연구하여 오던 立案이 구체화되었고, 1936년부터 본격적으로
추진되었다. 이 때 학무국은 "國體觀念의 明徵"[32] · "敬神崇祖의 思
想 및 信仰心을 涵養할 것" · "報恩 · 感謝 · 自立의 精神의 養成"이
라는 이른바 심전개발 3대 원칙을 구체적으로 발표하였다.[33] 학무
국은 1935년 1월 31일 은행집회소로 경성 府內에 있는 各 寺의 주
지를 비롯해서 일본과 조선의 불교계 대표자 12명을 초대하였다.
이 자리에서 종교간담회를 개최하고, 민중의 신앙심 배양을 중심
의제로 토론회를 가졌다.[34]

　동년 3월 6일에 재단법인 교무원에서 평의원회가 개최되었다. 우가
키는 이것을 기회로 전조선 31본사의 주지 및 일본 寺院 각 파의 경성
대표자 8명을 관저로 초대하였다. 그는 이 자리를 조선불교의 현상 및
장래의 부흥방안을 토론하는 간담회장으로 활용하였다. 우가키 조선
총독은 서구 문명이 물질에 치우친 폐단을 언급하면서 정신적인 방면
에 힘을 기울여야 한다고 강조하였다. 그는 조선민중들에게 物心一如
의 사상을 체득시키는 것이 천황의 덕이 사방에 미치도록 하는 것이
라고 하였다. 그러므로 조선불교의 재흥을 위해 여러분들이 일층 진
력해 주기를 간절히 바란다는 요지의 훈시를 하였다.[35]

　조선 민중들을 순화시키기 위해 조선총독부는 조선의 기존 종교
를 이용하기로 하였다. 조선의 모든 종교 위에 일본의 국가신도를
상위 개념으로 설정하였다. 신도 보급은 국가권력 스스로가 숭배의

---

31) 위와 같음.
32) 국체명징이란, 국가의 정체를 분명하게 밝히는 것을 뜻한다. 즉 일본
　　은 천황을 정점으로 하는 군주국임을 밝히는 것을 뜻한다.
33) 朝鮮總督府, 1936, 『心田開發施設ニ關スル件』.
34) 『朝鮮』 제239호, 1935.4, 「佛教懇談會」, 104쪽.
35) 『朝鮮』 제239호, 1935.4, 「內鮮寺院代表者招待」, 105쪽.

대상이 되도록 하는 정책, 즉 정치권력을 모든 종교위에 군림시키는 것이었다. 그것은 조선민중들을 황국신민으로 만드는 것이 최종 목적이었다.[36]

조선총독부가 심전개발운동의 3대 목표를 확립하고 적극적인 실행단계에 들어간 것은 1936년 초였다. 심전개발운동 3대 목표는 당시 일본과 조선사회가 당면하고 있던 문제에 대한 하나의 대안이었다. 즉 천황기관설의 대두로 위기에 처한 국체관념을 분명하게 밝히고, 공산주의 사상의 만연으로부터 국체를 보존하기 위해서 필수적인 사항들이었다. 그리고 농촌 경제를 부흥시키기 위한 목적도 있었다.

敬神崇祖 사상 및 신앙심의 함양은 국가신도의 위상강화라는 것과 밀접한 관련이 있다. 일본 신도라는 것의 논리는 이러하다. "일본은 많은 씨족으로 이루어져 있지만 그 대종가는 황실이고 황실의 조상은 天照大神이다. 이 천조대신의 직계 종손인 역대의 천황은 만세를 一系로 이어 나가는 인간의 모습을 한 신이다. 그러므로 현재의 천황도 現人神이며, 신성불가침이다"라는 것이다.[37]

일본 정부는 천황 숭배를 기독교에서 금하는 우상숭배가 아니라 조상에 대한 존경의 표현이라고 하였다. 이러한 논리는 1936년 5월 26일 로마교황청으로부터 신사참배는 종교적 행사가 아니고 애국적 행사이므로 허용한다는 훈령이 내리도록 하는데 사용되었다.[38]

천황제 이데올로기 실천과 심전개발운동 3대 목표는 밀접한 관련을 맺고 있었다. 보은·감사·자립정신은 농촌진흥운동의 농가갱생 3목표인 勤勞愛好·自主自立·感謝報恩과도 일치한다. 이것은 이른바 農民道로 압축된다. 조선총독부가 내세운 농민도란 농민들

---

36) 戶村政博, 1982, 『近代日本の天皇制國家と基督敎』, 民衆社, 339쪽. 戶村은 이러한 신도를 超宗敎라고 불렀다.
37) 손정목, 앞의 논문, 249쪽.
38) 윤선자, 2001, 『일제의 종교정책과 천주교회』, 경인문화사, 268~280쪽.

은 상업종사자나 봉급생활자에 비하여 이익이 적고 일이 혹심하므로, 농업에서 이익추구를 2차적인 문제로 순치시켜려 한 것이었다. 조선총독부는 농민들에게 농업 본질에 대한 이해와 함께 각자의 일을 통해 '國家歸一'·'天皇歸一'을 강조하여 국가와 천황을 위하여 희생할 수 있도록 강요하였다.39)

천황제 이데올로기를 실천하는 방법으로써 심전개발운동은 다음과 같은 활동을 전개하였다. 첫째, 종교 각 파 및 교화 제단체는 상호 연락하여 실효를 거두도록 할 것, 둘째, 지도적 입장에 있는 자는 솔선해서 노력하는 모범을 대중에게 보일 것 등이다. 그리고 세부 실천사항은 '心田開發施設要項'40)에 구체적으로 언급되어 있다.

---

39) 김영희, 앞의 책, 86~87쪽.
40) 『朝鮮』제249호, 1936.2, 「心田開發施設に關する件」, 105~106쪽.
  1. 本部施設事項
  가. 종교계의 확충(직원의 增置, 예산의 增額).
  나. 심전개발위원회의 개최.
  다. 순회강연(종교 및 儒道관계자, 교육가, 명사).
  라. 인쇄물의 간행반포.
  마. 영화 및 幻燈(가능하면 순회강연의 附帶해서 행할 것).
  바. 강습회(각종 강습회에 종교 및 신앙에 관한 사항을 가미할 것).
  사. 강연회. 아. 방송. 자. 神社, 宗敎各敎宗派. 儒道관계단체와 교화 단체의 시설에 대해 편의를 제공할 것.
  2. 지방 관청은 本項에 준할 것: 신사, 各敎 宗派, 단체 각자에 대하여 일층 신앙심(신사에 대한 경신숭조의 사상) 배양의 시설을 강구할 것. 그것은 구체안을 수립하여 실시하는 데는 상호 연락 제휴를 도모할 것(고유신앙에 대해서는 중추원의 조사결과를 기다릴 것).
  3. 학교 교육 시설 사항
  가. 교직원의 신앙심을 함양시키고 또 종교에 대한 이해를 가질 수 있도록 할 것.
  나. 학생, 생도, 아동에 대한 평소 종교적 情操를 기르도록 할 것. 때로 응대할 기회가 있으면 시설방법을 강구해서 그것을 철저히 도모할 것.
  다. 어떤 교과목도 종교적 정조 함양에 유의할 것.

제2절 財團法人 朝鮮佛敎中央敎務院의 '心田開發運動' 참여

1920년대 초반에 성립한 재단법인 교무원은 30본사가 참여하여 불교계를 대표하고 있었다. 그렇지만 전국 사찰 주지의 인사권을 가지거나 어떤 사안을 시달하고 감독할 수 있는 대표기관은 아니었다. 1930년대 들어서 제국주의적 절대 권력 앞에 많은 종교단체가 저항을 포기하고, 회피했던 결과 국가의 논리는 신비화되었다. 종교단체는 신의 은혜를 매개로 현실과 타협하는 모습을 보이는 경우가 자주 있었다.[41]

　　라. 교직원을 대상으로 하는 강습회는 가능하면 종교에 관한 과목을
　　　　첨가할 것.
　　마. 武道의 장려에 유의할 것.
　4. 사회적 시설사항
　　가. 표어를 작성해서 이용할 것.
　　나. 교화단체 · 청년단체 · 농촌진흥단체의 설립 · 보급과 아울러 활동
　　　　을 촉진시킬 것.
　　다. 民心作興週間 행사에 반드시 신앙심 배양에 관한 사항을 첨가할
　　　　것.
　　라. 민간에서 실시하는 종교적 행사에 의의를 철저하게 할 것.
　　마. 신문 · 잡지 등에 심전개발에 관한 기사를 가능한 많이 게재하도
　　　　록 신문 · 잡지사 등에 의뢰할 것.
　　바. 가정 생활에는 주부를 통해서 종교적 정조를 양성하고 신앙심의
　　　　부식을 장려할 것.
　　사. 先賢烈士 등의 유적을 바르게 顯彰할 것.
　　아. 명승고적의 애호심을 함양하게 할 것.
　　자. 민중의 情操陶冶에 힘을 기울일 것.
　　차. 극 · 영화를 이용할 것.
41) 吉田久一, 1992, 『日本近代佛敎史硏究』, 三島書店, 301쪽.

불교계가 교단차원에서 심전개발운동에 참여하게 된 것은 1935
년 7월 28일부터였다. 이 날 在京 주지들은 재단법인 교무원에 모
여서 전조선 불교도들을 총동원하여 이 사업에 진력하기로 하고 심
전개발운동 촉진 발기회를 열었다.[42] 재경주지발기회는 8월 27일
31본산 주지회의를 재단법인 교무원에서 열기로 결의하였다. 주요
안건[43]은 심전개발 기념에 관한 건과 대표기관설립에 관한 건이 포
함되어 있었다.

대표기관이란 불교계를 대표하는 총본사를 뜻한다. 총본사 설립
운동은 심전개발운동이 본격적으로 논의되기 시작하던 1935년 초
부터 시작되었다. 불교계의 총본사 건립이 심전개발운동과 밀접한
관련하에서 추진되었다는 논문이 발표된 바 있다.[44] 조선총독부는
1934년 말에 사상선도와 정치적 교화를 목적으로 종교 특히 불교를
중흥시켜 활용하려는 계획을 수립하였다.[45]

이러한 사실에 대하여 김광식은 조선총독부가 1935년 8월 31본사
주지 회의가 개최되기 전에 조선불교계의 대표기관 설립을 종용하
였다고 한다.[46] 1937년 2월 26일부터 27일 사이에 개최된 31본산 주
지회의에 참석한 주지들은 모두 중앙통제기관으로서의 총본사의
필요성을 인정하였다고 하였다. 총본사의 설립이 조선총독부에서

---

42) 참석한 발기인은 용주사 주지 姜大蓮, 奉恩寺 주지 姜性仁, 범어사 주
    지 吳梨山, 화엄사 주지 鄭秉憲, 월정사 주지 李鍾旭 등이었다(『佛敎
    時報』 제2호, 1935.9.1, 「朝鮮佛敎心田開發事業促進發起會」).
43) 『불교시보』 제2호, 1935.9.1 주요안건의 내용은 다음과 같다. 一. 巡廻
    布敎에 干한 件, 一. 農村布敎에 干한 건, 一. 心田開發記念에 干한 件,
    一. 代表機關 設立에 干한 건, 一. 布敎師 講習會에 干한 件, 一. 私設
    寺庵 整理에 干한 件, 一. 寺規宗風肅正에 干한 건, 一. 托鉢僧侶에 干
    한 件.
44) 김광식, 1996, 「일제하 佛敎界의 總本山 건설운동과 曹溪寺」『韓國近
    代佛敎史研究』, 민족사.
45) 김광식, 앞의 책, 418쪽.
46) 위와 같음.

추진하고 있는 심전개발의 목적과 합치하여야 한다고 주장한 주지도 있었다고 한다.[47]

1935년 무렵 총본사 설립 구상이 다시 논의가 된 것은 만주사변 이후 1937년 중일전쟁으로 전쟁이 확대되는 과정에서 전쟁수행을 위하여 불교계를 보다 효율적으로 통제하려는 의도로 보인다. 1911년 사찰령 공포 이래 개별 관리 대상이었던 30본사 주지들은 조선총독부의 지시 이외에는 그 어떠한 곳으로부터 간섭을 받지 않았다. 조선총독부가 31본사들을 개별적으로 관리하였다는 것은 다음과 같은 사실에서 알 수 있다.

> 주지의 독재권을 그대로 두고 조선불교의 統一을 云云함은 그야말로 噴火口 위에 세워진 종이 누각이다. 중앙의 部長 지시 같은 것은 주재소원의 잠꼬대보다도 더 우습기 아는 주지이다. 현행 주지를 상대로 일할 인간은 오직 당국이 있을 뿐이다. 상관의 명령은 절대 복종이 定規인 까닭이다.[48]

조선총독부는 31본사를 개별 관리하여 왔기 때문에 본사 주지들은 관권 이외에는 누구의 말도 듣지 않는다는 것이다. 불교계의 통일기관은 오직 당국만이 만들 수 있다는 것이다. 조선총독부는 심전개발운동 실행방법으로 종교 각파 및 교화단체가 서로 일치 협력, 제휴하여 시행할 것을 독려하였다. 각 종교단체에 스스로 신앙심을 증진시킬 수 있는 시설을 강구하도록 하였다.[49] 조선총독부로부터 이러한 지침을 받은 재단법인 교무원은 심전개발 기념사업으로 각황사 교당 개축안을 제안하였다.[50] 이 결의에 따라 朝鮮佛敎

---

47) 崔錦峯, 1937, 「三十一本山住持會同見聞記」『佛敎』新2輯, 10~17쪽 ; 1937,『佛敎』新3輯, 불교사, 24~29쪽.
48) 夢庭生, 1932.12, 「危機에 直面한 朝鮮佛敎의 原因 考察」『불교』101·102합호, 불교사, 25쪽.
49) 中村進吾, 1936, 「心田開發」『朝鮮施政發達史』, 朝鮮總督府, 257~260쪽.

禪敎兩宗總本寺 覺皇寺를 총공사비 5萬圓의 예산을 들여 수송동 재
단법인 교무원 자리에 신축하기로 결정하였다.51) 權相老가 쓴「總
本山 覺皇寺 大雄寶殿 上樑文」에는 우가키 조선총독이 전개한 심
전개발기념사업의 일환으로 총본산 건물이 지어지게 되었음을 밝
히고 있다.52)

조선총독부는 조선인들을 심전개발운동에 자발적으로 참여시키
는 문제로 고심하고 있었다. 조선불교계의 유력한 승려들을 동원하
여 각종 강연회·강습회·촉진회·위원회 등을 조직하여 조선민중
들의 자발적인 참여를 유도하고자 하였다. 농촌진흥운동에서 중시
되는 것은 지도자의 태도이다. 자력갱생운동은 강제보다 이해가 제
일이며, 스스로 참여하는 것이 중요하다는 사실을 강조하였다.53) 조
선총독부는 조선민중들의 자발적인 참여를 통하여 심전개발운동을
성공적으로 완수하고자 하였다.

재단법인 교무원은 불교도들을 심전개발운동에 자발적으로 참여

---

50)『불교시보』제3호, 1935.10.1,「三十一本山住持會」. 건물을 신축함에
   활용될 목재는 정읍에 있던 보천교 교당이던 십일전을 매입하여 사용
   하기로 결정하였다. 총본사 건물은 1938년 10월경에 완성되었는데 총
   공사비는 185,674원이었다. 총본사의 寺名은 覺皇寺와 太古寺 가운데
   어느 것으로 정할 것인가를 논의하던 끝에 법통문제와 관련하여 고려
   시대 태고 보우 화상이 머물렀던 태고사로 확정지었다. 이 건물이 현
   재 종로구 견지동에 있는 曹溪寺이다.
51) 위와 같음.
52) 權相老, 1938.3,「總本山覺皇寺大雄寶殿上樑文」『佛敎』新10輯, 16쪽.
   "今此總本山大雄殿當有前總督心田開發提唱之秋爲紀念而起見"
53)『매일신보』1935.5.2,「農山漁村振興運動과 重視되는 指導者 態」.
   첫째, 지도는 정신계발에 치중하고 물질에 편중치 않게 하여 형식에
   흐르지 않게 할 것. 둘째, 지도는 처소와 사람에 따라 주장을 무리하게
   하지 말고 항상 일을 하여 의심이 없게 할 것. 셋째, 지도는 전도에 목
   표를 분명히 세워 그것에 도달할 신념을 갖게 할 것. 넷째, 지도는 이
   해를 시켜 강제로 하지 말고 자진하여 하도록 할 것. 다섯째, 지도는
   지방 실정에 따르고, 민도에 응하여 계획을 세울 것.

시키기 위해서 주도적으로 나섰다. 재단법인 교무원의 기관지인 『佛敎時報』는 문제의 중대성으로 볼 때 심전개발운동을 조선총독 부에만 일임해서는 안된다는 논조의 글을 실었다. 宗敎家·敎育 家·經濟家·思想家·學者 등 전문가들을 집중시켜 전조선의 모든 기관을 총동원하여 진행시켜야 한다는 주장을 펼쳤다.[54]

조선총독부는 심전개발운동을 보다 효과적으로 진행시키기 위하여 '寺刹淨化運動'을 시행하였다. '사찰정화운동'이 시행되게 된 배경은 이렇다. 사찰은 대부분 경치가 좋은 명승지에 위치하고 있기 때문에 일부 승려들은 대처식육의 私家를 마련하기도 하였다. 사찰은 세인들의 행락장으로 전락하게 되었다. 이러한 상태로 방치하게 되면 이제 막 부흥 도상에 있는 불교는 다시 쇠퇴하게 될 것이다. 그렇게 되면 민중의 심전개발운동 지도에도 부정적인 영향이 미칠 것이 우려되었다. 승려들에게 자각을 촉구시키고 이러한 폐해를 예방하기 위한 방법으로 사찰령·경찰범처벌규칙 등 규정이 있는 대로 적용시키기로 하였다.[55]

'사찰정화운동'의 시행을 위해 조선총독부는 사찰령 제2조[56]를 확대 해석하였다. 이것은 사찰이 행락 장소로 이용되는 것을 방지하기 위한 것이었다. 조선총독부는 사찰에서 遊興·惡戲·俗歌·俗樂 등의 유흥행각을 금지시켜서 사찰이 존엄성을 유지할 수 있도록 하였다. 조선총독부는 각 도지사에게 사찰정화에 관한 통첩을 발송하였다.[57]

---

54) 『佛敎時報』 제13호, 1936.8.1, 「全國的 一流網羅 强力委員會結成」.
55) 『매일신보』 1935.5.31, 「心田開發과 佛敎의 使命」; 1935.6.5, 「心田開發에 暗影주는 郊外寺刹의 墮落相」.
56) 사찰령 제2조는 '사찰의 기지 및 伽藍은 지방장관의 허가를 받지 않으면 傳法·布敎·法要執行 및 僧尼 止住의 목적 이외에 사용하거나 또는 사용하게 할 수 없다'고 되어있다.
57) 『朝鮮佛敎』 제112호, 1935.7, 「寺刹尊嚴維持に關し 各道知事に通牒」, 朝鮮佛敎社.

그리고 사찰 입구에 게시판을 마련하여 각주와 같은 사항을 반드시 게시하도록 하였다.58) 사찰 존엄 유지를 위한 조선총독부의 통첩에 기초하여 강원 도청은 1936년 7월 4일에 도내 본사 주지들을 불러 모았다. 그리고 지금부터 사찰 내에서는 승려의 婦女와 그 외 다른 가족을 상주시켜 俗人的인 생활을 영위하는 것은 금한다는 지침을 시달하였다.59)

一. 6월 4일에 통첩한 취지는 곧 각 본말사에 이첩하는 외에 본사를 하여금 소속 말사에 嚴達시켜서 사찰정화에 관한 통첩의 실행을 기할 것
二. 본사 주지를 도청으로 소집하여 사찰정화의 취지를 설명하고 아울러 군청에는 관내 본말사 주지를 소집해서 시달할 것
三. 게시는 사찰 설비에 상응하는 구조로서 본말사의 두 종류로 구분하고 그 설계는 가급적 도청에서 그것을 보여주고 또 글자의 크기는 대체로 일정하게 할 것
四. 境內地는 山門 이내로 할 것
五. 게시는 산문 부근 또는 경내지 입구 기타 쉽게 볼 수 있는 장소를 선정해서 가급적 빠른 시일을 지정해서 도내 전사찰에 일제히 설치를 완료하게 할 것
六. 경내지의 음식점 영업은 절대로 신규허가를 해 주지 말 것은 물론 이미 허가가 있는 곳도 적당한 곳에 이전 또는 轉業할 수 있는 형태로 지도하고, 이전 또는 轉業前이라도 酒類 판매는 곧 바로 금지시킬 것

58) 『朝鮮佛敎』 제112호, 1935.7, 「寺刹尊嚴維持に關し各道知事に通牒」, 朝鮮佛敎社.
一. 경내에서 鳥獸魚類의 포획을 하지 말 것.
一. 경내에서 초목의 채취를 하지 말 것.
一. 지정된 장소 이내에 車馬를 타고 들어오지 말 것.
一. 경내에서 遊興惡戲를 하지 말 것.
一. 경내에서 俗歌俗樂을 하지 말 것.
一. 飮酒酩酊의 상태로 경내에 들어오지 말 것.
一. 경내에서 주류를 판매하지 말 것.
一. 기타 사찰의 존엄을 해하는 행위를 하지 말 것.
59) 위와 같음.

1935년 11월에 조선총독부는 전국 사찰에 尊嚴保持에 관한 재통첩을 시달하였다. 그 내용은 僧尼의 자각을 촉진시키기 위하여 僧尼는 자신의 수행을 잘 하라는 것이었다. 동시에 일반 민중들이 경건한 생각을 증진할 수 있도록 지시사항을 철저히 준수하도록 하라는 것이었다.60) '사찰정화운동'은 심전개발운동을 효율적으로 수행하기 위해서 제공된 부산물이었다. 사찰이 심전개발운동의 추진처로서 권위를 가지려면 보다 엄숙하고 신성한 이미지를 줄 필요가 있었다. 이러한 필요성에 의해서 조선총독부는 사찰이 세속화되는 것을 방지하고자 하였다. 아울러 심전개발운동을 지도하는 승려들도 타락한 모습을 보이지 말 것을 지시하였다.

조선총독부는 심전개발운동을 보다 효과적으로 수행하기 위해서 더 많은 포교소를 필요로 하였다. 당시 31본사와 1,338個의 寺刹은 3面 1寺의 비율이었다. 사찰 분포는 남조선에 많고, 서북 조선에 적었다. 사찰은 대개 산간벽지에 있는 까닭에 포교를 비롯해서 여러 가지 면에서 불편한 점이 많다. 조선총독부는 1面1寺 비율로 사원 포교당을 설립하는 계획을 입안하고자 하였다.61)

1935년에 조선총독부는 보물고적명승천연기념물보존회 관제를 발표하고 각 사찰에 있는 보물과 고적들의 보존작업에 착수하였다.62) 1935년 6월에 보물고적 보존비는 수축비와 보조액을 포함해서 합계 9만원을 배정하였다. 조선총독부 사회과에서는 成佛寺 · 長安門 등 78개소에 보존작업을 실시하기로 내정하였다. 1935년에

---

60) 『불교시보』 제5호, 1935.12.1, 「當局으로부터 寺刹尊嚴保持에 關한 再通牒」. 통첩의 내용은 다음과 같다.
  一. 僧尼는 부득이 경우 이외에는 반드시 長衫을 착용할 것.
  一. 朝夕 禮佛에는 一山의 승려가 반드시 참석하여 勤行할 것.
  一. 매일 일정한 시간에 禪堂이나 강원에 들어가서 修行을 같이 할 것.
61) 『불교시보』 제1호, 1935.8.3, 「一面一寺布教所計劃」.
62) 조선총독부, 1935, 『朝鮮事情』, 271쪽.

는 심전개발운동과 병행하여 사찰 중심으로 사업을 전개할 방침이
었다.[63]

　식민지 시기에 조선총독부에 의해서 고적조사가 진행될 때 일본
국내 고고학은 인류학의 일부로써 맹아단계에 있던 시절이었다. 한
반도에서의 고적조사 보고서가 일본 국내 고고학의 발달에 영향을
주었다[64]는 연구성과를 본다면 고적조사 사업도 일본 학계의 실습
장으로서의 역할을 한 셈이었다.

제3절 佛教界의 참여 양태

　1936년 1월 15일 우가키 조선총독이 참석한 가운데 경성 부민관
에서 심전개발위원회가 열렸다.[65] 이 회의에서 심전개발운동 要綱
이 결정되었다. 그는 심전개발운동의 3대 목표를 달성하기 위해서
종교 각파 및 교화단체는 상호간에 提携하여 실효를 거두도록 하라
고 지시하였다. 조선총독부는 심전개발사업을 활성화하기 위해서
1936년 1월에 학무국의 종교계를 종교과로 승격시켰다.[66]

　이마이다 기요토쿠(今井田淸德) 정무총감은 1936년 1월 30일자로
심전개발운동 시행에 관한 통첩을 발송하였다. 그 내용은 종교 각
파·학교·사회사업 단체·교화단체 등이 일치협력해서 映畵會·
강연회·강습회 등을 통하여 심전개발운동을 선전하라는 것이었
다.[67]

---

63) 『매일신보』 1935.6.9,「寶物古蹟保存은 寺刹中心主義」.
64) 崔錫榮, 1997,『일제의 동화이데올로기 창출』, 書景文化社, 285~286
　　쪽.
65) 『朝鮮』 제249호, 1936.2,「심전개발위원회」, 朝鮮總督府, 105~107쪽.
66) 위와 같음.
67) 『경성일보』 1936.2.1,「躍動す心田開發戰線」.

조선총독부로부터 이러한 지침을 시달받은 불교계는 당시 불교
계 명사들의 순회강연을 실시하였다. 『佛敎時報』의 주간이면서 중
앙불교전문학교 전임강사였던 金泰洽, 해방 이후 동국대 총장을 지
낸 권상로, 그리고 조선사편수회 위원이었던 이능화 등 불교계의
명사들이 전국을 지역별로 나누어 순회강연에 나섰다. 중앙불전 전
임강사였던 김태흡은 강연 요청 주문이 쇄도하여 학교 강의를 내어
놓고 심전개발운동을 위한 조선총독부 촉탁 강사의 자격으로 포교
에만 전념하겠다는 의사를 밝혔다.[68]

이러한 강연은 조선총독부에서 1932년부터 실시하였던 농촌진흥
운동을 촉진시키기 위한 것이었다. 심전개발운동이 본격적으로 진
행되었던 1935년 3월부터 1940년 12월까지 불교계가 실시한 심전개
발 강연 일정은 부록의 <별표 1>과 같다. 표에서 보이듯이 강연의
주제는 주로 '근검저축과 도덕생활', '경제생활과 신앙생활', '농촌
진흥과 생활개선', '근검정신과 심전개발'[69] 등과 같은 것이었다. 강
연 원고를 찾을 수 없어서 구체적인 내용을 알 수 없다. 제목으로
보아서 강연 내용은 농촌경제를 회생시키려면 근검절약과 저축이
필요하다는 것을 불교의 교리와 연관시켜 이루어 졌을 것이라고 추
측할 수 있다. <표 5>는 부록의 <별표 1> 심전개발운동 순회강연
일람표를 근거로 작성한 것인데 <표 5>에 의하면 심전개발운동은
1936년이 가장 활발하였음을 알 수 있다.

1937년 중일전쟁 발발 이후 전시체제로 돌입하면서 조선총독부
는 심전개발운동의 차원을 넘어서 '국민정신총동원운동' 체제로 돌
입하게 된다. 그런데도 불교계에서는 1940년까지 심전개발운동이라
는 단어가 등장하고 있다. 조선총독부의 정책이 바뀌었음에도 불교
계가 심전개발운동에 집착하였던 것은 이 운동에서 불교계가 여타

---

68) 『佛敎時報』 제22호, 1937.5.1, 「謹告」.
69) 『불교시보』 제21호, 1937.4.1.

의 종교에 비해서 조선총독부로부터 관심을 많이 받았기 때문일 것
이다.

<표 5> 연도별 심전개발 강연 통계

시기별	강 연 횟 수	동원된 청중수
1935	110회	24,499명
1936	290회	83,819명
1937	172회	41,439명
계	572회	149,787명

　불교계는 중일전쟁 이후에도 심전개발운동 강연을 간헐적으로
전개하였다. 그러나 전시체제하에서 시국강연과 연결되었기 때문에
심전개발운동의 내용이 변질되었다. 불교계의 심전개발운동 강연은
1930년대 농촌 경제의 피폐가 극심해지자 민족개량주의자들이 정
치세력 확장운동으로 전개한 농촌 계몽운동과 무관하지 않다.[70] 농
촌계몽운동의 주도세력인 민족개량주의자들의 출현은 대체로 워싱
턴조약이 체결되는 1922년 경부터였다. 이 때부터 이들은 문화정치
를 표방하는 조선총독부의 정책에 영합하여 각종의 실력양성운동
을 전개하였다.

　그런데 계몽운동이 본격화 되는 것은 사회주의자들과 민족개량
주의자들 사이의 농민 확보 경쟁이 극심해지는 1930년 이후부터였
다.[71] 1930년대 초반 양대 세력의 농촌진흥운동은 명백한 체제내
운동으로서의 한계는 있지만 긍정적인 측면도 가지고 있는 운동으
로서 성장발전하고 있었다. 긍정적인 측면이란 참여하는 농민의 숫
자가 늘어나고 있었고 의식이 향상되고 있었다는 점이다.

　중앙불교전문학교 학생들과 일본 유학생들은 방학을 이용하여

---

70) 지수걸, 앞의 논문, 123쪽.
71) 위와 같음.

전국 순회강연을 실시하기도 하였다.[72] 이들은 경찰서 또는 군청에
서 마련한 간담회에 참석하여 심전개발의 필요성을 역설하였다.

조선총독부는 심전개발운동의 취지를 조선의 모든 민중들에게
쉽게 이해시킬 필요가 있었다. 1933년 이래 시작되어 온 심전개발
운동은 1936년 1월 15일 간담회에서 구체적인 案으로 확정되었다.
1월 30일자로 이마이다(今井田) 정무총감이 各 道知事들에게 시달
한 통첩[73]으로 구체화 되었다.

학무국은 중앙과 지방의 연락 및 전조선을 통일하는 강력한 정신
운동의 전개를 위해 이 통첩을 부연 설명한 해설서를 발간하였다.
해설서의 내용은 국체관념의 명징, 경신숭조 사상의 보급 등의 내
용을 쉽게 이해할 수 있도록 제작된 것으로 심전개발운동의 지침서
였다고 할 수 있다. 학무국은 이 해설서 3만부를 제작하여 각 도 및
관련 단체에 배포하였다.[74]

학무국 사회교육과는 홍보물의 제작 배포와 더불어 라디오 방송
을 통하여 심전개발운동을 홍보할 것을 기획하였다. 경성 중앙 방
송국 제1 및 제2 방송은 修養·婦人·常識의 3강좌를 설정하였다.
경성 중앙 방송국은 이 방면에 학식과 경험이 있는 인사들을 위촉
하여 1937년 1월부터 방송을 개시하였다. 불교계에서는 중앙불교전
문학교 전임 강사였던 권상로가 조선총독부 촉탁 강사로서 심전개
발 방송을 담당하였다.[75] 그리고 그 강연의 요점을 간추려서 책자
로 발간하였다.[76]

---

72) 『佛敎時報』 제11호·제14호, 1936.
73) 『경성일보』 1936.2.1, 「躍動する心田開發戰線」.
74) 『佛敎時報』 제9호, 1936.4.1, 「本府學務局에서 心田開發의 解說 製作
    配布」.
75) 『불교시보』 제19호, 1937.2.1, 「權相老先生의 心田開發放送擔任」.
76) 『心田開發とは何ぞや』; 朝鮮總督府, 1996, 『韓國近現代佛敎資料全集』
    제64권, 민족사.

　　학무국은 불교계의 각종 수련회 또는 수양회를 통해서 심전개발
운동에 자발적인 참여를 유도하고자 하였다. 대표적인 사례로는 강
원도 도청이 오대산 월정사에 주석하고 있던 方漢岩 禪師를 방문하
여 중견 승려의 교양을 의뢰한 것을 들 수 있다.[77]

　　강원 도청은 1936년도 예산 가운데 1천5백 엔을 심전개발운동 지
원금으로 편성하였다. 그 가운데 5백 엔은 오대산 방한암 처소에서
수련회에 참가한 승려들을 지원하였다. 1천 엔은 高僧碩德들을 초
청하여 도내 각 군에 순회강연과 교화운동을 실시하기로 하였다.[78]

　　조선총독부 행정 당국의 심전개발운동 지원은 불교계로 하여금
보다 적극적으로 이 운동에 참여하는 계기를 만들어 주었다. 불교
계는 심전개발운동을 교리와 연관지어서 설명하기에 이르렀다. 김
태흡은 불타의 교훈을 잘 믿고 그 믿음으로써 수양을 쌓아 守分知
足의 생활과 感謝報恩의 생활에 들어가는 것이 심전개발의 본령이
라고 하였다.[79] 그는 불법을 제대로 믿는 것은 심전개발운동 본래
목적에 충실하는 것이라고 하였다.

　　『佛敎時報』는 심전개발운동의 선전지를 자처하고 나섰다. 재단
법인 교무원의 재무이사였던 黃金峰은 "『佛敎時報』는 자신이 언명
하는 만치 조선불교의 報道塔이요, 심전개발의 선전지라는 것을 목
적하는 까닭이다"[80]라고 하였다. 『불교시보』는 심전개발의 선전지
로서의 심전개발에 관해서 조선총독부의 지침과 강연회 등을 자세
히 보도하였다.

　　만주와 일본 불교계에서도 심전개발운동에 관심을 표명하였다.

---

77) 『佛敎時報』 제8호, 1936.3.1, 「江原道廳의 積極的 心田開發運動計劃」.
78) 『불교시보』 1936.5.1, 「江原道廳의 心田開發實踐計劃」.
79) 金泰洽, 1936, 「心田開發과 佛敎의 精神」 『一光』 제6호, 중앙불교전문
　　학교교우회, 46~47쪽.
80) 黃金峰, 1936.3.1, 「唯一無二한 朝鮮佛敎의 報道機關인 '佛敎時報'를
　　援助하라」 『佛敎時報』.

만주국은 조선의 심전개발운동을 본받아서 비슷한 정신운동을 전
개하고 싶으니 관련 자료를 보내 달라고 조선총독부에 요청하였
다.[81]

조선총독부는 만주국의 이러한 요청을 재만주 조선인 종교지도
에 중대한 의미를 가지는 것으로 파악하였다. 조선의 종교단체 敎
化規程一般, 博文寺 건립의 유래, 종교단체 등록법, 포교등록법에
이르기까지 각종 자료들을 수집하여 송부하였다.[82] 1930년대 초 조
선총독부의 최대의 정책목표는 대륙침략의 거점으로서 조선을 재
편성하는 것이었다. 조선총독부는 만주국이 심전개발운동에 관심을
보이는 것을 환영하였다.[83]

조선에 들어와 있던 일본 불교계도 심전개발운동 지원에 나섰다.
法相宗管長 오오니시 료게이(大西良慶)는 "지금 조선 총독이 조선
민중들에게 제창한 심전개발운동은 어두운 곳에서 불을 얻은 것과
같고, 강을 건너는데 배를 얻은 것과 같다"고 하였다.[84] 그는 1935
년 5월 30일 경성으로 건너와 향후 3년간 머물면서 심전개발운동을
위해 全朝鮮을 순회하며 연설, 강연회, 좌담회 등을 개최하기로 하
였다. 그는 매일 작성한 일지를 『朝鮮佛敎』지에 공개하였다.[85] 그
의 강연 요지는 심전개발운동이 조선민중들의 삶을 질적으로 향상
시키는 데 중요한 역할을 하고 있다는 것이었다.

일본 승려들도 각 宗이 모두 심전개발운동에 공감하는 가운데 솔
선해서 각지를 순회하면서 포교에 착수했다.[86] 京城府 長沙洞에 있
었던 일본 임제종 妙心寺의 주지 하나야마 다이끼(華山大義)는

---

81) 『불교시보』 제20호, 1936.7.1, 「半島의 心田開發을 滿洲國에서 效倣」.
82) 위와 같음.
83) 宮田節子, 앞의 논문, 175쪽.
84) 大西良慶, 1936.2, 「心田開發과 佛敎」 『心田開發에 關한 講演集』, 朝鮮
    總督府 中樞院, 91쪽.
85) 『朝鮮佛敎』 제112호, 1935.7, 朝鮮佛敎社.
86) 위와 같음.

1935년 7월 5일부터 9일까지 새벽 5시부터 7시까지 다음과 같은 프로그램으로 아침 수양회를 개최하였다. ① 照鑑文拜唱[87], ② 坐禪, ③ 聖曲讀誦, ④ 茶禮, ⑤ 講話 및 感話, ⑥ 朝食의 순서였고, 참가비는 1圓이었다.[88] 이와같은 아침 수양회는 이후로도 간헐적으로 계속되었다.

불교계의 심전개발운동은 조선총독부의 관심과 후원 속에서 진행되었다. 전국적으로 순회강연을 시행하였고, 방송강좌에도 참여하였으며, 교조의 교리를 왜곡하여 조선의 민중들이 심전개발운동에 참여하도록 하였다. 이러한 현상은 조선총독부가 불교계를 부흥시키고 승려들의 지위를 향상시켜줌으로써 심전개발운동에 활용하려 하였던 정책이 일정한 성과를 거두었다고 할 수 있다.

그러나 1936년 1월 8일자 조선일보의 기사를 살펴보면 불교계의 심전개발운동이 그렇게 성공적이었던 것 같지는 않다. 조선총독부의 최초 의향은 불교부흥 운동을 대대적으로 일으킨다는 것이었다. 그러나 최근에 와서는 조선총독부는 불교를 가지고는 심전개발운동에 큰 효과를 얻기 어렵다는 결론에 도달하였다. 그 이유는 불교계에는 위대한 승려가 없다 점, 또 장차 불교계가 청년 지도자를 양성한다고 하더라도 오랫동안 수양이 필요하다는 점, 그들이 가두에 진출하여 민중층에 깊이 들어가서 심전개발을 지도하기에는 많은 시간이 걸린다는 점 등 이었다.[89] 결국 불교 부흥은 필요하되 심전개발운동의 중심으로 잡기는 어렵다는 것이다.

조선총독부는 심전개발운동을 추진하는 데 있어서 불교계에 상당한 기대를 가지고 있었다. 그러나 실제로 불교계가 심전개발운동에서 조선총독부의 기대 만큼의 성과를 거두지는 못하였다는 것은

---

87) 照鑑이란 神佛이 중생을 밝게 보살피는 것을 말한다.
88) 『朝鮮佛敎』 제112호, 1935.7.1, 「朝の修養會開催」, 朝鮮佛敎社.
89) 『조선일보』 1936.1.8, 「心田開發運動에 佛敎 中心은 落第」.

『조선일보』 기사에서 알 수 있다. 심전개발운동을 전개하면서 불교계에 특히 역점을 두었던 만큼 참여율도 여타의 다른 종교에 비해서 높았다. 1935년부터 37년까지 31본산 주지회의가 열리면 언제나 심전개발 문제가 의제로 상정되었고, 『佛敎時報』는 심전개발의 선전지를 자처하였다. 권상로·김태흡을 비롯해서 불교계의 저명인사들이 전국을 순회하면서 심전개발운동을 선전하는 강연을 하였다.

심전개발운동은 농촌진흥운동과 달라서 3년이나 5년의 기간 동안에 효과를 숫자적으로 표시하기는 불가능하다. 따라서 상당히 장기간에 걸치는 계속적 시설이 필요하였다. 그 시설이 불충분하다든가 대중생활의 실제를 고려치 않을 경우에 그 효과는 기대할 수 없었다. 정신개발운동이었던 심전개발운동의 결과는 눈으로 확인할 수는 없다. 하지만 1935년 이후 농촌사회가 상대적인 안정기를 맞이하였다[90]는 점에서 조선총독부의 기대에는 못미쳤지만 일정한 기여를 하였다고 할 수 있다. 일본은 조선에서의 이 두 운동의 성과를 기반으로 전쟁준비에 박차를 가할 수 있었다. 농촌진흥운동과 심전개발운동 모두 1940년까지 지속되기는 하지만 1937년 중일전쟁이 발발한 이후에는 탄력성을 잃게 된다. 조선총독부는 심전개발운동이라는 관제운동을 민간차원의 운동으로 전개하였다. 이러한 필요성에 의해서 이 운동을 총괄적으로 지도할 수 있는 총본산을 건설하도록 불교계에 종용하였다. 총본산 설립의 문제는 다음장에서 검토하고자 한다.

---

90) 지수걸, 앞의 논문, 131쪽.

제7장

戰時統制政策과 敎團의 대응

제1절 朝鮮總督府의 總本寺 설립
후원과 불교계의 대응

1. 朝鮮總督府의 總本寺 설립 추진 배경

일본은 중일전쟁을 도발하여 대륙침략을 감행하고, 모든 국민들이 전쟁에 적극적으로 협력할 것을 강요하는 이른바 총력전체제로 전환하였다. 총력전체제란 모든 국민들이 천황을 중심으로 일치단결하여 세계 재분할 전쟁에서 승리할 것을 준비하는 체제였다. 그 내용은 단지 자원, 자재, 자금, 노동력을 어떻게 배분하는가 하는 물자조달 체제를 구축하는 것과 함께 사상적으로는 통제책을 강화하여 신속한 명령 전달체계를 확립하는 것이었다.[1]

'國民精神總動員運動'(이하 따옴표 생략)은 중일전쟁 발발 직후인 1937년 8월부터 구축되기 시작한 총력전 체제의 일환이었다.[2] 전시체제 하에서 불교계도 국가통제와 동원체제에 편입되었다. 태평양전쟁기에 돌입하면서 전종교계는 광신적인 파시즘 체제의 협력자가 되면서 본래의 종교성을 상실하였다.[3] 식민지 치하에서 불교계는 사찰령이라는 통제적 성격이 강한 법령의 통제를 받으면서 운영되었다. 조선총독부는 중일전쟁 이전까지는 불교계의 31본사를 개별적으로 관리하였다.

일본은 전쟁 상황이 악화됨에 따라서 1938년 조선에서 구축된 국

---

1) 최원규 엮음, 1988,『일제말기 파시즘과 韓國社會』, 청아출판사, 12쪽.
2) 최유리, 1997,『日帝 末期 植民地 支配政策研究』, 국학자료원, 78쪽.
3) 柏原祐泉, 1990,『日本佛敎史』近代, 吉田弘文館, 241쪽.

민정신총동원 체제를 1940년 10월에 국민총력 체제로 전환하였다. 이 때 조선에서 구축된 국민총력 연맹조직은 종래의 국민정신총동원운동과 농산어촌진흥운동이라는 2개의 운동이 통합되어 그 지도력을 결집시켰다. 그리고 산업·경제·문화·종교 등 각 방면의 단체를 총망라해서 통합된 단일기구로서 일원적 지도 체제를 확립하였다.4)

일원적 지도체제 구축은 전쟁상황의 격화와 함께 모든 부분에서 나타났고 불교계도 예외는 아니었다. 불교계의 일원적인 지도체제는 총본사 설립이라는 형태로 나타났다. 총본사 설립은 농촌진흥운동과 함께 실시되었던 심전개발운동과 밀접한 관련을 가진다. 조선총독부는 심전개발운동의 원활한 추진을 위해 각 종교 단체에 연락기관을 세울 것을 종용하였다.5) 나아가서 별도의 강력한 추진기관 설립이 요구된다는 주장이 제기되었다.

1935년 5월에 일본 정토종 포교감독 히사이에 지고우(久家慈充)는 자신의 경험과 조선 사정을 고려할 때 조선 민중의 신앙심을 계발하는 데는 기성교단과는 별도의 유력한 기관이 필요하다는 발언을 하였다. 별도의 기관은 조선총독부가 만들어서 적당한 인물을 배치하고 교계의 유력한 사람들을 고문 또는 위원으로 위촉하여 조사연구계획을 수립해서 함께 노력하는 것이 적절한 방법이라고 생각한다고 하였다.6)

정토종 포교감독의 이러한 제안이 조선총독부 정책에 반영되었는지의 여부는 알 수 없지만 총본사 설립 논의는 1935년 7월부터 본격적으로 시작된다. 이 무렵 재경 본사 주지들이 중심이 되어 조선총독부에서 시달한 심전개발사업 추진 윤곽을 토의하기 위한 회

---

4) 김운태, 1998, 『日本帝國主義의 韓國統治』, 박영사, 455쪽.
5) 中村進吾, 1936, 『朝鮮施政發達史』, 257쪽.
6) 久家慈光, 1935.5, 「心田開發機關을 設けよ」 『朝鮮佛敎』 110, 朝鮮佛敎社.

합을 가졌다.[7] 이 회합에서 재경 주지들은 전조선 불교도를 동원시
켜 우가키 조선총독이 주창한 심전개발운동에 진력할 것을 결의하
였다.[8] 이 사실에서 재경 본사 주지들은 조선총독부와 사전에 교감
이 이루어졌을 것이라는 추정이 가능하다. 조선총독이 역점을 둔
사업의 구체적인 실행방안을 모색하는 모임이었기 때문이다.

1935년 8월 27일에 31본사 주지들은 임시총회를 개최하여 심전개
발운동과 대표기관 설립에 관한 건을 논의하였다.[9] 이 임시총회 이
후 심전개발운동은 일련의 간담회를 통하여 구체적인 세부시안들
이 마련되었지만 대표기관 설립에 대해서 심도있는 논의가 이루어
지지는 않았다. 그러다가 총본사 설립은 1937년 2월에 가서야 다시
논의가 이루어진다.[10]

총본사 설립에 관해서는 정광호[11]와 김광식[12]의 연구가 있다. 정

---

7) 『佛敎時報』 제2호, 1935.9.1, 「朝鮮佛敎心田開發事業促進發起會」. 재경
   주지들은 우가키 조선총독이 聲明하고 主唱한 심전개발사업에 전조
   선불교도들을 총동원하여 이 사업에 진력할 목적으로 발기회를 열었
   다. 발기인은 다음과 같다. 龍珠寺 姜大蓮・奉恩寺 姜聖仁・梵魚寺
   吳梨山・華嚴寺 鄭秉憲・月精寺 李鍾郁.
8) 위와 같음.
9) 『불교시보』 제2호, 1935.9.1. 주요안건의 내용을 살펴보면 다음과 같다.
   一. 巡廻布敎에 干한 件.
   一. 農村布敎에 干한 건.
   一. 心田開發記念에 干한 件.
   一. 代表機關 設立에 干한 건.
   一. 布敎師 講習會에 干한 件.
   一. 私設寺庵 整理에 干한 件.
   一. 寺規宗風肅正에 干한 건.
   一. 托鉢僧侶에 干한 件.
10) 崔錦峰, 1937.4, 「三十一本山住持會同見聞記」 『佛敎』 신2집, 불교사,
    11쪽.
11) 정광호, 1990, 「日本 侵略時期 佛敎界의 민족의식」 『尹炳奭敎授華甲
    紀念韓國近代史論叢』.
12) 김광식, 1996, 「일제하 佛敎界의 總本山 建設運動과 曹溪宗」 『韓國近

광호는 총본사 태고사의 설립동기를 일본 불교가 조선 불교를 병합하려는 음모를 분쇄하기 위한 것에서 비롯되었다고 하였다. 즉 일본 불교인들은 1931년에 '伊藤博文公紀念事業會'란 것을 만들고, 博文寺를 세웠다. 1934년 말에 박문사 주지 우에노(上野)는 "朝鮮佛敎 통치상 조선 승려들에게만 一任 방관할 수 없으니 박문사를 總本山으로 하여 일본 불교에 병합해야 한다"는 합병안을 작성, 중추원에 附議하는 사태가 일어났다.[13] 이러한 음모를 탐지한 김상호가 범어사·통도사 등 유수한 사찰의 원로들을 설득한 결과 불교계의 總帥 寺刹로서 총본사가 탄생하였다고 한다.[14] 그는 불교계의 통일기관인 총본사의 설립동기를 자주적인 측면에서 해명하였다.

김광식은 정광호의 주장을 수용하면서도 한편으로는 1930년대 총본사 설립운동에서 심전개발운동의 영향을 배제하기는 곤란하다고 한다. 그는 정광호가 주장한 김상호의 행적을 신뢰한다면 1935년 7월에 개최된 '朝鮮佛敎心田開發事業促進會'의 발기회에 범어사·통도사의 원로 승려들이 포함되어야 했다고 한다. 그렇지 않으면 두 사찰 원로들의 의견이 재경주지발기회[15]에 반영되었어야 했는데 발기회에 범어사 주지 吳梨山이 포함되어 있었다는 점을 지적하였다. 그는 이러한 전후 사정을 신뢰한다면 총본사 설립운동은 일본 불교도들의 조선불교 병합안을 저지하기 위하여 심전개발운동을 활용한 것이라고 한다.[16]

최근 발표문에서 김광식은 총본사의 설립은 박문사가 조선 불교

代佛敎史硏究』, 民族社.

13) 김법린, 1963.8.9, 「한국 불교의 독립을 위한 투쟁기-조계사는 이렇게 창건되었다-」『大韓佛敎』 41·42호.

14) 정광호, 앞의 논문, 531쪽.

15) 발기인은 龍珠寺 주지 姜大蓮, 奉恩寺 주지 姜性仁, 梵魚寺 주지 吳梨山, 華嚴寺 주지 鄭秉憲, 月精寺 주지 李鍾郁 등 이었다(1935.9, 『佛敎時報』 2).

16) 김광식, 앞의 논문, 416~417쪽.

계를 통합하려는 움직임을 저지하려는 측과 조선총독부로부터 대
표기관 설립을 종용 받은 두 흐름이 1937년 1~2월경에 통합된 결
과라고 한다.[17] 그 근거로서 지방별 본사 연합체의 구성을 들고 있
다. 경남 3본산종무협의회(1934.9), 경북불교협회(1936.2), 전남5본산
연합회(1937.1)의 결성이 그것이라고 한다. 전남5본산연합회는 창립
과 동시에 경남 각 본사를 방문하여 통일기관 설립을 논의하였다.
이 모임에 당시 교무원 이사였던 김상호가 참석하였다고 한다. 이
모임을 통하여 두 흐름이 합류되었다는 것이다.[18]

　요컨대 정광호의 주장은 총본사의 설립계기가 조선불교계의 자
주성을 수호하려는 움직임에서 비롯되었다는 것이다. 김광식의 논
지는 총본사 설립은 조선불교계에서 정체성을 수호하려는 노력과
대표기관을 설립하려는 자주적인 의지가 결합된 산물이라는 것이
다. 그리고 이러한 노력을 조선총독부가 인정할 수 밖에 없었다는
것이다.[19]

　그러나 필자는 정광호와 김광식이 총본사 설립운동을 조선불교
계의 자주적인 노력을 조선총독부가 인정하였다는 점을 전시체제
와 관련해서 다른 관점에서 보고자 한다. 즉 총본사 설립은 전시체
제 수행을 위해서 조선총독부가 조종하였다는 것이다. 그 까닭은
총본사 설립안은 이미 1920년 사이토 총독이 부임할 당시에「朝鮮
民族運動에 關한 對策案」가운데 나타나고 있다. 이 문서에는 경성
에 30본산을 통할하는 총본사를 세우고 중앙집권화를 꾀할 것과 총
본사의 관장에는 친일주의자를 세울 것이 명시되어 있다.[20] 1935년

---

17) 김광식, 2001.10.24,「조선불교조계종의 성립과 역사적 의의」『조선불
　　교조계종의 창립과 주역연구』(조계사 창건 91주년 학술토론회), 9쪽.
18) 김광식, 앞의 글, 9~10쪽.
19) 김광식, 앞의 글, 11쪽.
20)『齋藤實文書』제9권, 1990,「朝鮮民族運動ニ對スル對策案」, 高麗書林,
　　143~151쪽.

8월에 31본사 주지들이 모여서 이미 대표기관 설립에 관한 건을 논의한 적이 있었다. 그런 까닭에 1937년에 가서 경남·북과 전남지역 본사 주지들이 모여서 논의한 통일기관 설립 문제는 큰 의미를 가질 수는 없다고 본다.

조선총독부가 1937년에 총본사 설립문제를 본격적으로 검토한 것이 심전개발운동의 원활한 추진을 위해서라면 시기가 너무 늦다. 심전개발운동은 1937년 7월 7일 중일전쟁이 발발한 이후에는 탄력성을 상실한다. 총본사의 기공식은 동년 7월 27일에 시작되어서 1938년 11월에 준공식과 奉佛式을 거행하였다.[21] 총본사의 설립인가가 난 것은 1941년 4월이었다.[22] 이러한 점을 감안하면 총본사 설립은 심전개발운동과 관련성을 가진다고 하더라도 그 보다는 오히려 전쟁 수행과 연관이 있다고 보는 것이 자연스럽다고 할 것이다.

총본사 설립에 관한 논의는 1937년 2월 조선총독부가 31본사 주지들 앞으로 두 가지 사항에 대하여 서면으로 의견을 제출하도록 공문을 시달한 이후부터 본격적으로 진행된다. 두 가지 사항 가운데 첫 번째는 朝鮮佛敎振興策에 관한 것이었고, 두 번째는 교무원 및 중앙불교전문학교에 대한 개선책이었다. 조선총독부는 동년 2월 26일과 27일에 이 두 가지 건에 대해서 본사 주지들의 의견을 직접 청취하고자 회의를 개최하였다.[23] 31본사의 주지들은 이 회의에 참석하기 전에 1937년 2월 23일부터 25일까지 사전에 모여서 회의를 개최하였다. 2월 23일 회의에는 지방에 있는 주지들이 참석하지 못한 관계로 인하여 조선불교선교양종총본사 각황사 설립과 중앙불교전문학교의 현상유지를 주요 내용으로 하는 幹部案을 제의하기로 결정하였다.[24]

---

21) 총본산건설사무소, 1938.5, 「總本山建設에 관한 告報」『불교』신 제14호, 30~37쪽.
22) 『朝鮮總督府官報』제4273호, 1941.4.23.
23) 崔錦峰, 앞의 글, 「三十一本山住持會同見聞記」, 11쪽.

31본사 주지들은 24일에 원탁회를 개최하여 어제 논의하였던 간부안에 대한 의견교환이 있었다. 이들은 25일에는 총본사 건설안을 가결하는 동시에 기초위원을 선정하였다. 그리고 내일 있을 조선총독부 회동에 대한 주의사항을 협의하고 휴회하였다.[25] 이 사전 회의에서 31본사 주지들은 중앙에 31본사를 통괄할 수 있는 중앙통제기관으로써 총본사의 설립이 필요하다는데 의견을 모았다.[26]

2월 26일 조선총독부에서 열린 31본사 주지 회의 참석자는 31본사 주지들과 미나미 조선총독을 비롯해서 학무국장과 사회교육과장이었다. 이 날 회의를 끝까지 청취하였던 학무국장 토미나가 분이치(富永文一)는 회의 말미에 "통제기관 설치에 대해서는 자신도 31본산 주지들과 의견을 같이 한다. 그러나 총본사를 인정하느냐, 인정하지 않느냐 하는 문제는 조선총독부에서 결정할 것"이라고 하였다.[27]

그렇지만 학무국장은 조선총독부가 직접 총본사를 설치하지는

---

24) 『불교』 신2집, 1937.4, 「교계소식」, 불교사, 59쪽.
  1. 총본산 건설비는 10만원을 한도로 하여 금년내로 완성할 것.
  2. 총본산 유지비 30만원을 갹출할 것.
  3. 명칭은 조선불교선교양종총본산 각황사로 할 것.
  4. 교무원 基地 건물을 총본산 건설에 제공하며 현 각황사는 매각하여 총본산 기지 확충비에 충용함.
  5. 교무원 재단은 총본산 완성 후 該 총본산에 귀속케 함.
  6. 중앙불교전문학교는 당분간 현상을 유지하되 기숙사 및 예과를 신설할 것과 학과목 쇄신과 교원 소질 향상을 도모할 것.
  7. 총본산 실현 援助方法에 대하여 당국에 건의할 것.
25) 『불교』 신 제2집, 1937.4.1, 「교계소식」, 불교사. 이 날 선정된 기초위원은 다음과 같다. 李鍾郁, 林錫珍, 李東碩, 崔英煥, 鄭秉憲, 許永鎬, 權相老, 辛太皓, 姜裕文, 姜性仁, 金法龍, 韓普淳, 朴昌斗, 金包光.
26) 崔錦峰, 1937.4, 「三十一本山住持會同見聞記」 『佛敎』 新 第2輯, 불교사, 10~17쪽.
27) 崔錦峰, 1937.5, 「三十一本山住持會同見聞記」 『佛敎』 新 第3輯, 불교사, 24~29쪽.

않겠다고 하였다. 각 본사와 같은 거찰의 주지 임면권이라든지 또한 주지의 轉勤權과 같은 것은 대단한 권한인데 총본사가 그 같은 권한을 행사할 때 각 지방 승려들이 그 명령에 복종하는데는 용의와 자각이 필요하다고 하였다. 학무국장은 총본산이 성립되더라도 31본사 주지들의 임면권은 조선총독부가 가질 것이라는 점을 시사하였다.[28] 조선총독부는 총본사에 31본사 주지 임면권을 줄 수 없다는 점과 설립인가권을 행사하겠다는 점을 분명히 했다. 이것은 총본사가 설립되더라도 감독하는 것은 물론 필요에 따라 31본사에도 종래처럼 권한을 행사하겠다는 의지를 표명한 것이다.

　지금까지 조선총독부는 31본산을 개별적으로 관리하면서 관권 이외의 통제력이 미치는 것을 원치 않았다. 이러한 이유 때문에 1929년 조선불교계 내부에서 자발적으로 개최되었던 ‘朝鮮佛教禪教兩宗 僧侶大會’[29]의 결과로 탄생한 집행부인 교무원과 중앙종회를 승인하지 않았다. 총본사 성립은 중일전쟁 발발 이후 태평양전쟁이 멀지 않은 시점에서 이루어졌다. 그것은 전시체제가 강화되는 과정에서 불교계를 일원적으로 관리할 수 있는 통일기관의 필요성 때문이라고 보여진다. 이러한 추론은 조선총독부 학무국장 시오하라 토키사부로(鹽原時三郎)가 1940년 11월 28일에 개최된 31본사 주지 회의에서 한 훈시에서 그 단서를 찾을 수 있다.

　　일본은 支那事變의 처리를 완수하는 동시에 나아가 세계의 신질서 건설에 지도적 역할을 담당하기로 되었다. 이 지도적 역할을 다하기 위하여는 국민의 총력을 최고도로 발휘하여 소위 고도국방국가의 체제를 정립해야만 한다 … 당국은 이 匡正을 꾀하고저 제일로 조선

---

28) 위와 같음.
29) 朝鮮佛教禪教兩宗 僧侶大會에 대해서는 다음 논문을 참조할 수 있다. 김광식, 1996, 「朝鮮佛教禪教兩宗 僧侶大會의 개최와 성격」 『韓國近代佛教史研究』, 民族社.

불교를 統合醇化의 필요성을 인정하고 31본사의 요망에 의거하여 강
화된 중앙지도통제기관으로서 총본사를 설립할 방침을 확립한 것으
로 …30)

요컨대 조선총독부는 전쟁을 효과적으로 수행하기 위해서는 고
도국방국가체제로 전환이 필요하였다. 이러한 필요성이 불교계에는
총본사 체제의 수립이라는 형태로 나타났다. 조선 불교계의 여망을
수렴하여 조선총독부가 총본사 설립을 인정하였다는 고도의 기만
술책을 사용하였다. 전시 비상시국 체제하에서 조선총독부는 31본
사들을 통괄하면서 시달되는 지침을 신속하게 수행할 수 있는 총본
사를 필요로 하였다. 이러한 사실은 宗正에게 宗會 議長職을 겸직
하도록 한 데서 그 단서를 찾을 수 있다.31) 태고사법 제6장 52조에
는 다음과 같이 명시되어 있다.

> 총본사에는 중앙 종회를 두고 본사에는 지방 종회를 둔다. 중앙 종
> 회는 종정 및 본사 주지로 조직한다. 중앙 종회 의장은 종정이 되고
> 종정이 사고가 있을 경우 종회 의원 중에서 假議長을 선출한다. 가의
> 장은 연장의 종회원으로 의장의 직무를 대리한다.32)

조선총독부는 전시체제 하에서 불교계의 행정권과 입법권을 통
합시켜서 원하면 무슨 일이든 손쉽게 처리할 수 있는 체제를 갖추
었다. 31본사 주지들은 조선총독부에서 회의를 마치고 2월 28일부
터 3월 5일까지 교무원에서 세 차례의 회의를 가졌다. 이들은 조선
총독부에서 검토하였던 사안들에 대하여 구체적인 실행방안들을
토의하였다. 첫째 날인 28일에는 임시 집행부가 구성되었다. 의장에

---

30) 학무국장 훈시요지, 1940.12, 「新體制下에 朝鮮佛敎를 再興하라」 『佛
    敎』新 제28집, 2~3쪽.
31) 『조선불교교조계종태고사법』 1941.5, 태고사법 제6장 종회 제52조.
32) 위와 같음.

李鍾郁이, 부의장에는 林錫珍이 선출되었다. 본 의안을 심의하기 전에 심사위원 14인을 선정하기로 하였다. 심사위원[33])은 전형위원 5인[34])을 선임하여 그들로 하여금 선정하게 하였다. 선정된 심사위원은 주지회의 안건 제1호부터 제3호[35])까지를 심사하여 보고하게 하였다.

본사 주지회의는 총본사 건설비와 유지비 40만원은 1924년 재단법인 교무원 설립시에 기금 60만원을 확보하였던 것과 같은 방법으로 하기로 결정하였다. 즉 각 사찰이 분담금을 납부하기로 하였다. 宗正과 宗務總長 그리고 각 部長의 선출방법과 임기를 확정하였다. 총본사의 명칭은 朝鮮佛敎禪敎兩宗總本山 覺皇寺로 하였으며 위치는 경성부 수송정 44번지 재단법인 교무원 기지에 두기로 하였다. 각황사는 매각하여 기지 확장비에 충당하기로 하였다. 현 재단법인 교무원은 총본사 건설이 완료될 때까지만 유지하고 설립이 완료되면 해체하여 총본사에 귀속시키기로 하였다.[36])

---

33) 『불교』신 제4호, 1937.6, 불교사, 「교계소식」, '三十一本山住持會議抄錄,' 47~52쪽. 선정된 심사위원은 다음과 같다. 李鍾郁·林錫珍·姜性仁·朴昌斗·權相老·李同碩·許永鎬·金法龍·姜裕文·韓普淳·崔英煥·金包光·莘太皓·鄭秉憲.
34) 위와 같음, 선임된 전형위원은 다음과 같다. 車相明·林錫珍·李鍾郁·朴暎熙·金靖錫.
35) 『불교』신 제4호, 1937.6, 「교계소식」 '31本山住持會議抄錄', 50~52쪽. 이 회의는 2월 26일과 27일간 조선총독부에서 총본사 건설에 관한 회의를 하고 나서 31본사 주지들이 교무원에서 개최되었다. 제1안은 '朝鮮佛敎禪敎兩宗總本山建設의 件'이다. 명칭·위치·건설비 및 유지기금·부과방법·징수방법·징수기간을 명시하였다. 제2안은 '總本山機構에 關한 件'이다. 본산에 大宗正 1人을 둔다는 것과 종정 하에 종무총장 1인을 두며 庶務·敎務·財務 등의 부서를 둔다고 되어있다. 종회는 31본산 주지와 주지회에서 선출한 특선종회와 합 41인의 종회의원으로 구성된다는 것이다. 제3안은 '朝鮮佛敎禪敎兩宗宗議機關에 關한 件'이다.
36) 위와 같음.

총본사가 인가될 즈음에 조선불교총본사설립위원회가 조직되었다. 이 위원회의 설립 목적은 조선불교총본사 설립에 관한 사무처리를 위해서였다. 그런데 그 위원회의 사무소가 조선총독부 학무국 사회교육과에 두어졌다. 회장은 조선총독부 학무국장 시오하라 토키자부로(鹽原時三郎)였다. 2명의 부위원장 가운데 1명은 조선총독부 사회교육과장이었던 桂珖淳이 이었고, 나머지 1명의 부위원장은 월정사 주지였던 이종욱이었다.[37]

고문은 각도 내무부장과 기타 학교 경험이 있는 자 중에서 회장이 위촉할 수 있도록 되어 있었다.[38] 학무국장은 총본사설립위원회 위원장의 자격으로 총본사 설립과정에서 일어나는 모든 일을 보고 받았을 것이다. 조선총독부 지침에 따라서 지시를 내렸으리란 것은 쉽게 추측할 수 있다.

총본사가 조선총독부의 지시에 의해서 성립되었다는 논거는 이렇다. 첫째 조선총독부는 1920년대부터 총본사 설립에 관한 구상을 가지고 있었다. 둘째 총본사 성립의 계기가 된 1937년 2월 26일과 27일 31본사 주지회의의 의제가 조선총독부에서 시달되었다. 그리고 31본사 주지들이 조선불교진흥책에 관한 대책을 논의하는 자리에서 총본사 건설 안을 확정지어졌다. 셋째 1940년 학무국장 훈시에서 비록 '31본사의 요망에 의거하여'라는 표현이 있기는 하지만 조선총독부에서 총본사 설립 방침을 확정하였다는 것이다. 넷째 朝鮮佛教總本寺設立委員會의 위원장이 학무국장이고 2명의 부위원장 가운데 한 사람이 사회교육과장이라는 점이다.

총본사설립위원회가 조직될 무렵 불교계에서는 宗名 개정에 관한 논의가 이루어졌다. 1940년 11월 31본사 주지들이 모여서 총본사 건설에 대한 회의를 열었다. 이들은 종래 조선불교선교양종이라

---

37) 『매일신보』 1940.11.29, 「불교의 합동구체화」.
38) 『불교』 신 제29집, 1941.5, 「휘보」, 불교사, 78쪽.

고 사용해 오던 종명을 조선불교 曹溪宗이라고 개정할 것을 결정하고, 太古寺 사법과 함께 인가를 신청하였다.39)

1939년 5월 총본사건설사무소는 총본사의 寺名을 태고사로 확정40)하고, 조선총독부에 인가를 신청하였다.41) 총본사의 명칭은 종래에 논의가 되어오던 각황사와 태고사 사이에서 태고사로 확정되었다. 총본사의 명칭이 태고사로 확정된 것은 조계종의 법통을 고려말의 太古和尙과 연결시키려 한데서 비롯된 되었다.42) 태고사의 인가는 신청한 지 일년의 세월이 지난 1940년 5월에 확정되었다.43)

총본사 태고사는 그 후로도 1년여의 세월이 흐른 1941년 4월 23일자로 사찰령시행규칙을 개정하여 인가되었다.44) 현행 사찰령시행규칙에는 31본사만 규정되어 있고 총본사에 관한 규정이 없었기 때문이다. 사찰령시행규칙은 경기도 廣州郡의 奉恩寺에 경성부의 태고사를 포함시키는 형태로 개정되었다.45) 태고사법은 5월 1일자로 인가되었다.46) 총본사는 종래에 본사가 없었던 경성부에 태고사라

---

39) 廣田鍾郁, 1941.1.15, 「各自의 固執을 버리고 全體主義로」『불교시보』 제66호.

40) 총본산건설사무소는 총본사 건물은 전라북도 정읍에 있던 보천교의 십일전을 해체하여 옮겨와 총본사 건물을 짓기로 하였다. 1937년 6월에 시작한 공사는 1938년 11월 25일에 완공되어 준공식과 봉불식을 함께 거행하였다(총본산건설사무소, 1938.5, 「총본산건설에 관한 고보」 『불교』신 제14호, 30~37쪽).

41) 『佛敎』신 제22집, 1940.3, 「彙報」, 불교사, 43쪽.

42) 金山泰洽(김태흡의 창시개명한 이름), 「曹溪宗旨」『불교시보』 제70호, 1940.5.1.

43) 『불교』신 제25집, 1940.7, 「휘보」 '總本山認可內示', 45쪽. 이 기사에 따르면 1940년 5월 6일 鹽原학무국장이 31본산 주지 대표 이종욱씨를 招致하여 총본산 인가문제에 대하여 "조선총독 및 정부총감의 최후 결재가 끝났다"고 하였다. 그리하여 "총본사 인가는 다만 사무적 수속만 남았으므로 그 실현은 목전의 사실이다"라고 하였다고 한다.

44) 『조선불교교조계종태고사법』, 1941.5.

45) 『朝鮮總督府官報』 제4273호, 1941.4.23.

는 1개의 본사를 추가한 데 지나지 않았다.

1941년 6월 5일 태고사에서 31본사 주지 회의가 열렸다. 태고사 주지 즉 종정 선거를 실시한 결과 方漢岩이 당선되었다.[47] 월정사 주지였던 이종욱이 종무총장으로 내정되었고, 10월 3일자로 인가되었다.[48]

방한암 종정이 취임을 승낙한 사실에 대하여 김광식은 총본사 운영에 있어 종래의 통념과는 달리 종정이 인사문제에 적극적인 권한을 행사하였다고 한다. 종정은 종무총장의 자격조건을 제시하였고, 조선총독부 측은 총본사 주지 즉 종정의 의견을 존중한다는 것으로 타협이 이루어졌다고 한다.[49] 총본사가 성립하던 초기에 종정은 자신에게 주어진 총본사 인사권을 조선총독부 당국과 협의를 거쳐 일정 부분 행사하였다.[50]

조선총독부는 총본사의 재원을 마련해 주는 것과 불교계에 대한 원조를 전제로 방한암에게 일정한 타협안을 제시하였다.[51] 그 내용

---

46) 『朝鮮佛敎曹溪宗總本寺太古寺法』, 社敎 第23號, 1941.4.23.
47) 『불교시보』 제71호, 1941.6.15 「총본사 태고사 주지선거」.
48) 『불교』 신 제31호, 1941.12, 불교사, 「종무일지」, 55쪽.
49) 김광식, 앞의 발표문, 16쪽.
50) 『寺刹關係書類』 1941, 「太古寺宗務總長, 三部長及顧問 銓衡方法」(정부기록보존소 문서). 방한암 종정은 종무총장 및 3부장 및 고문의 자격조건을 다음과 같이 제시하였다.
　一. 總本寺 太古寺 설립에 관해서 특별한 공적이 현저한 자.
　二. 본사 주지직에 있는 자 또는 본사 주지였던 경력을 가진 자.
　三. 全鮮 불교의 일원적 통제기관으로써 남북의 균형을 保持할 것.
　四. 총본사 태고사의 재정안정이 확실하게 될 때까지 잠정적 조치로서 본사 주지직에 있는 자가 총본사 간부를 겸임하는 것도 지장이 없게 할 것.
　五. 본건 전형에 대하여 총본사 주지의 의견을 존중할 것.
51) 『寺刹關係書類』 1941, 「方漢岩トノ打合事項」, 정부기록보존소 문서. 그 대강의 요지는 다음과 같다.
　1. 조선불교진흥책으로써 불교도의 다년간의 요망에 의해서 총본사를

은 불교도의 여망에 부응해서 종정 자신이 종무에 참여하여 총본사의 기구를 정비하고 晉山式[52]을 거행하여 금후 자치적 발전책을 강구한다는 것이었다. 그러나 방한암은 총본사의 종무에 참여하지 않았고 진산식에도 참석하지 않았다는 점에서 이 타협안이 수용된 것 같지는 않다.[53]

정무총감은 총본사 운영자금 마련을 위해 1940년 8월 23일 다음과 같은 통첩을 시달하였다. "금년 3월 31일 31본사 주지회의에서 총본사의 기본재산 백만 원을 조성하겠다고 결의하였다. 아직 기금이 마련되지 않은 까닭에 1940년 현재 법정지가 1,500엔 이상을 소유한 사찰은 소유지가의 1할을 총본사에 무상양여하라"고 지시하였다.[54]

불교계는 이제 총본사, 본사 그리고 말사로 분류되었다. 조선총독부는 총본사가 전국의 본말사를 통괄·지휘 감독하게 하였다.[55] 태고사는 31본사를 총괄하는 최고 기관임에도 종정에게 31본사 주지의 임면권이라든지, 사찰 재산 처분권을 인가하는 등의 실질적인

설립하고 또 그 기본재산의 조성에 대하여 적극적으로 원조한다. 타종교와의 관계에 있어서 금후 조선불교에 대해서 각별히 원조하는 것은 불공평하다는 비난을 면할 수 없으므로 조선 불교도의 여망에 부응해 종정 자신이 나서서 총본사의 기구를 정비하고 진산식을 거행하여 금후 자치적 발전책을 강구하게 한다.
2. 종정의 선출은 31본사 주지의 선거에 의하게 하고 종무총장 및 3부장의 선정은 종정의 의사에 따라서 정하고 관의 인가를 받게 할 것, 종정의 의사표시가 없는 한 官에서 그들을 선출하는 것은 불가능하다. 그런 까닭에 종정에게 선정하게 해야 한다.
3. 종무총장 및 3부장의 선정 방법은 인정할 수 있는 어떤 방법에 의하든 타당성을 믿을 수 있어야 하며 종무총장 및 3부장은 別紙 기재의 내용을 참고로 제공한다.
52) 새로 임명된 주지가 처음 그 절에 들어가는 의식 곧 취임식을 뜻한다.
53) 『불교시보』 제71호, 1941.6.15, 「방한암 대선사 종정 추대 승낙」.
54) 『불교시보』 제62호, 1940.9.15, 「총본사 창설에 대한 정무총감의 통첩」.
55) 앞의 책, 『조선불교교조계종태고사법』, 제9조.

권한은 부여하지 않았다. 이러한 점은 조선총독부가 총본사를 31본
사의 통제관리를 통하여 보다 효율적인 전시체제를 수행을 하기 위
한 수단으로 이용하려 한 것이라고 이해된다.

총본사가 인가됨에 따라서 재단법인 교무원은 총본사가 성립될
때까지만 존속시키기로 한 결정에 따라 성격이 전환되었다.[56] 재단
법인 교무원은 포교와 교육사업을 추진할 목적으로 전국 31본사의
기부행위에 의하여 성립하였다.[57] 총본사 성립 이후에는 재단법인
교무원은 정관을 변경하여 총본사의 관리하에 두기로 한 결의에 따
라 명칭을 曹溪學院으로 변경하여 총본사에서 관리하게 되었다.[58]

조선총독부는 중일전쟁이 발발한 이후 황민화정책을 일층 강화
하였다. 전쟁이 격화되어감에 따라 전쟁수행에 필요한 물자와 인력
을 조선에서 조달하고자 하였다. 이러한 목적에 따라서 조선총독부
는 행정체계를 일본의 일원화 된 체제를 모방하여 능률적으로 통제
감독할 수 있도록 하였다.[59] 불교계의 총본사 설립도 조선총독부의
이러한 행정체계 일원화 정책의 일환으로 추진된 것으로 이해된다.

2. 교단의 호응과 소수파의 저항

총본사 설립에 대한 반응은 당시 교단지도부라고 할 수 있는 31
본사 주지들의 입장, 재야 세력인 한용운의 견해, 그리고 당시 언론
의 반응을 살펴보도록 하겠다. 31본사 주지들은 그들의 의견을 통

---

56) 최금봉, 1937,「三十一本山住持會同見聞記」『불교』신 제3집, 불교사.
    6, 28~29쪽.
57)『朝鮮佛敎各種會錄』(2) 韓國近現代佛敎資料全集 67권,「財團法人朝鮮
    佛敎中央敎務院寄附行爲定款」, 1996.9.
58)『조선총독부관보』, 제4646호, 1942.7.24.
59) 김운태, 앞의 책, 464~465쪽.

합하고, 조정할 수 있는 중앙통일기관의 필요성을 느끼고 있었다. 그러나 31본사 주지들이 그러한 필요성을 느꼈다고 하더라도 사찰령이 존속하는 한 그것이 실현되기는 현실적으로 어려운 일이었다.[60] 더구나 통일기관이 성립하여 그 首長이 본사 주지들의 임면권을 행사하게 된다면, 현재 주지들 가운데는 자신이 주지가 될 수 없다고 생각하는 승려들은 반대할 것이었다.[61] 조선총독부가 구상하고 있는 총본사는 31본사 주지들의 임면권을 가지고 총괄하는 실질적인 영향력을 가진 기구는 아니었다.

1930년대 초반 심전개발운동이 진행될 무렵 총본사 설립 문제가 대두 되었을 때 한용운은 조선총독부의 구상과는 사뭇 다른 자주적인 총본사를 생각하고 있었다. 그가 생각한 총본사는 당시 31본사를 영도할 만한 실권을 가진 총본사였다. 통일기관인 총본사는 31본사의 주지를 임면할 수 있는 권한과 각 본사의 사법을 하나로 통일시킬 수 있는 그런 총본사였다. 총본사가 불교계 내부의 문제를 자율적으로 해결할 수 있는 그런 체제로 인식하였다.[62]

그러나 조선총독부가 구상하고 있는 총본사의 내용을 알고 난 한용운은 개탄을 금치 못했다. 1937년을 회고하고 신년을 전망하는 글에서 그는 새롭게 성립되는 총본사의 실상을 정확하게 파악하고 있었다.

> 과거 일년간 조선불교계의 屈指할 만한 사건을 말하자면 第一은 총본산 건설운동이다. 그런데 이것이 하루 아침에 이루어진 것이 아니고 세계의 대세와 밀접한 관련이 있다. 세계 각 국의 정치적 대세는 민주주의에서 파쇼주의로 전향하는 도중에 있다. 파쇼라는 것은 독재를 의미하는 것이므로 그 영역이 국가적이요, 그 방법이 통제적이다.[63]

---

60) 김광식, 앞의 논문, 409쪽.
61) 한용운, 1931.10,「朝鮮佛敎의 改革案」『불교』제88호, 불교사, 3∼5쪽.
62) 위와 같음.

총본사의 설립 목적이 불교계를 통제하기 위한 것임을 간파한 한
용운은 불교도들에게 시국의 중대함을 인식해야 한다고 역설하였
다. 총본사의 역할이 잘못되면 스스로 무덤을 파는 것과 마찬가지
라고 하였다. 그렇다면 차라리 통제가 없이 현상을 유지함만도 같
지 못할 것인즉 깊이 경계해야 할 때임을 자각해야 한다고 불교도
들의 각성을 촉구하였다.[64]

이러한 우려는 멀지 않은 시점에서 현실로 나타났다. 1937년 6월
에 시작한 총본사 신축공사는 1938년 10월에 낙성식을 가졌다. 이
낙성식을 계기로 31본사 주지회의가 개최되었다. 이 회의에서 내린
결론은 조선총독부에서 법적으로 총본사를 인가해 주기를 기다리
자는 것이었다.[65]

31본사 주지들의 이러한 행태에 대하여 한용운은 총본사가 주식
회사나 재단법인과 같은 것이 아닌 이상 행정당국의 인가를 기다린
다는 것은 이해할 수 없는 일이라고 논박하면서 다음과 같이 비판
하였다.

　　법적인가를 필요로 하는 것은 법령으로 규제되어 있는 사항에 국
한된 일이다. 그 외에 사항은 당사자의 자유에 속하는 일이다. 불교도
들이 총본산의 법적구성을 요망하는 것은 총본산을 인가하는 신법령
을 제정하여 달라는 것이다. 사람은 될 수 있는대로 법적 구속에서
벗어나려고 하는 것이 일반적인 일이다. 지금 31본사 주지들이 하고
있는 일은 없는 법령을 만들어 달라고 하고 있다. 총본사를 창설하는
것이 조선불교도의 幸이라고 하느니보다 도리어 불행이 될지도 모르
니 불교도는 각성하라.[66]

---

63) 한용운, 1937.12,「朝鮮佛敎에 대한 過去 一年의 回顧와 新年의 展望」
　　『불교』신 제9집, 불교사, 2~7쪽.
64) 위와 같음.
65) 卍海, 1938.11,「總本山創設에 對한 再認識」『불교』신 제17집, 불교사,
　　2~6쪽.
66) 위와 같음.

한용운은 총본사가 설립된 이후에 불교계에서 자발적으로 조선
총독부에 인가를 신청한 사실을 불교계의 통제를 강화하려는 파쇼
정권의 독재 권력화 과정으로 이해하였다. 총본사의 설립이 그렇게
환영할만한 일은 아니며, 불교도들에게 조선총독부의 강화되는 통
제를 경계해야 한다고 주의를 환기시켰다.

당시 언론에서는 총본사의 설립을 어떻게 보았을까. 총본사의 성
립인가가 날 무렵인 1940년 4월 3일자 『朝鮮日報』 기사를 보면 다
음과 같다.

> 총본사의 절 이름은 이미 보도한 바와 같이 북한산에 있는 고려시
> 대의 고찰 태고사를 옮겨다가 붙이기로 되어 조선총독부에 신청하고
> 있다. 이리하여 공포 실시되는 총본사는 '太古寺'라는 이름으로 세상
> 에 번듯이 나타날 터이며 여태까지 통제없이 분산적으로 행동하여
> 오던 전조선 수만의 승려대중을 중앙집권제로써 통제 지휘하여 불교
> 의 확정을 단행하고 사회교화에 힘을 돌리게 될 터이다.[67]

『朝鮮日報』의 총본사 인식은 조선총독부가 총본사를 설립하게
된 배경과 그 근본적인 의도를 파악하지 못하고 조선불교계를 자율
적으로 영도할 수 있는 통일기관으로서 인식하였다.

『東亞日報』 역시 유사한 논조의 기사를 싣고 있다. "조선불교가
아직도 舊套를 벗지 못하는 상태에 있고 교세가 그다지 발전되지
못하는 주된 원인은 종래 조선의 사찰을 통할하는 기관이 없어서
승려의 정신적 결합을 도모할 수 없는데 있다. 이번에 조선총독부
에서는 경기도 고양군 소재인 태고사를 경성부에 이전하여 총본사
로 하고 재정감독 기타 법령을 개정하려 목하 심의 중이다"라고 하
여 조선일보와 거의 같은 인식을 보여 주고 있다.[68] 전시체제하에

---

67) 『조선일보』 1940.4.3, 「基金百三十萬圓으로 三十一本山 總本山을 確立
    數萬僧侶를 中央集權制로 統制」.
68) 『동아일보』 1940.7.3, 「佛徒의 精神結合促進 總本寺太古寺建設 寺刹關

제7장 戰時統制政策과 敎團의 대응 203

서『東亞日報』와『朝鮮日報』도 비판의 목소리를 낼 수 없었다.

이 무렵 조선총독부가 불교계에 하나의 걸림돌처럼 여기는 단체가 있었으니 선학원이 그것이었다. 선학원은 식민지 시기를 통하여 다른 사찰에 비하여 비교적 자주적인 노선을 견지하였다고 할 수 있다. 1934년에 財團法人 朝鮮佛敎禪理參究院으로 개편되었다. 당시『매일신보』기사를 보면 조선총독부는 재단법인 교무원과 선리참구원이 존재하여 많은 피해가 있다고 판단하였다. 1942년 3월에 교무원은 曹溪學院으로 개칭되어 태고사의 통제하에 두어졌다. 조선총독부의 입장에서 볼 때 존립해야 할 아무런 이유가 없는 중앙 선리참구원을 어떻게 하느냐 하는 것이 문제였다. 선리참구원은 법령상 사찰도 아니요, 포교상 아무 존재 이유를 가지지 못하는 것이었다. 선리참구원은 불교를 포교하는데 암적인 존재 밖에 안된다는 것이다. 조선총독부는 현재 내용과 구성·인원 등을 자세히 조사하는 중인데 조사가 끝나는 대로 통제될 단계에 이른 것은 명확하다고『매일신보』는 전하고 있다.[69]

조선총독부가 선리참구원을 어떻게 하던지 통제하려는 모습을 보이고 있음을 알 수 있다. 이러한 탄압정책으로 인하여 선리참구원도 중일전쟁 이후에는 1938년 8월부터는 출정부대의 送迎 및 사망자 유족의 위로행사에 참여하였다.[70] 1941년 9월 3일에는 전국 各 寺 선원에 공문을 띠워 모금된 황군위문금 159圓 23錢을 매일신보사에 납부하기도 하였다.[71] 전시체제 하에서 선학원의 성격도 변모될 수 밖에 없었다.

係法令의 改正도 審議」.
69)『매일신보』1942.8.6,「佛敎서도 內鮮一體로 宗敎報國에 新機軸」.
70)『불교』신 제8집, 1937.11,「교계소식」, 49쪽.
71)『불교시보』제75호, 1941.10.15,「禪學院의 皇軍慰問金 獻納」.

제2절 戰時體制 수행을 위한
敎團統制와 교단의 추종

1. 中日戰爭期의 '宗敎報國'

조선총독부는 중일전쟁 발발 1주년을 기해서 1938년 7월에 국민
정신총동원운동 조선연맹을 조직하였다. 불교계도 국민정신총동원
운동에 참가할 것을 지시하였다.[72] 이러한 지침을 받은 재단법인
교무원은 7월 25일자로 31본사 주지들에게 지시사항을 발송하여 모
든 신도들을 애국운동에 참가시키도록 하였다.[73]

1940년 10월에 국민총력 조선연맹이 조직되자 불교계는 전국의
각 교구 본사별로 국민총력 불교연맹을 조직하였다. 1941년 2월 13
일 전북 도청에서는 도내 각 사찰 주지 및 포교사를 모아서 국민총
력 전북 조선불교연맹을 결성하였다.[74] 같은 해 4월 6일에는 경성
동대문 밖 開運寺에서 승려 200여 명이 모여 국민총력 봉은본말사
연맹결성식을 거행하였다.[75]

일본은 중일전쟁이 장기화되자 시국의 중대성에 비추어 종교단

---

72) 『매일신보』 1938.8.1, 「十萬의 朝鮮佛敎徒 一大 愛國運動展開」.
73) 위와 같음, 지시사항의 내용은 각 말사 또는 포교당에는 천황의 御殿
    牌를 봉안하고 조석으로 하는 기도에 황군의 무운장구를 기원할 것,
    조선옷을 입고 외국품을 사용하지 말고 粗衣粗食 주의를 실천할 것,
    고무신 대신 짚신과 미투리를 신고 성냥도 될 수 있는대로 절약하고
    부싯돌을 쓸 것, 매월 초하루를 근로보국일로 정하고 수입은 전부 저
    금할 것 등 11개 조항의 실천항목이었다.
74) 『불교시보』 제68호, 1941.3.15, 「국민총력 전북 조선불교연맹결성식」.
75) 『불교시보』 제70호, 1941.5.15, 「교계소식」 '국민총력봉은본말사연맹결
    성식'.

체의 지위 및 보호감독의 관계를 명확하게 할 필요성을 느꼈다.[76]
이러한 필요성에서 종교단체법은 1939년 3월 23일 중의원을 통과함
으로써 시행되게 되었다.[77] 1939년 4월 8일 법률 제77호로 공포된
종교단체법[78]은 전문 36조로 구성되었다.

주요 내용은 종교단체를 설립하고자 할 때 설립자는 敎規·宗制
또는 교단규칙을 갖추어 주무대신의 인가를 받아야 한다는 것이었
다. 종교단체법은 사원 또는 법인화 된 교회는 명령이 정한 바에 따
라서 보물 기타 부동산 등 중요한 재산을 지방장관이 보관한 사원
재산대장에 등록할 것을 규정하였다. 가능한 모든 종교단체는 법인
화할 것과 법인으로 등록된 종교단체는 칙령이 정한 바에 따라 등
기함을 요한다는 것이었다.[79]

이 법에 따르면 종교단체 또는 종교 교의의 선포나 또는 의식집
행, 종교상의 행사가 안녕질서를 방해하거나 신민된 의무에 배치될
때 주무대신은 이를 제한 또는 금지할 수 있도록 규정되어 있었
다.[80] 뿐만 아니라 교사의 업무를 정지하거나 또는 종교단체의 설
립을 취소할 수도 있었다. 종교단체법의 성립으로 일본 당국은 종
교단체가 불온한 움직임을 보이면 해산시킬 수 있는 권한을 가질
수 있게 되었다.

이러한 종교 단체법의 시행에 대하여 『東亞日報』는 1940년 2월
10일 사설에서 다음과 같은 우려를 표명하였다.

금번에 실시될 종교단체법이 기성종교와 신흥유사종교의 외형적

76) 深谷善三郎, 1939,『宗敎團體法解說』, 東京, 中央社, 11쪽.
77)『매일신보』1939.3.24,「종교단체법 중의원 본회의 통과」.
78) 戸村政博, 1976,『神道とキリスト敎』, 日本近代キリスト敎史資料 1, 新
    敎出版社, 397~405쪽.
79) 위와 같음.
80) 위와 같음.

통제에만 그치지 않고 그 종교의 교리와 敎規에 대한 내용적 통제까
지 손을 대고 있다. 특히 전시하의 종교통제는 전시적 성격이 가장
강렬히 반영되는 만큼 금번의 종교통제법의 적극적 지표가 단순히
종교의 내용과 그 교규를 통제하는 데 그치지 않고 종교활동의 시국
적 통합에 주력하고 있음이 사실이다.[81]

『동아일보』는 종교단체법의 시행으로 전시체제 하에서 종교단체
를 시국적으로 활용하려는 저의가 있음을 지적하였다. 중일전쟁 이
후 국민정신총동원 체제를 가동시키면서 일본 정부는 모든 종교를
전쟁 목적에 이용하고자 하였다.

종교단체는 '大東亞共榮圈' 건설에 매진하고 세계 신질서 수립에
협력할 것을 선언하면서 종교성을 벗어 던지고 沒我報國·堅忍不
拔의 정신을 함양시키는 일에 나서게 되었다.[82] 이러한 상황은 조
선에서도 마찬가지였다. 종교계의 전쟁 참여는 '宗敎報國'이라는
이름으로 나타났다. 중일전쟁 이후 전쟁터가 아닌 후방에서 벌어지
는 모든 행사에는 '銃後報國'이라는 말이 붙어 다녔다.

중일전쟁이 발발하자 재단법인 교무원은 1937년 7월 25일과 8월
1일에 황군의 국위선양과 武運長久를 비는 법요식을 전국 31본말
사에서 일제히 개최하였다. 이 법요식에서 모금된 국방헌금과 출정
장병의 위문금은 각각 지방군사연맹을 통하여 헌납되었다. 1937년
9월 1일자로 발행된 『불교시보』에 실린 전국에서 모금된 국방헌금
합계는 2,570엔 30전이었다.[83] 중일전쟁기 승려들은 家家戶戶를 방
문하여 시주를 받는 탁발을 통해서 국방헌금을 납부하기도 하였
다.[84]

총본사 설립인가를 앞두고 조선총독부는 31본사 주지회의를 소

---

81) 『동아일보』 1940.2.10, 「宗敎團體法 실시를 앞두고」.
82) 柏原祐泉, 1990, 『日本佛敎史』近代, 吉田弘文館, 249~250쪽.
83) 『불교시보』 제26호, 1937.9.1, 「교계소식」.
84) 『불교시보』 제51호, 1939.10.1, 「홍남 불교포교당의 탁발국방헌금」.

집하여 새로운 중앙통제기관으로서 태고사의 역할을 설명하였다. 태고사가 31본사를 총지휘해 갈 것은 물론 전조선 사찰에 소속된 재산과 기타 부속된 것을 통괄한다고 밝혔다. 조선총독부는 재산관리에 관한 사항도 일체 감독하게 하기 위해서 새로운 기구를 마련하였다고 하였다.[85] 그러나 이것은 총본사에 부여된 실질적인 권한과는 거리가 있는 것이다. 총본사가 31본사를 지휘한다는 것은 조선총독부의 지시사항을 전달하고 그 결과를 수합하는 데 지나지 않았다. 총본사 성립 이후에도 寺有토지 매각과 寺有林 벌채 허가에 관한 사항이 조선총독부에서 나오고 있었기 때문이다.[86]

1938년 3월 4일에 조선인 지원병제도를 뒷받침하기 위해서 칙령 제103호로 공포된 제3차 조선교육령이 공포되었다. 이후 조선총독부에서 실시하였던 모든 정책에는 '皇民化'(이하 따옴표 생략)라는 말이 사용되었다.[87] 이 시기에 조선총독부가 각종 단체에 시달한 모든 지시사항은 전쟁지원 사업이었다고 해도 과언이 아니다.

중일전쟁 이후 조선총독부는 조선인들로부터 정신적·물질적인 지원을 끌어내기 위해서는 조선인에 대한 정보와 사상통제를 필요로 하였다. 1937년 7월 22일 '朝鮮情報委員會'를 설치하였다. '조선정보위원회'는 조선에서의 정보개발 선전에 관한 중요한 사항을 조사·심의하였다.[88] 교무원의 서무이사 金尙昊는 '정보위원회'가 주최한 국민정신총동원 및 '非常時財政經濟協力方策綜合宣傳週刊實施懇談會'에 참석하였다. 그는 중일전쟁 발발 이후 지금까지 전조선 각 불교단체의 諸種 헌납금품을 조사·통계한 결과 국방헌금 10,034엔 71전, 위문금 10,414엔 98전 합계 20,499엔 69전, 위문금품

---

85) 『매일신보』 1940.11.14, 「宗敎報國의 戰士로 佛敎도 新出發 準備」.
86) 대한불교조계종 총무원, 2001.7, 『일제시대 불교정책과 현황』 하권, 13~ 331쪽.
87) 최유리, 앞의 책, 57쪽.
88) 國民總力朝鮮聯盟 編, 1945, 『朝鮮に於ける國民總力運動史』, 19쪽.

1,637건임을 보고하였다.[89)]

일본은 중일전쟁 이후에 조선에서의 志願兵制 실시를 결정하였다. 조선총독부의 과제는 일본군 내에서 조선인 병사들을 사상적으로 일본인화 하는 황민화정책을 시행하는 것이었다.[90)] 이러한 목적에서 1940년 2월 11일부터 조선인의 창씨개명이 실시되었다. 총본산건설사무소는 創氏改名令이 발표되자 같은 해 6월 17일에 시내각 포교소 담임자를 불러서 창씨개명에 대한 무료상담소를 각 교당에 두고 운영하기로 결의하였다. 소정기한 내에 창씨개명이 빠짐없이 실행될 수 있도록 할 것과 수속사무를 대행할 것 등을 토의하였다.[91)]

31본사 주지들은 1940년 2월부터 그 해 연말까지 모두 창씨개명하였다.[92)] 조선인의 이름을 일본식으로 바꾸는 창씨개명은 그 의도가 1942년 5월 일본 閣議에서 결정된 조선에서의 징병제 실시와 관련이 있다.[93)] 창씨개명의 목적 가운데는 조선인이 일본 군대에 징집되었을 때 일본식 이름이 아닌 조선인의 이름으로 불릴 때 나타나는 군대 내에서의 이질감을 해소하기 위한 측면도 있었다.[94)]

재단법인 교무원은 1937년 8월에 全朝鮮 寺庵 및 布敎堂에 지령을 발송하였다. 내용은 승려 및 신도 23만 명을 총동원시켜 皇軍援護에 유감이 없도록 주의를 환기시키고, 무운장구를 위한 기도와

---

89) 『불교』 신 제14집, 1938.7, 「敎界消息」, 불교사, 45쪽.
90) 金英達, 1997, 『創氏改名の硏究』, 未來社, 16쪽.
91) 『불교시보』 제60호, 1940.7.15, 「總本山及市內各布敎所에 創氏改名相談所設置」.
92) 『불교』 新 제24집 26쪽, 『불교』 新 제26집 33쪽, 『불교시보』 제59호 (1940.6.15) ; 『불교시보』 제60호(1940.7.15) ; 『불교시보』 제61호(1940.8.15) ; 『불교시보』 제65호(1940.12.15)에 31본사 주지들의 창씨개명 현황이 나타나 있다.
93) 宮田節子 著·李榮娘 譯, 1997, 『朝鮮民衆과 「皇民化」政策』, 一潮閣, 65~66쪽.
94) 위와 같음.

시국인식에 철저를 기하라는 것이었다. 동시에 각 사찰은 위문금 모집, 각 부대 送迎接待, 군인과 그 가족 및 유족들을 위한 위문·격려, 戰病死者의 조문과 慰靈·遷度 등 총후의 임무로써 충성을 다하게 하라는 것이었다.[95] 불교계는 중일전쟁이 발발한 다음 매년 7월 7일에 전몰장병위령제와 전승기원제를 겸한 행사를 가졌다.[96]

이 무렵 재단법인 교무원의 이사 김상호는 1937년 12월 9일 조선총독부 사회교육 과장의 부름을 받고 조선총독부를 방문하였다. 사회교육 과장은 김상호에게 중국 戰地에 황군위문단을 파견하기에 시기가 적당하니 시급하게 위문단을 선정하여 파견하라고 지시하였다. 노인은 현지 형편상 부적합하니 원기왕성하고 일본어에 능통한 청년으로 조직하라고 덧붙였다. 김상호는 교무원 이사 가운데 李同碩을 단장으로 하고 회계에 崔永煥, 서무는 朴允進, 교섭은 싱보우 죠우지(神寶長治), 음악은 李鍾泰·文學準·尹鍵榮이 담당하기로 결정하였다. 이들은 다음날 奉天으로 떠났다.[97]

일본은 중일전쟁의 전면적인 전개와 함께 병역법을 조선에 시행할 것을 전제로 1938년 2월에 조선인 지원병제를 실시하였다.[98] 이어서 동년 3월에 제3차 조선교육령을 공포하였다. 제3차 조선교육령의 주요 내용은 제도상으로는 일본인 교육기관과 조선인 교육기관을 통일시킨다는 것이었다. 근본 목적은 황국신민으로서의 단련을 농도 짙게 하고, 국민으로서의 자질을 단련, 육성하는 것이었다. 또한 실기와 실제 능력을 습득시켜 국가가 필요로 하는 인재를 만드는 것이었다.[99]

제3차 조선교육령 개정과 황국신민화 교육의 강화 그리고 지원

---

95) 『불교시보』 제27호, 1937.10.1, 「교계소식」.
96) 『불교시보』 제26·37·49·61·73호.
97) 『불교』 신 제10집, 1938.2, 「교계소식」, 불교사, 31쪽.
98) 『매일신보』 1938.2.19, 「조선지원병제도 昨日 閣議決定」.
99) 최유리, 앞의 책, 57쪽.

병제도의 실시는 분리될 수 없는 표리관계에 있었다. 조선인 지원
병제도의 실시는 교육적 측면에서 황국신민화를 지원하기 위한 것
이었다. 개정된 교육령은 '國體明徵'·'內鮮一體'·'忍苦鍛鍊'이라
는 이른바 교육의 3대 강령을 통하여 황국신민을 완성하기 위한 교
육의 기본방침을 확립하는 것이었다.[100]

2. 太平洋戰爭期의 '皇道佛敎'

조선총독부가 불교계를 통괄할 수 있는 총본사를 설립한 목적은
종래의 31본사 체제 때보다 효율적으로 불교계를 장악하기 위함이
었다. 이른바 '皇道佛敎'(이하 따옴표 생략) 체제의 수립 목적은 확
대되어 가는 전시체제에 불교계가 참여하도록 하기 위해서였다. 황
도불교란 용어는 중일전쟁 시기부터 사용[101]되어 왔지만 태평양전
쟁 이후 전쟁의 양상이 격화됨에 따라 그 내용도 이전 시기에 비해
서 강화되었다. 따라서 태평양전쟁 시기 불교계 활동을 황도불교라
는 개념으로 설명하고자 한다. 내선일체의 주창자인 제7대 조선총
독 미나미는 내선일체란 "반도인을 충량한 황국신민이 되게 한다"
는 것을 의미한다고 규정하였다. 따라서 조선인을 황국신민으로 만
들기 위한 모든 정책을 황민화 정책으로 총칭할 수 있다.[102]

황도불교란 조선인을 황민으로 유도하는 불교라는 말이 된다. 황
도불교의 골자는 尊皇護國과 國利民福의 2대 목표를 가지고 皇運
을 부익키 위하여 불교가 존재함을 인식시키는 것이었다.[103] 황도

---

100) 오성철, 2000, 『식민지 초등교육의 형성』, 교육과학사, 328쪽.
101) 尹得龍, 1940.9, 「皇道文化와 佛敎思想」 『불교』 신 제26집 , 불교사,
    32~33쪽.
102) 宮田節子 著·李熒娘 譯, 앞의 책, 104쪽.
103) 『불교시보』 제89호, 1942.12, 「皇道佛敎의 宣揚과 布敎師養成의 急務」.

불교의 실제적인 목적은 불교도들을 전시체제 수행에 동원하고, 물자를 수탈하는데 있었다. 태고사는 1941년 12월 8일을 기해서 전 조선 1천 5백여 사찰에 통첩을 발송하였다. 그 내용은 12월 15일부터 대동아전쟁 연전연승을 위하여 佛前에 성심성의로 기원법회를 열어서 무운장구를 기원하는 기도를 하라는 것이었다.104)

조선총독부는 31본사에 조선불교진흥책에 관한 지침을 시달하였다. 31본사 주지들은 협의를 통해서 1944년 3월 15일자로 회신하였다. 이 문서에 황도불교의 실행방안105)이 구체적으로 나타나 있다.

104) 『불교시보』 제78호, 1942.1.15, 「태고사의 황군무운장구 기원에 대한 통첩」.
105) 『불교』신 제59집, 부록 『조계종보』 제4호, 1944.4.29, 「조선불교진흥에 관한 건」, 불교사, 5~7쪽.
一. 황도불교의 확립에 대한 지도방안.
①교리: 교리확립에 관해서 기조가 될수 있는 것은 다음과 같다. 가) 肇國精神(대승적 불교의 眞諦와 상통함). 나) 聖德太子의 弘法의 御精神 또는 十七憲法의 정신. 다) 神佛一體論 라) 沒我의 정신(순국정신과의 융합을 도모함).
②교리의 선포: 가) 호국사상을 강조해서 국체의 본의에 투철케 함 나) 보국사상을 강조하여 충군애국정신을 환기시킴 다) 포교사의 재교육(국체관념의 철저).
③의식의 집행: 가) 구래의 다기번잡한 것을 철저히 행하던 것을 간소화하여 일본식을 감안하여 장엄하게 할 것. 나) 국가적 기원을 주로하고 개인적인 加持祈禱는 從으로 할 것. 다) 일본 불교 의식을 모방할 것.
④기타: 가) 승려의 황민적 연성. 나) 내선불교의 제휴. 다. 승려에 대한 국어보급.
二. 각 사찰에서 실시 혹은 계획 중인 불교민중화에 대응한 사업 또는 시설
①실시중인 것: 가) 포교소(397개소). 나) 강습소 및 서당(15개소). 다) 유치원(8개소). 라) 농어촌의 순회포교. 마) 좌담회의 개최.
②계획중인 것: 가) 공공집회장소(예: 공원)에 설교단의 설치. 나) 포교당 부설사업(예: 국어강습회). 다) 산간벽지의 사찰을 도시로 이동. 라) 주요 도읍에 포교소의 확충. 마) 부근 부락민에 대한

이 문서의 내용은 크게 세 가지로 나누어진다. 첫째, 황도불교의 확립에 대한 지도방안, 둘째, 각 사찰에서 실시 혹은 계획중인 불교 민중화에 대한 사업 또는 시설, 셋째, 불교를 민중의 일상생활에 스며들게 할 구체적인 방책 등이다.[106]

조선총독부는 태평양전쟁을 수행하면서 점점 더 치열해지는 전시 상황하에서 보다 더 강력하고, 신속하게 대응해야 했다. 이를 위해서는 모든 관공사립 행정기관과 산업부분 등의 기관은 보다 숙련된 지원체제를 갖추어야 하였다. 이러한 필요성에 의해서 조선불교계의 주지들의 임기를 연장하였다.

이러한 조치는 사찰령시행규칙 제4조에 명시된 주지들의 임기를 3년으로 제한한 규정에 위배되었다. 조선총독부는 1944년 7월 21일자로 부령 제 280호[107]를 발하여 사찰령시행규칙 제 4조의 규정에도 불구하고 주지들의 임기를 당분간 연장하였다. 총본사 주지의 임기는 3년에서 5년으로 연장[108]하였다. 주지가 퇴임할 때는 퇴임

弔慰와 봉사적 독경 염불에 힘쓸 것. 바) 탁아소 개설. 사) 보국 탁발.

③이 사업 또는 시설에 대한 소요경비(1943년도 예산을 계상할 것) 포교비: 본사 부담 21,153엔, 말사 부담 92,670엔, 계: 113,823엔. 교육비: 33,350엔, 총계: 147, 173엔. 이 포교비 및 교육비 외에 특기할 만한 비용은 없음.

三. 불교를 민중의 일상생활(불교의 생활화)에 스며들게 하기 위한 구체적 방안 가) 一面一寺刹의 창설분포. 나) 포교담당구역의 설정. 다) 황민연성도장으로써 사찰의 開校. 라)불교 지도부락의 설치. 마) 고승의 순회포교. 바) 불교에 관한 간행물의 실비 또는 무상반포. 사) 일요설교, 가정방문설교의 장려. 아) 檀信徒制度의 확립. 자) 사찰에 묘지 또는 납골당을 설치할 것. 차) 관혼상제 의식은 불교식으로 할 것. 카) 각 가정에 齋戒日을 정할 것. 타) 각 가정에 불단설치를 종용할 것.

106) 위와 같음.
107) 『朝鮮總督府 官報』 호외, 1944.7.21.
108) 『불교』 신 제67집 ; 부록 제68집, 1944.12, 「조선불교조계종보」 제35

이유서를 첨부하도록 하여, 자유로운 퇴임마저 통제하였다. 이것은 전쟁의 막바지에 후방지원 체제에서 주지가 경질됨으로써 빚어지는 차질을 줄이기 위한 조치였다. 본사 주지의 임기는 동년 11월 7일자로 또 다시 사찰령시행규칙을 개정하여 3년에서 5년으로 연장되었다.109)

총본사는 태평양전쟁 발발 직전부터 두 차례에 걸쳐 승려와 모든 불교도들에게 비행기 헌납을 위한 헌금을 강요하였다. 1941년 11월 17일 태고사 대웅전에서 개최된 중앙종회에서는 군용기 헌납을 위한 헌금 액수를 정하였다. 승려는 1인당 최저 1원 이상 10원까지, 사찰의 사무직원과 부속기관 직원들은 월봉의 1할 이상, 신도들은 10전 이상씩을 헌납해야 했다. 이들로부터 징수하지 못한 부족분은 사찰경비에서 보조하도록 하였다. 각기 본사 寺法에 명시된 법정지가에 비례해서 분담금을 배정하여 비행기 헌납을 강행하였다. 총본사는 이렇게 모금된 5만3천원을 1942년 1월 31일자로 조선군사령부에 헌납하였다.110)

1944년에 마찬가지 방법으로 태고사가 중심이 되어 전조선 사찰에서 모금한 8만원을, 7월 20일 '바다의 기념일'에 총본사 종무총장 이하 4명의 부장들이 경성부 주재 해군 무관부를 방문하여 헌납하였다.111) 이밖에 海印寺·通度寺·普賢寺에서 각기 독자적으로 1대씩 군용기를 헌납함으로써 조선불교계에서는 도합 5대의 전투기를 헌납하였다.112)

호, 불교사 4쪽.

109) 『朝鮮總督府官報』 제374호, 1944.11.7.

110) 『불교』 신 32집, 1942.1, 「軍用飛行機獻納に關する決議案」, 불교사, 49쪽.
『불교』 신 34집 ; 부록 『조선불교조계종종보』 제5호, 1942.3, 불교사, 8쪽.

111) 『불교』 신 제64집 ; 부록 「조선불교조계종보」 제32호, 1944.9, 불교사, '愛國機獻納運動ニ關スル件' 5쪽.

1944년 11월 10일 제6회 중앙종회에 참석한 31본산 주지 및 총본
사의 직원들은 일본 해군의 필리핀 해전과 대만 해전의 승리를 감
사하는 뜻에서 국방헌금 1천 원을 모아서 매일신보사에 기탁하였
다.113) 사찰 입구에는 황군위문금을 모으는 위문함이 놓여 있었
다.114)

일본은 전쟁이 확대되어감에 따라 여러 부문에서 위기상황에 처
하였다. 그 위기의 일부를 조선에서 해결하고자 하였다. 그 일부의
해결책은 조선의 민중들에게 각종 헌금을 강요하는 형태로 나타났
다. 불교계는 전시체제 하에서 교단차원에서 헌금을 징수하였다. 종
교의 목적은 민중들에게 희망과 위안을 주는 것이 큰 부분이라고
할 수 있다. 전시체제 하에서 불교계는 정신적으로는 국가를 위해
생명을 바치라고 가르치고, 물질적으로는 곤궁한 삶을 더욱 어렵게
함으로써 종교 본연의 역할에 배치되는 행위를 하였다.

일본은 1942년 5월에 1944년부터 조선에서 징병제를 실시한다고
발표하였다.115) 지원병제도와 징병제 실시에 대한 발표가 있자 조
선불교계에서는 환영하는 입장을 표명하였다. 당시 불교계 학승이
었던 권상로는 설봉산 귀주사, 오대산 월정사, 내금강 장안사의 청
년승려 40~50여 명이 지원병에 참여한 사실을 찬양하였다.116) 그
는 침략전쟁을 敎理로 합리화시켜 주기 위해서 책을 발간하였
다.117) 그 책은 '成佛은 戰勝이다'·'戒는 戰鬪訓이다'·'持戒는 國
防이다'·'殺生의 範圍' 등 20절로 구성되어 있다.118) 불교는 不殺

---

112) 『불교』신 제60호, 1944.5, 「조선불교조계종보」, '愛國機獻納運動ニ關
　　 スル件', 부록, 불교사, 5쪽.
113) 『불교』신 제67집, 1944.12, 「휘보」, 불교사, 9쪽.
114) 『불교』신 제59집 ; 부록 「조선불교조계종보」 제4호, 1944.4, 불교사,
　　 5쪽.
115) 『불교시보』 제97호, 1943.8.15, 「半島同胞에 感激한 徵兵制 實施」.
116) 權相老, 1943, 『臨戰의 朝鮮佛敎』, 卍商會, 85쪽.
117) 위와 같음.

生을 戒律의 으뜸으로 삼고 있다. 근본교리 자체를 자의적으로 해석하여 젊은 청년들을 전쟁터로 내몰았다.

이와 비슷한 논리는 당시 불교계의 신문이었던 『佛敎時報』의 편집겸 발행인이었던 金泰洽의 「實踐과 體驗」[119]이라는 글에서도 엿볼 수 있다. 그는 熱火같은 신앙으로 충군애국을 위하여 민중교화의 진두에 나서서 舌戰과 筆戰으로 주야무휴로 나설만한 敎化僧은 이 방면에 진력하라고 하였다. 그리고 無我니, 無常이니, 空이니 하며 평소에 수양하고 上報四重恩 下濟三途苦 爲法亡軀 盡忠報國을 배우던 敎說은 지금 바로 실천에 옮길 때가 되었다고 하였다. 전시체제 하에서 이 같은 교리 왜곡은 어려운 환경에 처한 청년들을 국가에 공급하는데 일조를 하였다.

불교계는 파시즘 체제 하에서 교리를 전시체제 수행에 적합하도록 조작하였다. 조작된 교리는 몰아의 정신・호국불교라는 것으로 개념화되었다. 그것은 식민지 지배권력의 억압과 수탈을 은폐시켰다. 그리고 조선의 청년들이 전쟁터로 나가는데 일조를 하였다. 이러한 행위는 결과적으로 침략전쟁을 정당화시켜주는 것이었다.

1942년 5월 조선에서 징병제를 1944년부터 시행한다는 발표가 있었다.[120] 그 직후 총본사 종무총장 이종욱은 히로다 쇼이꾸(廣田鍾郁)라는 창씨개명한 이름으로 징병제를 환영하는 글을 발표하였다. 요지는 다음과 같다. 그는 조선의 청년들이 일본인과 마찬가지로 군에 입대할 수 있게 되었다는 것은 內鮮一體・一視同仁이 잘 시행되었다는 것이므로 기쁜 일이라며 징병제 실시를 환영하였다.[121] 태고사는 1943년 8월 6일 오전 10시경에 승려 및 신도 100여명이

---

118) 위와 같음.

119) 『불교시보』 제97호, 1943.8.15, 「실천과 체험」.

120) 최유리, 앞의 책, 197쪽.

121) 廣田鍾郁, 1942.7, 「徵兵制 실시의 榮을 譽戴하고」 『불교』 신 제38집, 4~6쪽.

모여 징병제 실시 감사법요식을 가졌다.[122)

조선에서 징병제가 실시될 즈음에 조선총독부에서 부딪힌 문제 가운데 하나는 문맹인에 대한 문제였다. 1944년에 징병대상 인원은 약 22만명 정도로 추산되었는데 이 가운데 절반에 해당하는 11만명 이 문자를 해독하지 못하는 것으로 파악되었다. 일본어를 이해할 수 있는 것이 큰 과제로 대두되었다.[123) 미나미 조선총독은 일본어 보급을 위해서 전조선에 '國語全解運動'을 실시하도록 지침을 시달 하였다.[124) 이에 따라서 태고사는 1942년 5월 5일 징병제 실시를 앞 두고 불교도의 한 사람이라도 일본어를 해득치 못하는 자가 없도록 '국어전해운동'을 실행하라는 통첩을 발송하였다.[125) 전국의 많은 사찰에서는 일본어 강습회가 열렸다.

중일전쟁이 태평양전쟁으로 이어지자 무기를 만들 수 있는 금속 류의 부족현상은 심각하였다. 1939년 초에 이르면 불상과 금이(金 齒)를 제외하고 전면적으로 금의 사용을 금하였다.[126) 조선총독부 는 총동원법 제8조에 금속회수령을 포함시켰다. 이 법령은 1941년 8월 30일부터 시행되었다. 조계종 중앙종회는 임시총회를 열고 각 사찰에 死藏되어있는 鐵・銅・靑銅・黃銅으로 된 器具類와 佛具類 를 군 또는 면 연맹을 통해서 군부에 헌납하기로 결의하였다.[127)

태고사가 중심이 되어 전개한 금속류 헌납운동에 많은 사찰들이 참여하였다. 그 가운데 특히 많은 부분을 차지하는 것은 비중이 큰 범종이었고 그 다음은 鍮器가 차지하였다. 1943년 5월 24일 태고사 는 경성과 경기 지역에서 모아진 범종과 기타 1,160점 4,545kg을 헌

---

122) 『불교시보』 제97호, 1943.8.15, 「太古寺 徵兵制 實施 感謝法要」.
123) 최유리, 앞의 책, 203쪽.
124) 『매일신보』 1942.4.15, 「황민화는 국어애용에서 보급을 철저히 하라」.
125) 『불교시보』 제84호, 1942.7.15, 「총본사에서 전선사찰에 국어전해운동 실행의 통첩발송」.
126) 『매일신보』 1939.2.17, 「佛像과 金齒만 除外 전면적 金使用 禁止」.
127) 『불교시보』 제81호, 1942.5.15, 「조선불교조계종임시중앙종회」.

납하였다.128) 이 날 국민총력연맹 봉은본말사 연맹에서 모아진 현금 366원도 함께 헌납되었다. 금속류 회수령이 시행된 1941년 8월부터 1945년 3월까지 불교계에서 헌납한 현황은 부록의 <별표 2>와 같다129)

1943년 1월 28일 종무총장은 31본사 주지 앞으로 '寺刹 所有 金屬類 供出 또는 獻納에 關한 件'이라는 공문을 시달하였다. 그 내용은 사찰이 금속류를 공출 또는 헌납할 경우에 법령이 간소화 되었다는 것을 통보한 것이다. 사찰령 제5조는 사찰의 재산을 처분할 때는 조선총독의 허가를 받도록 되어 있었다. 사찰이 금속류를 헌납할 때 이 조항의 적용이 간소화되었다는 사실을 관할 말사 또는 포교당에 전달하라는 것이었다.130)

전쟁수행에 필요한 물자조달을 위해서 조선총독부는 보존해야 할 유적지마저 파헤쳤다. 1943년 9월 27일 '寶物古蹟名勝天然記念物保存會'는 제7회 회의를 개최하였다. 이 회의에 참석한 위원들은 황해도 鳳山에 있는 鵂鶹山城의 지정해제를 결정하였다. 해제 사유는 휴류산성 일대는 양질의 석회석이 많이 매장되어 있었다. 석회석은 철강과 세멘트 제조의 원료가 되기 때문에 고적 보존을 해제하고 캐내기로 되었다.131) 전쟁기에는 그 어떠한 사안도 전승의 가치를 넘어설 수는 없었다. 전승을 위하여 천연물 보존 지역은 더 이상 보존의 대상이 될 수 없었다.

전시체제하에서 농촌의 부족한 일손을 돕기 위하여 총본사는 14세 이상 50세 미만인 승려들 2,939명으로 '조선불교근로보국대'를 조직하였다. 대장은 총본사 주지로 하였고, 각 도 단위로 분대를 두

---

128) 『불교』신 제50집 ; 부록, 1943.7, 「조계종보」, 불교사, 3~5쪽.
129) 『매일신보』1943.5.25, 「大刹의 梵鐘을 出征 佛門에 米英擊滅의 熱火」.
130) 『불교』신 제46집, 1943.3, 「조계종보」제14호, '寺刹有ノ金屬類供出又ハ獻納ニ關スル件', 불교사, 4쪽.
131) 『매일신보』1943.9.28, 「古蹟과 寶物도 應召」.

었다. 분대장은 각 본사 주지나 그 대리인 또는 말사 주지로 구성하
였다. 이들의 임무는 농번기에 약 30일 동안 농촌의 農事勞務를 보
충하는 것이었으며, 여비나 식비 기타 부대비는 관할 본사에서 지
급하도록 되어 있었다.[132]

  불교계의 승려들은 후방에서 근로보국대가 되어 전쟁에 나간 젊
은이를 대신하여 노동에 종사하였다. 전쟁에 나간 사람들이 사망했
을 때는 그들의 명복을 비는 일에 종사하였다. 전쟁에서 남의 생명
을 탈취하기 위해 자기의 생명을 바치라고 강요하였다. 학승들은
이러한 일이 가능할 수 있도록 교리를 왜곡시켰다. 그것이 조선총
독부의 강압에 의한 것이었다고 하더라도 궁색한 변명이 된다는 것
은 부정할 수 없다. 교단지도부의 이러한 행위로 인하여 많은 사람
들이 정신적으로, 물질적으로 고통을 당하였다는 것은 부인할 수
없는 사실이다.

---

132) 『불교』신 제60집 ; 부록, 「조선불교조계종보」 제5호, 1944.5, 불교사,
    1~5쪽.

　지금까지 朝鮮總督府의 佛敎政策에 대한 불교계의 대응을 추종과 저항이라는 관점에서 검토하였다. 그 결과 지금까지의 연구를 요약해 보면 다음과 같다.

　조선왕조 정부는 문호개방 이후 외세와 함께 유입된 개신교 포교의 자유를 묵인할 수 밖에 없었다. 그에 따라 불교에 대한 억압도 완화되었고 불교계는 대한제국 시기를 거치는 동안 이전의 억압된 상황에서 벗어나게 되었다. 문호개방 이후 일본 불교 세력은 본국의 정치권과 유착되어 조선에 침투하였다. 1877년 淨土 眞宗 大谷派 東本願寺가 포교사를 파견한 이래 많은 일본의 불교 종파들이 포교사를 파견하고, 일본 사찰의 별원과 포교소를 설립하였다. 일본 승려들은 조선인들이 가지고 있는 일본인에 대한 적대감을 완화시키고 정탐활동까지 하는 등 침략 정책의 첨병 역할을 수행하였다.

　1895년 일련종 승려 사노 젠레이(佐野前勵)는 김홍집 내각에 건의하여 조선 승려들의 도성해금을 실현시켰다. 물론 도성해금은 사노의 건의가 아니더라도 해제될 상황이었다. 즉 개항기 들어 불교계는 이전보다 자유로운 분위기를 접하고 있었다. 개신교가 포교의 자유를 얻어가고 있었고, 동학농민군이 제시한 폐정개혁안 12개조에도 신분제 철폐에 관한 조항이 포함되어 있었다. 그리고 갑오개혁을 추진하던 군국기무처가 실시해야할 시급한 과제 가운데 승려의 도성해금 조항이 들어 있었다.

이러한 시대적 분위기를 감안하여 대한제국은 1902년 元興寺를
首寺刹로 지정하고 궁내부 소속의 寺社管理署를 설치하여 불교계
를 관리하였다. 이어서 「국내사찰현행세칙」 36개조를 발표하였다.
이 세칙은 여전히 봉건적인 요소가 있기는 하였지만 이전 시기에
비해서 훨씬 완화된 분위기 속에서 불교계의 자주적인 발전을 보장
하였다. 수사찰로 지정된 원흥사 아래 16개의 中法山을 두어 모든
사찰을 통괄하게 하였다. 승단의 최고 책임자로서 左敎正을 두고,
右敎正·大禪議 등의 임원을 두게 하였다. 승려가 가벼운 범죄를
저질렀을 경우 세속법의 적용을 받지 않고 승단내에서 처결할 수
있는 자율권을 부여하였다. 그리고 불교계에서 학교를 세워 인재를
양성하고, 자율적으로 발전을 도모할 것을 권장하였다. 이러한 정책
에 힘입어 불교계는 자체적으로 종단을 설립하고 학교를 세워 인재
를 양성하는 등 대안을 마련하였다.

그러나 이러한 불교계의 발전 가능성은 국권을 상실하고 식민지
시기로 접어들면서 또다시 좌절되었다. 대한제국 시기 원종의 종정
으로 추대되었던 李晦光은 조선 불교가 발전하기 위해서는 일본 불
교의 포교방식을 배워야한다고 주장하였다. 그는 조선 불교계를 일
본 불교 조동종과 연합하려고 시도하였다. 이러한 망동은 韓龍雲·
朴漢永·陳震應·金鍾來 등 민족주의 성향의 승려들이 臨濟宗을
설립함으로써 무산되었다. 그러나 임제종 또한 조선총독부의 탄압
을 받아 해산되었다.

조선총독부는 1911년 6월에 「寺刹令」을 공포함으로써 불교계를
장악하였다. 「사찰령」은 일본이 패망하던 순간까지 불교계를 제약
한 악법이었다. 「사찰령」의 모법이라고 할 수 있는 종교법안은 일
본 제국의회에서도 헌법정신에 위반되고 국가의 종교간섭은 시대
착오적 발상이라는 이유로 세 차례나 부결되었던 법안이었다. 「寺

刹令」과 「寺刹令施行規則」에 의해서 조선총독부는 불교계를 30본사 체제로 개편하였다. 조선총독은 본사 재적 승려들의 투표에 의하여 선출된 본사 주지의 최종 인가권을 가짐으로써 인사권을 장악하였다. 사찰의 재산을 매각할 때도 사전에 당국에 신고하여 허가를 받도록 함으로써 재정권을 장악하였다. 30본사 주지들은 조선총독부 당국과 결탁하지 않고서는 사찰을 운영할 수 없었다.

朝鮮總督이 사찰 재정권과 본사 주지들의 임면권을 가졌지만 불교계를 효율적으로 장악하기 위해서는 그들을 회유할 필요가 있었다. 이 때문에 30본사 주지들은 조선총독부의 권력을 배경으로 수십개의 말사를 가진 본사의 최고책임자로서의 권한을 누릴 수 있었다. 또 조선총독은 30본사 주지들을 주임관급으로 대우하면서 매년 정초에 관저로 초대하여 신년하례식을 함께 하였다. 이외에도 30본사 주지들은 공식행사에 종교계 요인으로 초대되어 우대를 받았다.

30본사의 선정은 조선의 전통 寺格을 정밀하게 고려하지 않았기 때문에 사격이 뒤바뀐 경우도 있었다. 전라남도 구례의 화엄사의 경우는 선암사의 말사에서 본사 승격 운동을 전개하는 과정에서 유혈사태가 발생하여 사회적으로 큰 문제가 야기되기도 하였다. 조선총독부는 진상조사단을 파견하여 사건의 전말을 조사한 결과 1924년 11월에 화엄사를 본사로 승격시켰다. 그러나 그 외의 나머지 사찰들의 불만은 묵살하였다.

조선총독부는 30본사 체제를 만들면서 중앙에 통일된 통제기관을 두지 않고 개별적으로 관리하였다. 그것은 30본사의 위상을 평등하게 함으로써 관권 이외에 어떠한 통제나 영향력이 미치는 것을 차단하기 위한 것이었다. 또 30본사 주지들이 정하는 내부규약까지 사전에 초안을 제시하는 등 강한 영향력을 행사하였다. 이것은 불교계의 모든 행위가 조선총독부가 제시한 테두리 안에서 이루어지도록 제도적으로 통제하는 장치였다. 따라서 교단의 자율적인 발전 여지와 항일운동의 전개 가능성은 원천적으로 차단되었다. 이와 더불어 「寺刹令」에는 사찰 창립에 관한 조항이 없었기 때문에 식민지 시대에 새로 건립된 사찰은 찾아 볼 수가 없다.

이러한 억압과 통제에도 불구하고 불교계는 3·1운동 시기에 여러 곳에서 만세시위를 전개하였다. 한용운과 백용성은 승려로서 '민족대표'에 참가하였다. 불교계의 3·1운동은 중앙학림의 학생들을 통하여 전국적으로 확산되었다. 3·1운동에 가담하였던 불교계의 청년들은 이후에 전개되는 독립운동에 다양한 형태로 참여하였다. 무장투쟁 단체에 가담한 청년들이 있었는가 하면 상해 임시정부와 연계를 가지면서 국내 특파원으로 활동한 사람도 있었다. 대한민국청년외교단의 일원으로 활약한 사람도 있었고, 대동단에 참여한 사람들도 있었다.

불교계의 3·1운동 참여가 천도교나 기독교 세력에 비해 상대적으로 열세를 보인 것은 사실이다. 그 원인은 당시 불교계 자체에 있었다기보다 수백년간 누적된 조선왕조 정부의 억불정책에 기인한다. 이 때문에 불교계는 사회 참여의식을 고양시킬 수 있는 제도적 장치를 마련할 수 없었다. 이러한 역사적 환경 속에서 교단지도부는 3·1운동에 냉담한 반응을 보였다.

그러나 1919년 11월 상해에서 발표된 大韓僧侶聯合會는 해방이 되는 그 날까지 血戰을 선언하는 「大韓僧侶聯合會宣言書」를 발표하였다. 불교계는 나라가 식민지로 전락한 상황에서 국권을 회복하기 위해 종래의 출세간적, 은둔적 경향에서 벗어나 적극적으로 독립운동에 참여하였다. 이러한 점에서 볼 때 불교계가 전개한 3·1운동의 의의는 결코 적지 않다.

3·1운동 이후 조선총독부는 통치정책을 종래의 무단통치에서 문화통치로 전환하였다. 문화정치는 조선총독부 권력이 허용하는 범위내에서 조선인에게 약간의 자유를 허용하면서 감시와 통제를 강

화하여 민족주의 세력을 분열시키는 분할통치 정책이었다. 분할통
치의 구체적인 내용은 기존에 설립된 민족운동 단체들에 새로운 친
일세력들을 투입하여 갈등을 조장하여 무력화시키고, 친일세력으로
하여금 주도권을 장악하게 하는 것이었다.

조선총독부는 식민지 조선을 통치하는데 친일파의 도움이 무엇
보다도 필요하였다. 그 일환으로서 조선총독부는 1920년대에 朝日
文化 교류를 장려하였다. 불교계에는 재조선 일본인 유력자와 조선
인 친일 거두들을 중심으로 朝鮮佛敎團이라는 外護團體를 만들었
다. 조선불교단은 조선의 유명 인사들과 청년 유학생들을 선발하여
시찰단으로 파견했다. 조선불교단은 유능한 조선의 젊은 청년들을
일본의 대학에 유학을 시키고, 강연회·강습회와 같은 각종 문화행
사를 통하여 친일파를 양성하는 데 기여하였다. 이러한 시책으로
인하여 불교계에는 친일세력들이 늘어났고 일본 불교의 영향을 받
아서 대처승들이 늘어났다.

이에 반해 1920년대 불교계의 자주적인 면모는 佛敎靑年會와 불
교청년회의 행동조직이라고 할 수 있는 佛敎維新會 등 청년 승려들
의 활동에서 찾을 수 있다. 불교청년회는 당시 교계의 현안이었던
재정일원화·교육기관의 운영 등의 문제가 본사 주지들만의 문제
가 아니었으므로 산중공의제를 부활시킬 것을 주장했다. 이들은 관
권과 결탁한 본사 주지들의 전횡적인 교단 운영을 혁신하고자 하였
다. 불교유신회는 식민지 시대에 불교계를 제약하였던 「사찰령」 철
폐운동을 전개하였다. 나아가서 교계의 모든 사안을 본산 주지들이
전횡하는 폐단을 없애고 불교도 총의를 수렴할 수 있는 임시통일기
관으로 총무원을 성립시켰다.

이에 대해 조선총독부는 총무원을 와해시키기 위해 본사 주지들
중심으로 교무원을 만들도록 지시하였다. 결국 교무원 측은 총무원
세력을 배제한 가운데 60만원 기금의 재단법인 朝鮮佛敎中央敎務

院을 설립했다. 교무원 측의 노선에 반대하던 10개 본사가 朝鮮佛
敎總務院을 구성했지만 조선총독부의 계속된 압력으로 총무원은
통도사·범어사·석왕사 세 본산으로 이루어졌다. 결국 계속되는
조선총독부의 압력과 재정난 때문에 1924년 財團法人 朝鮮佛敎中
央敎務院으로 통합되고 말았다. 불교계가 교무원으로 통합된 것은
자주 세력의 몰락이라고 할 수 있다.

조선총독부가 조선의 종교단체에 재단법인 설립을 허용한 명분
은 종교계의 재산을 보호해 준다는 것이었다. 그러나 실제 내용은
법인의 주요 활동사항은 관할 관청에 보고되어야 했기 때문에 간섭
과 통제를 원활하게 하기 위한 것이었다. 재단법인 교무원은 1935
년 1월부터 전개된 '심전개발운동'에 참여하여 '朝鮮佛敎心田開發
促進會'를 구성하였다. 1937년 중일전쟁이 발발한 직후에는 '조선
군사연맹후원회'를 결성하고 만주 지방으로 '황군위문단'을 파견하
는 등 조선총독부의 정책에 호응하는 모습을 보였다. 재단법인 교
무원은 1924년부터 1942년까지 존속한 불교계 대표기관으로서 식
민지 현실 속에서 일제와 타협하는 모습을 띠었다.

재단법인 교무원이 어용세력에 의해 성립되었다면 禪學院은 민
족적 성향을 가진 비구승 중심으로 창설되었다. 선학원은 帶妻僧들
이 늘어가는 현실에서 계율을 회복하고 전통 禪脈을 계승하고자 하
는 취지에서 설립되었다. 비구승들은 선풍을 진작시키기 위해 일종
의 자구 조직으로 禪友共濟會를 결성하였다. 선우공제회는 전국적
으로 지부조직을 가지면서 禪의 대중화에 힘썼다. 그러나 1924년
이후에는 재정난으로 침체에 빠졌고 1931년 한의술에 능한 승려 金
寂音에 의해 중흥기를 맞았지만 재정난을 벗어나기는 어려웠다. 결
국 1934년에 재단법인 조선불교중앙선리참구원으로 개편되었다. 선
학원은 이후 조선총독부의 지시와 간섭을 받으면서 정책에 협조하
는 모습을 띠게 되었다.

1920년대 불교계에 나타나는 또 하나의 특징은 일본 불교의 영향을 받은 일본 유학승들에 의해서 대처식육의 풍습이 만연되었다는 것이다. 대처승의 만연으로 사찰경제는 더욱 어려워졌고, 승단의 수행풍토도 쇠퇴하게 되었다. 이러한 현상에 대하여 白龍城은 127명의 승려들과 연명으로 帶妻食肉을 금하여 달라는 건백서를 조선총독부에 제출하였다. 그러나 조선총독부는 조선 불교계가 일본 불교계를 모방할 것을 종용하는 정책을 취했기 때문에 이 건백서는 아무 성과를 얻지 못했다.

1931년 만주사변을 도발한 일제는 국제사회에서 고립되면서 1933년에는 국제연맹을 탈퇴하기에 이르렀다. 때마침 제기된 천황기관설에 자극받은 일본 정부는 국민들에게 국체를 분명하게 인식시켜야 할 필요를 느꼈다. 특히 식민지 조선에서는 충량한 皇國臣民으로서의 역할을 강화할 필요가 있었다. 또 이 시기에는 세계 대공황으로 일본 경제가 위기를 맞게 되었다. 특히 일본 농촌사회의 위기는 심각한 수준이었다. 그 영향은 바로 조선으로 이어졌다. 일본이 조선으로부터의 쌀 수입을 제한하면서 조선의 농촌 경제도 파탄 국면에 빠지게 되었다.

1931년에 조선총독으로 부임한 우가키는 대륙침략에 필요한 인적·물적자원 조달을 원활하게 수행하기 위한 조건 마련에 부심하게 되었다. 이러한 배경에서 입안된 농촌진흥운동은 물질적인 생활 개선을 위한 운동이었다. 농촌진흥운동을 정신적인 면에서 지원하고, 조선인들을 천황에게 순종하는 충량한 황국신민으로 만들기 위해 입안된 것이 심전개발운동이었다. 이 운동은 조선총독부에서 입안하고 주관했지만 그 전개과정은 종교계를 통해 이루어졌다. 특히 오랜 전통을 가지고 있고 많은 잠재 신도를 가진 종교였던 불교에 역점을 두었다.

1937년 7월 중일전쟁 도발을 계기로 심전개발운동은 보다 강력한

전시사상 통제책인 國民精神總動員運動이 전개되는 디딤돌 역할을
했다. 실제로 심전개발운동은 1940년 이후 創氏改名, 志願兵制, 供
出制, 徵兵, 徵用 등 일련의 동원정책이 전개될 수 있는 밑거름이
되었다.

전쟁이 장기 국면으로 접어들자 부족한 물자와 인력을 조달하기
위하여 총력전 체제를 구축한 일본은 조선의 사상계를 통제할 필요
가 있었다. 이에 부응한 것이 1939년 종교단체법안의 통과였다. 이
에 따르면 모든 종교단체의 설립은 행정관청의 허가를 받아야 했고
많은 종교 단체를 법인화 시켜 주무관청의 통제를 받게 하였다. 종
교단체법은 종교의 내용과 교규 통제에 그치지 않고 전시체제 하에
서 종교단체를 시국적으로 활용하기 위한 것이었다.

조선총독부는 보다 강력한 후방 지원체제를 위해 종래 31본산을
개별적으로 통제·관리하던 체제를 대신하여 총본사 설립을 추진하
게 되었다. 조선총독부의 학무국장이 총본사 설립위원회 위원장이
되었고, 부위원장 가운데 1명은 조선총독부 사회교육과장이었다.

조선총독부는 太古寺의 설립을 인가하고 「사찰령시행규칙」을 개
정하여 총본사로 삼았지만 전국 본사 주지 임면권과 사찰재산 처분
인가권은 총본사 주지인 종정에게 주지 않았다. 조선총독부의 「사
찰령시행규칙」 개정 의도는 총본사에 통제권을 주어서 불교계를 자
율적으로 통솔하게 하려는 것이 아니었다. 총본사는 조선총독부의
지침을 원활하게 수행하는 일종의 중간기구에 불과했다. 그것은 행
정권과 입법권의 수장을 동일한 인물이 책임지도록 한데서 알 수
있다.

전쟁 말기에 조선총독부는 「사찰령시행규칙」에 주지들의 임기가
규정에도 불구하고 주지들의 임기를 연장하는 조치를 취하였다. 주
지가 퇴임할 때는 퇴임사유서를 첨부하게 함으로써 자유로운 퇴임
마저 제한하였다. 이러한 조치는 조선 불교계를 일본의 전쟁 수행

에 보다 강력하고, 신속하게 대처할 수 있도록 한 조치였다.

총본사 태고사는 불교계의 이른바 '皇民化'政策 수행에 나섰다. 조선 사찰에서는 아침, 저녁으로 천황의 만수무강과 황군의 武運長久를 기원하는 祝禱를 해야만 했다. 또 불교도들에게 위문품을 걷어 軍當局에 전달하는 역할도 하였다. 전쟁터로 위문단을 파견하기도 하였으며, 戰時體制를 옹호하기 위한 강연회를 열기도 하였다.

징병제가 실시될 때에는 승려와 불교도들이 모여 징병제 실시 감사 법요식을 거행하기도 했다. 조선인들이 전쟁터에 나갔을 때 일본어를 해득하지 못해 발생하는 문제점을 해소시키기 위하여 일본어 강습회도 개최했다. 총본사는 전교도를 동원하여 2대의 전투기까지 헌납했는데 불교계 전체가 헌납한 전투기는 모두 5대였다. 물자부족 현상에 심각해진 일본이 금속류 헌납운동을 전개하자 불교계는 의식에 사용되는 범종·향로·촛대·징·바라 등 佛具까지 헌납하였다. 총본사의 역할은 일제의 통치방식이 파쇼화 경향을 띠어가는 과정에서 불교계를 통제하기 위한 보조기구였다.

해방 이후 불교계가 당면한 문제는 식민지 시기 교단지도부가 조선의 민중들에게 정신적·물질적으로 많은 고통을 주었다는 사실에 대하여 참회의 장을 마련하는 것이었다. 그리고 많은 항일투사들의 행적을 새롭게 조명하는 바탕 위에서 새로운 진로를 모색하여야 했다. 그러나 불교 교단은 역사의식에 입각한 반성의 기회를 갖지 못한 채 비구·대처승의 분쟁에 휘말림으로써 오늘날까지 이 과제는 미완으로 남겨져 있다. 항일운동의 행적도 보다 적극적인 조명이 이루어져야 할 부분이다.

參考文獻

1) 資　料

『獨立新聞』(上海版)　　『大韓每日申報』　　『每日申報』

『京城日報』　　　　　　『東亞日報』　　　　『朝鮮日報』

『佛敎時報』　　　　　　『大韓佛敎』　　　　『佛敎新聞』

『慶北佛敎』　　　　　　『禪院』　　　　　　『朝鮮佛敎月報』

『朝鮮佛敎叢報』　　　　『佛敎』　　　　　　『朝鮮佛敎』

『禮記』　　　　　　　　『雜阿含經』　　　　『朝鮮佛敎曹溪宗報』

統監府, 『統監府統計年報』.

朝鮮總督府, 『朝鮮總督府官報』.

_____, 『朝鮮』.

_____, 『朝鮮事情』.

1941.5, 『朝鮮佛敎曹溪宗太古寺法』.

　　　『寺內正毅文書』, 일본 국회도서관 소장 마이크로 필림.

1990, 『齋藤實文書』, 高麗書林.

1988, 『宇垣一成日記』, 동경: みすず書房.

1965, 『原敬日記』, 동경: 福村出版社.

朝鮮總督府, 『朝鮮總督府施政年報』.

_____, 1935, 『施政25年史』.

_____, 1940, 『施政30年史』.

宋炳基 編, 19702, 『統監府法令資料集』, 국회도서관.

朝鮮總督府, 1940, 『朝鮮法令輯覽』.

朝鮮總督府, 1936, 『朝鮮施政發達史』.

朝鮮總督府, 1911, 『朝鮮總督府及所屬官署職員錄』.

정부기록보존소 소장문서, 1911, 『寺院宗敎關係書類』.

_____, 1924, 『寺院・神道關係書類綴』.

정부기록보존소 소장문서, 1906~1936, 『宗敎に關する雜件綴』.

_____, 1937~1942, 『寺刹關係書類』.

廣安眞隨, 1903,『淨土宗開敎誌』, 東京: 淨土宗傳道會.

奧村圓心,『朝鮮國布敎日誌』.

朝鮮總督府中樞院, 1936,『心田開發に關する講演集』.

朝鮮總督府,『心田開發とは何ぞや』.

財團法人 朝鮮佛敎中央敎務院, 1915,『寺刹例規』.

朝鮮總督府, 1921,『朝鮮の統治と基督敎』.

國民總力朝鮮聯盟 編, 1945,『朝鮮に於ける國民總力運動史』.

金正明, 1967,『朝鮮獨立運動』I・II・III, I권 分冊, 동경: 原書房.

三寶學會, 1965,『韓國近世佛敎百年史』.

大谷派本願寺開敎監督部, 1927,『朝鮮開敎五十年誌』.

佐佐木淨鏡, 1930,『朝鮮佛敎大會記要』, 朝鮮佛敎團.

朝鮮總督府, 1911,『Annual Report on Chosen』.

李光洙 編, 1919, 國際聯盟提出『朝日關係史料集』(高大圖書館 影印本, 1982).

서울대학교 독일학연구소 譯, 1992,『韓國近代史에 대한 資料』, 신원문화사.

獨立運動史編纂委員會, 1972,『독립운동사자료집』4 (3·1운동사 자료집).

_____, 1972,『독립운동사자료집』5 (3·1운동재판기록).

_____, 1973,『독립운동사자료집』6 (3·1운동사 자료집).

_____, 1972,『독립운동사자료집』7 (임시정부 자료집).

_____, 1972,『독립운동사자료집』8 (임시정부 자료집).

_____, 1972,『독립운동사자료집』9 (임시정부 자료집).

2) 著 書

姜東鎭, 1984,『일제의 한국침략정책사』, 한길사.

姜萬吉, 1987,『일제시대 貧民生活史 연구』, 창작과비평사.

姜渭祚, 1987,『日本統治下 韓國의 宗敎와 政治』, 대한기독교서회.

高 銀, 2000,『한용운평전』, 고려원.

高橋亨, 1929,『李朝佛敎』.

國史編纂委員會, 1983,『독립운동사』3.

權相老, 1936,『心田』, 心耕社.

權相老, 1943,『臨戰의 朝鮮佛教』, 卍商會.

金甲周, 1983,『朝鮮時代 寺院 經濟研究』, 同和出版公社.

金光植, 2000,『근현대불교의 재조명』, 민족사.

_____, 1996,『韓國近代佛教史研究』, 民族社.

_____, 1998,『韓國近代佛教의 現實認識』, 民族社, 1998.

金素眞, 1999,『韓國獨立宣言書研究』, 國學資料院.

金承台 엮음, 1992,「한국기독교와신사문제」, 한국기독교역사연구소.

김영희, 2003,『일제시대 농촌통제정책 연구』, 景仁文化社.

김인호, 1998,『태평양전쟁기 조선공업연구』, 신서원.

東大七十年史編纂委員會, 1976,『東大七十年史』, 東國大學校出版部.

卍海思想研究會, 1980,『韓龍雲思想研究』, 民族社.

朴杰淳, 1992,『한용운의 생애와 독립투쟁』, 한국독립운동사연구소.

朴慶植, 1986,『日本帝國主義의 朝鮮支配』, 청아출판사.

박은경, 1999,『일제하 조선인 관료연구』, 학민사.

朴殷植, 1975,『朴殷植全集』, 단국대학교출판부.

卞恩眞, 1998,『日帝 戰時파시즘期(1937~45) 朝鮮民衆의 現實認識과 抵抗』, 고려대학교 대학원 박사학위 논문.

새문안교회역사편찬위원회, 1995,『새문안교회100년사』.

서울신문사, 1946,『新天地』.

孫仁洙, 1983,『韓國近代民族教育의 理念研究』, 文音社.

申福龍, 1982,『大同團實記』, 養英閣.

애국동지원호회, 1956,『韓國獨立運動史』.

오성철, 2000,『식민지 초등교육의 형성』, 교육과학사.

吳知泳, 1987,『東學史』, 大光文化社.

윤선자, 2001,『일제의 종교정책과 천주교회』, 景仁文化社.

尹以欽, 1997,『일제의 한국민족종교 말살책』, 고려한림원.

李光麟, 1993,『開化黨研究』, 一潮閣.

李能和, 1918,『朝鮮佛教通史』.

李炳憲, 1959,『三・一運動秘史』, 시사시보사출판국.

李丁奎・李觀稙, 1985,『友堂 李會榮 略傳』, 을유문화사.

이택휘・김운태 외 4인, 1993,『서재필』, 정음사.

印權煥・朴魯埻, 1960,『韓龍雲研究』, 통문관.

鄭珖鎬, 1994,『近代韓日佛敎關係史硏究』, 인하대학교출판부.

_____, 1999,『韓國佛敎最近百年史編年』, 인하대학교출판부.

_____, 2001,『일본침략시기의 한・일불교관계사』, 아름다운 세상.

鄭文鍾, 1993,『1930년대 朝鮮에서의 農業政策에 관한 硏究』, 서울대학
        교 대학원 경제학과 박사학위논문.

鄭在哲, 1985,『일제의 대한국식민지교육정책사』, 일지사.

池秀傑, 1993,『일제하 농민조합운동연구』, 역사비평사.

崔錫榮, 1997,『일제의 동화이데올로기의 창출』, 서경문화사.

최원규 엮음, 1988,『일제말기 파시즘과 韓國社會』, 청아출판사.

崔由利, 1997,『日帝 末期 植民地 支配政策硏究』, 국학자료원.

한국기독교역사연구소, 1998,『한국기독교의 역사』 Ⅰ・Ⅱ, 기독교문사.

韓普光, 1981,『白龍城禪師硏究』, 甘露堂.

한용운 지음・이원섭 옮김, 1992,『조선불교유신론』, 운주사.

黃   玹, 1955,『梅泉野錄』, 國史編纂委員會.

Dougherty, James E. and Pfaltzgraff, Robert L., 1981,『Contending Theories of
Interntional Relations』, New York: Haper & Row.

江田俊雄, 1975,『朝鮮佛敎史研究』, 東京: 國書刊行會.

高橋幸八郎・水原慶二・大石嘉一郎 編, 車泰錫・金利進 譯, 1992,『日
        本近代史論』, 知識産業社.

古屋哲夫 編, 1994,『近代日本アジア認識』, 京都大學人文科學研究所.

宮田節子, 1985,『朝鮮民衆と「皇民化」政策』, 東京, 未來社.

吉田久一, 1992,『日本近代佛敎史研究』, 川島書店.

金英達, 1997,『創氏改名の研究』, 未來社.

瀧澤誠, 1986,『武田範之とその時代』, 三嶺書房.

大西 修 編, 1995,『戰時敎學と淨土眞宗』, 社會評論社.

小室裕充, 1987,『近代佛敎史研究』, 同朋出版社.

市川白弦, 1975,『日本ファシズ下の宗敎』, エヌエ出版會.

鈴木敬夫, 1989,『法을 통한 朝鮮植民地 支配에 관한 研究』, 고대민족문

화연구소.

中濃教篤, 1976, 『天皇制國家と植民地傳道』, 國書刊行會.

池田英俊 編, 1997, 『日本佛敎の歷史』, 佼成出版社.

川上善兵衛, 1987, 『武田範之傳』, 日本經濟評論社.

靑柳南冥, 1911, 『朝鮮宗敎史』, 朝鮮研究會.

土屋詮敎, 1939, 『明治佛敎史』, 三省堂.

土屋詮敎, 1940, 『大正佛敎史』, 三省堂.

板垣與一, 1980, 『アジアの民族主義と經濟發展－東南アジア近代化の起
　　　　點－』, 東京, 東洋經濟新報社.

韓晳曦, 1988, 『日本の朝鮮支配と宗敎政策』, 未來社.

戶村政博, 1976, 『神社問題とキリスト敎』, 新敎出版社.

丸山眞男, 1963, 『現代政治の思想と行動』上卷, 未來社.

孝本貢編, 1988, 『論集日本佛敎史』, 雄山閣出版株式會社.

3) 硏 究 論 文

강영한, 1996, 「일본불교의 조선침투과정과 한국의 불교개혁운동」 『종교
　　　　연구』 12.

金敬執, 1997, 「鏡虛의 禪敎觀 硏究」 『韓國思想史學』 9.

金光植, 1994, 「日帝下 禪學院의 운영과 성격」 『한국독립운동사연구』 8.

＿＿＿, 1994, 「朝鮮佛敎靑年會의 史的 考察」 『韓國佛敎學』 19.

＿＿＿, 1994, 「일제하 佛敎界의 總本山 建立運動과 曹溪宗」 『한국민족
　　　　운동사연구』 10, 한국민족운동사연구회.

＿＿＿, 1995, 「조선불교선교양종 승려대회의 개최와 성격」 『한국근현대
　　　　사연구』 3.

＿＿＿, 1995, 「1910년대 불교계의 進化論 수용과 寺刹令」 『吳世昌敎授
　　　　華甲紀念 韓國近現代史論叢』.

金光植, 1995, 「1910년대 불교계 曹洞宗 盟約과 臨濟宗運動」 『한국민족
　　　　운동사연구』 12, 한국민족운동사연구회.

＿＿＿, 1997, 「朝鮮佛敎女子靑年會의 창립과 변천」 『한국근현대사연
　　　　구』 7.

金光植, 1997,「朝鮮佛教禪宗 宗憲과 首座의 現實認識」『建大史學』9.

_____, 1997,「1926년 불교계의 帶妻食肉論과 白龍城의 建白書」『한국독립운동사연구』11.

_____, 2000,「일제하 金山寺의 寺格」『金山寺開山 1400주년기념 학술회의 발표집, 金山寺의 歷史와 人物』, 民族社.

김낙년, 1994,「일본제국주의 식민지지배의 특질」『한국사』13, 한길사.

김동명, 1998,「일본 제국주의의 식민지 지배체제의 개편－3·1운동 직후 조선에서의 동화주의 지배체제의 확립－」『韓日關係史研究』9.

金相鉉, 1986,「韓龍雲과 公約三章」『東國史學』19·20.

_____, 1991,「三·一운동에서 韓龍雲의 역할」『이기영박사고희기념논총－佛教와 歷史－』.

金素眞, 1995,「大韓僧侶聯合會宣言書와 佛教界의 獨立運動」『원우논총』13, 숙명여자대학교 대학원 총학생회.

金淳碩, 1994,「개항기 일본 불교종파들의 한국침투」『한국독립운동사연구』8.

_____, 1995,「朝鮮佛教團研究」『한국독립운동사 연구』9.

_____, 1999,「1920년대 초반 朝鮮總督府의 佛教政策」『한국독립운동사연구』13.

_____, 2000,「1930년대 후반 조선총독부의 '心田開發運動' 전개와 조선 불교계」『한국민족운동사연구』25.

_____, 2001,「중일전쟁 이후 조선총독부의 불교정책과 불교계의 대응」『한국근현대사연구』17.

_____, 2001,「3·1운동기 불교계의 동향」『한국민족운동사연구』29.

金承台, 1992,「1930년대 기독교계학교의 신사소고」『한국기독교와 신사참배문제』, 한국기독교역사연구소.

金昌洙, 1992,「日帝下 佛教界의 抗日民族運動」『가산 이지관스님 화갑기념논총－한국불교문화사상사－』하권.

朴杰淳, 1994,「3·1獨立宣言書 公約三章 起草者를 둘러싼 논의」『한국독립운동사연구』8, 한국독립운동사연구소.

朴敬塤, 1988,「近代佛教의 研究」『近代韓國佛教史論』, 민족사.

朴相權, 1984,「日帝의 宗教政策과 韓國宗教」『崇山朴吉眞古稀紀念論

叢-韓國近代宗敎思想史-』, 원광대학교출판국.

박승길, 1992, 「일제 무단통치 시대의 종교정책과 그 영향」『현대 한국
    의 종교와 사회』, 한국사회사연구회.

徐景洙, 1982, 「日帝의 佛敎政策-寺刹令을 중심으로-」『佛敎學報』 22.

孫仁銖, 1986, 「일제식민지 교육정책의 성격」『일제하 교육이념과 그 운
    동』, 한국정신문화연구원.

孫禎睦, 1992, 「朝鮮總督府의 神社普及·神社參拜 강요정책에 관한 연
    구」, 한국기독교역사연구소.

申國柱, 1988, 「3·1독립선언」『한민족독립운동사』 3, 국사편찬위원회.

愼鏞廈, 1977, 「3·1獨立運動 勃發의 經緯」『韓國近代史論』.

安啓賢, 1969, 「三·一運動과 佛敎界」『三一運動 50週年紀念論文集』,
    동아일보사.

柳洪烈, 1976, 「開港과 信敎의 自由問題」『韓國宗敎』, 원광대학교출판부.

尹善子, 1997, 「1910년대 일제의 종교규제법령과 朝鮮 天主敎會의 대응」
    『한국근현대사연구』 6.

_____, 1997, 「일제하 朝鮮 天主敎會의 法人化 과정」『北岳史論』 4.

_____, 1997, 「일본 軍國主義 宗敎政策과 朝鮮 天主敎會의 神社參拜」
    『韓國史硏究』 98.

_____, 1998, 「1915년 <포교규칙> 공포 이후 종교기관 설립 현황」『한
    국기독교와 역사』 8, 한국기독교역사연구소.

尹善子, 1998, 「日帝戰時下 總動員體制와 朝鮮天主敎會」『歷史學報』
    157.

이경순, 2000, 「1917년 불교계의 일본 시찰연구」『한국민족운동사연구』
    25.

李永子, 1973, 「白龍城硏究序說」『佛敎思想』 6.

李廷銀, 1993, 「3·1운동기 학생층의 선전활동」『한국독립운동사연구』 7,
    한국독립운동사연구소.

張秉吉, 1985, 「朝鮮總督府의 종교정책」『정신문화연구』 25.

張元圭, 1986, 「曹溪宗의 成立과 發展에 對한 考察」, 佛敎學會 編, 『韓
    國曹溪宗의 成立史的 硏究』, 민족사.

鄭珖鎬, 1980, 「明治佛敎의 Nationalism과 한국침략」『韓國史學』 3, 정신

문화연구원.

鄭珖鎬, 1988,「日帝의 宗敎政策과 植民地佛敎」『近代韓國佛敎史論』,
　　　　民族社.

_____, 1990,「日本 침략시기 불교계의 민족의식」『尹炳奭敎授華甲紀
　　　　念 韓國近代史論叢』.

_____, 1991,「韓國近代佛敎의 '帶妻食肉'」『한국학연구』3, 인하대 한
　　　　국학연구소.

_____, 1992,「日本 侵略時期의 韓國佛敎」『伽山李智冠스님華甲紀念
　　　　韓國佛敎文化思想史』下.

_____, 1997,「開化期의 혁신운동과 佛敎」『仁荷史學』5.

鄭泰憲, 1991,「1930년대 식민지농업정책의 성격전환에 관한연구」『일제
　　　　말 조선사회와 민족해방운동』, 일송정.

鄭惠瓊・李昇燁, 1999,「일제하 綠旗聯盟의 활동」『한국근현대사연구』
　　　　10.

趙東杰, 1985,「奧村의 朝鮮國布敎日誌」『韓國學論叢』, 국민대학교 한
　　　　국학연구소.

趙恒來, 1996,「日本 國粹主義團體 '玄洋社'의 韓國侵略行跡」『日帝의
　　　　對韓侵略政策史硏究』, 현음사.

池秀傑, 1984,「1932~35年間의 조선농촌진흥운동」『한국사연구』46.

車錫基, 1982,「日帝下 民族敎育과 植民敎育의 葛藤」『近代 民族敎育의
　　　　展開와 葛藤』, 한국정신문화연구원.

蔡尙植, 1991,「한말, 일제시기 梵魚寺의 사회운동」『한국문화연구』4,
　　　　부산대학교 한국문화연구소.

崔柄憲, 1999,「近代 禪宗의 復興과 鏡虛의 歷史的 位置」『덕숭선학』1,
　　　　불교선학연구원.

_____, 1995,「日帝佛敎의 浸透와 植民地佛敎의 性格-淨土眞宗大谷
　　　　派의 浸透 事例를 중심으로-」『韓國思想史學』7.

_____, 1993,「日帝佛敎의 浸透와 韓龍雲의『朝鮮佛敎維新論』」『震山
　　　　韓基斗博士 華甲紀念-韓國宗敎思想의 再照明-』, 圓光大學校
　　　　出版局.

_____, 2001.6.16,「日帝의 侵略과 佛敎」『일제의 한국 침략과 종교-한

국 강점 전후를 중심으로-』, 한국사연구회학술회의 발표문.

韓亘熙, 1996, 「1935~37년 일제의 '心田開發'정책과 그 성격」『韓國史論』 35.

한동민, 2000, 「1910년대 禪敎兩宗 30本山聯合事務所의 설립과정과 의의」『민족운동사연구』 25.

洪一植, 1989, 「3·1獨立宣言書 硏究」『한국독립운동사연구』 3, 한국독립운동사연구소.

宮田節子, 1967, 「1930年代日本帝國主義下朝鮮における農村振興運動の展開」『歷史學硏究』 297.

富田晶子, 1981, 「準戰時下朝鮮の農村振興運動」『歷史評論』 377.

靑野正明, 1991, 「植民地朝鮮における農村再編成策の位置付け」『朝鮮學報』 136.

孝本貢 編, 1988, 「大正·昭和期の國家·旣成佛敎敎團·宗敎運動」『論集日本佛敎史』, 雄山閣出版株式會社.

藏田雅彥, 1991, 「天皇制國家の朝鮮植民地支配と文化宗敎政策」『朝鮮史硏究會論文集』 29.

山口公一, 1998, 「戰時期 朝鮮總督府の 神社政策」『朝鮮史硏究論文集』 36.

山本有造, 1994, 「大東亞共榮圈構想とその構造」, 古屋哲夫 編『近代日本アジア認識』, 京都大學人文科學硏究所.

• 부록 1

〈별표 1-1〉심전개발운동 순회강연 일람표(1935. 4～1937. 12)

일시	장 소	연사	연 제	청중수	도별
1935. 3.13	광주군 공립 보통학교	김태흡	불교의 이상과 심전개발	520	경기
〃	〃	박윤진	실천계율의 필요	〃	〃
4.21	이천 공립 보통학교	김태흡	불교와 생활개선	520	〃
〃	〃	박윤진	시대가 요구하는 불교	〃	〃
5. 5	여주 공립 보통학교	김태흡	불교의 보은 생활	800	〃
〃	〃	박윤진	불교와 인간이상	〃	〃
5.19	안천공회당	김태흡	현대생활과 심전개척	650	〃
〃	〃	박윤진	信	〃	〃
6. 2	여주 공립 보통학교	김태흡	流汗鍛鍊과 同胞相愛	420	〃
〃	〃	박윤진	불보살의 서원	〃	〃
7.10	양평 공립 보통학교	김태흡	無我의 생활	200	〃
〃	〃	박윤진	불교의 가정화	〃	〃
8. 3	三防 봉은사 포교당	김태흡	인생과 신앙	130	
〃	〃	박윤진	佛寶	〃	
8. 4	〃	김태흡	三福田의 개척	254	
〃	〃	박윤진	法寶	〃	
8. 5	〃	김태흡	심전개발의 의의	150	
〃	〃	박윤진	僧寶	〃	
8.15	강화 공립보통 광장	김태흡	심전개발과 불교정신	620	경기
〃	〃	박윤진	20세기와 불교	〃	〃
8.16	전등사 對潮樓	김태흡	합장의 생활	58	〃
〃	〃	박윤진	불교와 진흥운동	〃	〃
〃	강화군 온수 공립보통학교	김태흡	고뇌와 해탈		〃
〃	〃	박윤진	불교와 보은운동		〃
8.21	개성고려 청년회관	김태흡	육안과 심안		
〃	〃	박윤진	불교와 구제운동		

〈별표 1-2〉심전개발운동 순회강연 일람표(1935. 4～1937. 12)

일시	장 소	연사	연 제	청중수	도 별
1935. 4. 7	경성방송국	이지광	불교와 인생	방송강좌	
5.10	〃	김경주	석존탄생과 인류문화		
5.11	〃	박윤진	善女人과 공양		
5.26	〃	김태흡	보은생활		
6.16	〃	김경주	정신생활과 물질생활		
6.26	〃	이광수	법화경의 인생관		
7. 9	〃	박윤진	42章經		
7.14	〃	김태흡	救到懸의 의의		
7.16	〃	김경주	佛說遺敎經		
8.13	〃	崔 碧	心經		
8.27	〃	김경주	十善戒經		
9. 9	〃	권상로	十善業道經		
9.15	〃	기단호	선의 원리		
9.17	〃	김포광	대방광불화엄경		
7. 9	마곡사 법당	도안성	창조의 생활	80	충남
〃	〃	배성돈	조선불교의 현단계와 교역자의 당무	〃	〃
7.11	법주사	도안성	童話 대동학원	70	〃
〃	〃	〃	나의 불교관	〃	〃
〃	〃	장원규	승가대중의 귀처	〃	〃
〃	보은공회당	도안성	盂蘭盆	150	〃
〃		배성돈	일상생활과 불교	〃	〃
7.14	김제 공립 보통학교	도안성	신앙과 안심	100	전북
7.15	백양사 법당	장원규	잇슬 문화와 잇슬 불교	80	〃
〃	〃	배성돈	勿失其時	〃	〃
7.18	선암 교당	도안성	나의 불교관	400	전남
〃		배성돈	조선에 흘러온 불교	〃	〃

〈별표 1-3〉 심전개발운동 순회강연 일람표(1935. 4〜1937. 12)

일 시	장 소	연 사	연 제	청중수	도 별
1935. 7.20	藍毘尼 學院	도안성	동화	800	전남
〃	〃	장원규	문화의 추세와 불교	〃	〃
〃	〃	도안성	무한의 자비	〃	〃
7.22	대흥사 법당	배성돈	동화		〃
〃	〃	장원규	사회 생활과 불교	100	
〃	해남 공회당	도안성	일상 생활과 불교		〃
〃	〃	배성돈	불교는 取? 捨?		〃
7.23	벌교 공명학교	도안성	과거를 회고하고 앞날을 경계하자	1,100	〃
〃	〃	배성돈	불교의 流轉	〃	〃
7.24	송광면 사무소 공회당	도안성	나의 인생관	250	〃
〃	〃	장원규	사회발전과 불교	〃	〃
〃	〃	배성돈	심전개발과 불교	〃	〃
7.26	쌍암면 회의실	장원규	무상을 깨치고	300	〃
〃	〃	배성돈	마음의 밭을 갈자	〃	〃
7.28	화엄사 법당	〃	吾敎徒의 猛省을 促함	60	〃
〃	구례 공립 보통학교	〃	심전개발과 불교	200	〃
〃	〃	도안성	불사약은 何處	〃	〃
7.29	광의 공립 보통학교	배성돈	현실과 불교	250	〃
〃	〃	장원규	사회와 불교	〃	〃
7.31	쌍계사 법당	배성돈	吾敎의 장래와 우리의 각성	150	〃
〃	〃	도안성	나는 부루나가 그립다	〃	〃
9.20	봉은사 법당 앞 광장	김태흡	심전개발과 불교의 보은 사상	〃	경기
〃	〃	박윤진	불교와 孝聖 目蓮	250	〃
9. 1	개풍군 공립 보통학교	김태흡	정신수양과 불교	170	〃

〈별표 1-4〉 심전개발운동 순회강연 일람표(1935.4~1937.12)

일 시	장 소	연 사	연 제	청중수	도 별
1935. 8. 8	정촌면 공립 보통학교	박만선	大報 父母 恩重經 及 孝誠 兄弟 友愛	120	경남
8. 9	청촌면 예하리 야학교	〃	大重大恩 及 浪目長者 古 事善惡 因果	130	〃
8.20	금곡면 공립 보통학교	〃	修身 孝誠 兄弟 友愛	150	〃
8.23	명석면사무소	〃	불교교리에 대하야	80	〃
〃	〃	〃	孫淑娜 古事 及 岸樹井藤		〃
8.27	명석면 공립 보통학교	〃	불타의 서원	200	〃
〃	〃	〃	신앙에 대하야		〃
10. 5	안동읍 불교포교당	김태흡	불교 수양의 실천방법	350	경북
10. 6	〃	〃	현세의 안락과 내세왕생		〃
〃	안동공립 보통학교강당	〃	心の修養と佛教	100	일본 인
10. 7	안동극장	〃	석존일대의 출가수도와 전 도일생	550	경북
〃	안동공립 보통학교강당	〃	심전개발과 신앙생활	250	〃
〃	안동극장	〃	고집멸도의 사성제	620	〃
10. 8	영주번영회관	〃	심전개발과 攝取의 慈光	300	〃
10	예천읍공회당	〃	심전개발과 자력갱생	250	〃
10.10	대승사 강당	〃	인격향상과 신앙생활	200	〃
10.12	상주군청	〃	心田開發と生活改善	220	일본 인
10.12	상주군청 및 포교당	〃	심전개발과 불교정신	620	경북
10.13	상주 포교당	〃	합장향불과 신앙생활	110	〃
9.28	김제 금산사	곽법경	심전개발과 순회포교		전북
10.26	김제 문수사	〃	〃		〃
10. 7	김제군봉남면 新注 振興會	〃	〃		〃
10.11	김제군자사면 水閣 振興會	〃	〃		〃

〈별표 1-5〉심전개발운동 순회강연 일람표(1935. 4~1937. 12)

일 시	장 소	연 사	연 제	청중수	도 별
11.16	광주 공립 보통학교	김태흡	심등점화와 생활개선	210	전남
〃	〃	박윤진	출가불교와 재가불교	〃	〃
11.17	산성리 북부 농촌진흥회관	김태흡	불교의 이상과 그 사명	55	
12. 7	사리원	〃	심전개발 순회강연		황해도
〃	황주읍	〃			〃
12. 8	겸이포	〃			
10.30	개풍군	〃	심전개발과 불교의 이상	350	경기도
11.26	충북 도청 회의실	華山大義	심전개발 강연		충북
12. 8	개풍군 상도 공립보통학교	박윤진	물질문명과 정신생활	300	경기도
12.11	공립보통학교 신암동탁아소	정찬종	심전개발의 의의	300	함북
12.12	청덕학교	〃	심전개발의 가치	570	〃
1936.1.14 ~20	석왕사	김포광 홍석포 한영규 석시경	심전개발 강습회		〃
2. 1	개풍군 중면 공보강당	김태흡	심전개발과 경신숭조	210	경기도
2. 2	개풍군임한면 공보강당	〃	심전개발과 보은감사	350	〃
2.11	개풍군 북면 공보강당	〃	심전개발과 攝心의 道	420	〃
〃	개풍군 북면 다사현동	〃	심전개발과 화합의 정신	120	〃
2.12	개풍군중서면 공보강당	〃	심전개발과 감은 봉사	310	〃
2.15	개풍군청교면 공보강당	〃	심전개발과 자립의 정신	250	〃
2.16	대구 공회당	이지광	불교는 인생교	1,200	경북
〃	〃	정두석	인간이 구하는 인간	〃	〃
〃	〃	강유문	불교 街頭觀	〃	〃

〈별표 1-6〉심전개발운동 순회강연 일람표(1935. 4~1937. 12)

일 시	장 소	연 사	연 제	청중수	도 별
1936.1.15 ~ 16	봉은사 내 광장	강성인	불교로부터 심전개발에 就하야		경기도
3. 8	영월군 공회당	김보광	行善의 功力	40	강원도
3. 9	영월군 북면 사무소	김종원	六根	130	〃
〃	〃	김보광	佛光이 普照		〃
3.11	영월군 방절리 구장댁	〃	苦는 樂의 종자	30	〃
3.13	영월군 남면 면사무소	〃	佛의 의의	25	〃
3.14	영월군 남면 불교청년회관	김종원	十惡	40	〃
〃		김보광	국왕의 선정		〃
4.12	강원도청 회의실	김태흡	불교신앙과 심전개발	30	〃
〃	춘천 공립 농업학교	〃	심전개발과 불교이상	200	〃
4.25	함흥 제일보통 학교 대강당	〃	심전개발과 불교도의 사명	850	함남
4.26	함흥 귀주사 불교 포교당	〃	심귀의와 반야심경	300	〃
〃		〃	이론불교와 실천불교	350	〃
3.19	안동군 서후면 사무소	조경인	심전개발 및 민심작흥		경북
〃		박래욱	〃		〃
4. 8	성불사 영암루	김태흡	심전개발과 신앙생활	10,000	황해도
4. 8~12	법주사 주관 순회 강연	허웅선 배성돈	보은·영동·옥천·청주 읍		충북
5. 4~8	법주사 주관 순회 강연	주태순 박유선	괴산·음성·진천읍		충북
5. 8~14	법주사 주관 순회 강연	장도식 박영지 조성학	보은군 내 사내리·상판 리·갈목리·중관리·하 판리·북암리·백현리		〃
5.15~22	법주사 주관 순회 강연	박동일 정기환	충주·단양·제천읍		〃

〈별표 1-7〉 심전개발운동 순회강연 일람표(1935. 4∼1937. 12)

일 시	장 소	연 사	연 제	청중수	도별
1936. 1. 2	순천군 송광면 평촌리	이윤조	明星과 悟道	150	전남
〃	순천군 송광면 낙수리	성서해	석존의 성도	100	〃
2. 8	순천군 외서면 금성리	김상철	42章經에 就하야	200	〃
〃	〃	성서해	심전개발	〃	〃
〃	〃	이혜당	민심작흥	〃	〃
3.29	순천군 송광사 회의실	임석진	농촌진흥과 불교	50	〃
3.31	순천군 송광면 낙수리	〃	심전개발에 대하야	300	〃
〃	순천군 송광면 원평리	〃	세존의 일대	150	〃
4.25	순천군 외서면 금성리	이성공	목련존자의 효행	190	〃
〃	〃	한인산	불멸의 인과	〃	〃
5.17	순천군 송광면 원평촌	주용덕	신앙생활	150	〃
〃	〃	한인산	수양의 효과	〃	〃
5. 6 ∼21	해남군 대흥사 주관 순회포교	박영희	諸法生滅에 대하야	100	〃
5. 6	〃	문학연	심전개발과 신앙	〃	〃
5. 8	대흥사 강진군 순회포교	박영희	신앙에 대하야	300	〃
〃	〃	문학연	생사를 해탈하라	〃	〃
5.10	대흥사 영암군 순회포교	박영희	인생관에 대하야	200	〃
〃	〃	문학연	심전을 개발하면 생사도 해탈	〃	〃
5.12	대흥사 장흥군 순회포교	박영희	우주와 인생	100	〃
〃	〃	문학연	심전개발이란 무엇인고	〃	〃
5.14	순천군 벌교면 순회강연	박영희	제법생멸에 대하야	300	〃

〈별표 1-8〉 심전개발운동 순회강연 일람표(1935. 4~1937. 12)

일 시	장 소	연 사	연 제	청중수	도별
1936. 5.15	순천군 능주읍 순회강연	박영희	신앙에 대하야	400	전남
〃	〃	문학연	심전농부는 佛陀	〃	〃
5.17	순천군 화순읍 순회강연	박영희	우주와 인생	350	〃
〃	〃	문학연	심전개발은 신앙으로	〃	〃
5.19	순천군 나주읍 순회강연	박영희	제법생멸에 대하여	300	〃
〃	〃	문학연	雪山修道가 심전경작이다	〃	〃
5.21	목포부	박영희	우주와 인생과의 관계	400	〃
〃	〃	문학연	심전개발과 생사해탈	〃	〃
4.19 ~5.17	범어사 주관 순회포교	이동강	修心의 이익	30	부산
4.19	사상면 범어사 포교소	〃	以理薦度와 以事薦度	50	〃
4.20	사상면 범어사 포교소	〃	所有相皆是虛妄若見諸相非相則見如來	60	〃
4.20	양산군 동면 금산 간이학교	〃	심전개발과 조선불교의 복구	70	경남
5. 1	양산군 동면 사무소	〃	심전개발의 의의와 불교	40	〃
5. 3	철마면 임기 유치원	〃	심전개발에는 불교가 最要	70	〃
5. 7	부산부 초장 범어사 포교소	〃	法施와 財施	300	부산
5. 8	부산부 좌천정 범어사 포교소	〃	信心	30	〃
5. 9	청룡 공립 보통학교	〃	관세음보살의 神力	100	〃
5.15	사상면 범어사 포교소	〃	衆善奉行 諸惡莫作의 결과	50	〃
5.17	동래 불교 일요학교	〃	童話 관세음보살 영험본 이야기	200	〃
5.17	범어사 동래 포교당	〃	참선 방법	720	〃

〈별표 1-9〉심전개발운동 순회강연 일람표(1935. 4~1937. 12)

일시	장 소	연 사	연 제	청중수	도별
1936. 5.20	달성군 유가면	황실담	심전개발에 대하야	70	경북
〃	〃	박병우	심전의 法喩同花園	〃	〃
〃	〃	이벽담	인과설	〃	〃
6. 7	봉선사 순회포교 안양 공회당	김태흡	생활과 신앙	210	경기
〃	〃	박윤진	인간 理想	〃	〃
6.21	봉선사 순회포교 김포공립보통학교	김태흡	사회정화의 最高理想	250	〃
〃	〃	박윤진	불교정신	〃	〃
4.23	옥포면 회의실	박병우	심전개발에 대하야 五種大恩	30	경북
5. 5 ~6. 1	봉선사 순회포교 양주군 견성암	강계룡	심전개발의 3대원칙	90	경기
5.13	양주군 진접면 회의실	〃	심전개발의 의의	50	〃
〃	〃	이학수	불교의 인생관	〃	〃
5.19	가평군 하면 현리 공회당	강계룡	인간의 淨和	150	〃
6. 1	포천군 이동면 도평리 진흥회관	〃	사회의 정화	120	〃
5.19	가평군 하면 외곡 진흥회관	〃	각성의 종교	70	〃
5.20	가평군 하면 거석리 진흥회관	〃	불교의 사명	50	〃
6. 5	와부면 덕소 공립보통학교	박태환	심전개발과 불교의 善用其心	200	〃
7. 2	금화읍 공회당	김태흡	心田開發と國體觀念	일 본 인 관 공 서 직원 200	강원도
〃	〃	〃	심전개발과 轉迷開悟	50	〃
7. 3	금성공립보통학교	〃	심전개발과 去惡就善	350	〃
7. 4	장안사驛前공회당	〃	심전개발과 보은운동	150	〃
〃	회양읍 공회당	〃	심전개발과 離苦得樂	250	〃
7. 5	철원공립보통학교	〃	心田開發にと佛教精神	군교육청 회원 100	〃
〃	연무관	〃	신앙생활과 화합의 정신	150	〃

〈별표 1-10〉심전개발운동 순회강연 일람표(1935. 4~1937. 12)

일 시	장 소	연 사	연 제	청중수	도별
1936. 7. 6	철원공립보통학교	김태흡	심전개발과 자력갱생	400	강원도
〃	평강 복계 철도국 官舍	〃	心田開發と信仰生活	철도국 직원 100	〃
〃	평강읍 공회당	〃	심전개발과 福田開拓	250	〃
7. 7	이천공립보통학교	〃	심전개발과 공존공영	500	경기도
7. 8	지석공립보통학교	〃	물질생활과 정신생활	300	〃
7.11	정읍 공회당	〃	심전개발과 불교의 사상		전북
7.26	홍천읍 공회당	〃	심전개발과 피안의 생활	500	강원도
7.27	횡성읍 공회당	〃	심전개발과 사회개조의 이상	250	〃
7.28	원주읍 공회당	〃	심전개발과 종교신앙의 필요	300	〃
7.30	문막 공회당	〃	심전개발과 해탈의 이상	350	〃
〃	주천 공보강당	〃	심전개발과 경신숭조	250	〃
7.31	영월 불교포교당	〃	대자대비와 大信大行	150	〃
〃	영월 공보강당	〃	심전개발과 보은감사	500	〃
〃	〃	〃	心田開發と佛敎の理想	일본·조선인 관공리 150	〃
7. 3	강릉읍사무소 강당	김유신	靈的大我	50	〃
7. 5	홍제리 공회당	〃	심전개발의 의의	100	〃
7. 3	포교당	〃	원각경 강의	40	〃
8. 5 ~8.12	상주 남장사 순회강연	김동화 동경 입정대학 강사	상주 일원 7회		경북
8. 5	유가면 갱생부락	박병우	심전개발순회강연(연제 미기재)	200	〃
8. 7	유가면 공려조합	〃	〃	100	〃

8. 3	종성군 공립 학교 강당	장설봉	생활상 도덕과 불타의 교 훈	200	함북
〃	〃	배성호	세존의 출가성도와 吾人 의 각오	〃	〃

〈별표 1-11〉 심전개발운동 순회강연 일람표(1935. 4～1937. 12)

일 시	장 소	연 사	연 제	청중수	도 별
1936. 7. 6	金泉座	배성돈	離苦得樂의 일	600	중앙불전 순회강연
〃	〃	도안성	무한의 자비	〃	경북
〃	상주 공보강당	윤기원	불교의 우주관	1,000	〃
〃	〃	도안성	무언의 설법	〃	〃
7. 7	김용사 大樓	윤기원	불교의 우주관	120	〃
〃	〃	배성돈	일심	〃	〃
7. 8	대승사 대루	윤기원	불교의 근본사상	110	〃
〃	〃	도안성	富樓那가 그립다	〃	〃
7. 9	문경 공회당	배성돈	심전개발과 신앙	500	〃
〃	〃	도안성	불사약을 찾아서	〃	〃
7.10	예천 공회당	윤기원	修心의 大道	800	〃
〃	〃	배성돈	사람은 이러케 살자	〃	〃
7.11	안동 공립 보통학교 강당	윤기원	以心修心	700	〃
〃	〃	도안성	무궁의 영생	〃	〃
7.13	의성 邑所강당	도안성	해탈의 도	500	〃
〃	〃	배성돈	우리는 이러케 살자	〃	〃
7.14	동화사 포교당	윤기원	대도무문	600	〃
〃	〃	도안성	우란분에 대하야	〃	〃
7.15	동화사 대루	윤기원	우리들의 반성	〃	〃
7.16	은해사 대루	윤기원	불교의 우주관	100	〃
〃	〃	나방우	반성	〃	〃
7.17	영천 경찰서 연무장	도안성	보은	400	〃
〃	〃	배성돈	창조의 신생활	〃	〃
7.18	통도사 포교당	윤기원	이고득락	300	경남
〃	〃	배성돈	해탈의 묘미	〃	〃

〈별표 1-12〉 심전개발운동 순회강연 일람표(1935. 4～1937. 12)

일 시	장 소	연 사	연 제	청중수	도 별
1936. 7.19	통도사 포교당	도안성	동화	250	경남
7.21	양산 공립 보통학교 강당	배성돈	인생의 正路	400	〃
7.22	실달 야학교	〃	인생의 의의	400	〃
〃	초량공립학교	윤기원	희망의 도	150	부산
7.23	馬山公普校	배성돈	인생은 이렇케 살자	〃	경남
〃	〃	도안성	우리는 어디로 갈까	〃	〃
7.25	통영 蓮萊座	윤기원	해탈의 대도		〃
7.27	남해 공보교	〃	불교란 무엇	150	〃
〃	〃	배성돈	심전을 갈자	〃	〃
7.28	여수 진해루	〃	심전경작	150	전남
〃	〃	도안성	인생아 슬퍼마라	〃	〃
7.30	하동 공보교	윤기원	무애의 대도	400	경남
8. 1	진주 옥봉 불교포교당	배성돈	轉迷開悟의 道	150	〃
8. 3	협천 공보교	〃	심전을 갈자	350	〃
〃	〃	도안성	인생은 왜 외로운가	〃	〃
7. 5	철산 연무관	장원규	불교와 인생관	150	평북
7. 6	영흥 재향 군인 회관	김사조	인생의 생사는 필연	500	함남
7. 7	귀주사 포교당	장원규	문화의 추세와 불교		〃
7. 9	북청읍 회의실	김재수	심전개발과 불교의 정신	600	〃
7.10	길주 면회의실	김사조	인생의 처세와 불교	150	함북
〃	〃	김재수	심전개발의 진의의	〃	〃
7.11	종성읍 공회당	김사조	인생의 재음미	800	〃
〃	〃	장원규	문화와 불교	〃	〃
7.12	나남 북선일일 신문사 강당	김재수	인생의 최고 목표와 불교의 정신	1,300	〃
〃	〃	장원규	이상적 세계	〃	〃

〈별표 1-13〉 심전개발운동 순회강연 일람표(1935. 4〜1937. 12)

일시	장 소	연사	연 제	청중수	도별
1936 7.13	회령읍 공회당	김사조	근본문제와 지말문제	700	함북
〃	〃	김재수	인간학으로서의 불교	〃	〃
7.14	청진 공보교	김사조	심전개발과 불교	170	〃
〃	〃	장원규	인간생활과 불교	〃	〃
7.15	성진읍 회의실	〃	물심협조 생활과 불교	600	〃
〃	〃	김재수	속박의 생활과 해탈의 생활	〃	〃
7.16	석왕 포교당	김사조	인간생활과 불교	200	함남
〃	〃	김재수	인생의 의의와 불타의 근본사상	〃	〃
7.19	고성 공보교	김사조	인간정화	100	강원도
〃	〃	장원규	화합의 생활	〃	〃
7.21	간성 공보교	김사조	종교의 이상과 처세	250	〃
〃	〃	김재수	불교의 이상적 생활	〃	〃
9.10	봉선사	김태흡	종교신앙의 위력		경기도
〃	〃	박윤진	육근청정에 대하야		〃
8.27	옥천 공립농업 전수학교	배성돈	법주사 주최 심전개발 순회강연	100	충북
8.28	옥천군 군서 공보학교	〃	〃	250	〃
8.29	북면 강습소	〃	〃	400	〃
8.30	옥천 공립 심상소학교	〃	〃	1,000	〃
8.31	옥천안남공보	〃	〃	350	〃
9. 1	옥천군안내공 보	〃	〃	300	〃
9. 2	옥천군청성공 보	〃	〃	250	〃
9. 3	옥천 청산공보	〃	〃	800	〃
9. 5	수한 면사무소	〃	〃	150	〃
9. 6	보은 북공보	〃	〃	400	〃
9. 7	보은 산외공보	〃	〃	500	〃

〈별표 1-14〉 심전개발운동 순회강연 일람표(1935.4〜1937.12)

일시	장소	연사	연제	청중수	도별
1936 7.23	진주군 주약리 회관	박만선	原田耘治와 심전개발이 如車二輪	100	경남
〃	〃	오준봉	인내	〃	〃
7.25	佳山里 東山 樹陰下	박만선	善惡因果 自作自受	95	〃
7.27	지수 공보교	〃	생멸중 불생멸의 소식	90	〃
7.28	大岩里 樹陰下	〃	强弱雲泥	80	〃
7.30	외율리 수음하	〃	居地淸潔 心地淸淨	100	〃
8. 4	대뉴리 회관	〃	勤者成功之本	90	〃
〃	하평리 同舍	〃	불교의 의의	70	〃
〃	도동면 야학회	김재영	효행	40	〃
8. 5	수곡면 회관	박만선	忍耐 幸福之元	110	〃
8. 6	대곡리 동산 수음하	〃	심전에 대하야	80	〃
8. 7	천곡리 회관	〃	迷로부터 悟	120	〃
7.28	양산군 동면 간이학교	이동강	佛化身으로 본 금강산	70	경남
8. 1	동래 임기유치원	〃	관세음보살은 大醫王	150	〃
8. 2	동래 명정야학교	〃	보덕각시의 이야기	150	〃
8. 6	동래 사상포교소	〃	인연법에 대하야	20	〃
8. 9	범어사 교당	〃	禪警語	50	〃
8.16	동래 포교당	〃	회심곡에 대하야	50	〃
8.23		〃	달마대사 혈맥론	40	〃
8.24		〃	人命限盡致身亡	60	〃
9. 4	동래 사상포교소	〃	은중경	40	〃
9. 7	동래 포교당	〃	勸往文講說	50	〃
9. 8	양산 동면 간이학교	〃	三寶ノ意義ト歸依三寶	60	〃
9. 9	동래 임기유치원	〃	중국 불교의 현상	80	〃

〈별표 1-15〉심전개발운동 순회강연 일람표(1935.4~1937.12)

일 시	장 소	연 사	연 제	청중수	도별
1936 8. 7	고흥 운곡리회의실	최금산	석존의 역사	30	전남
8. 8	상대리 회의실	〃	불교의 신앙	20	〃
8. 9	중대리 회의실	〃	심전개발에 대하야	30	〃
8.10	금오리 동사무실	〃	苦와樂	30	〃
8.11	하대 회의실	〃	석존의 일대	30	
	영천 신녕면	신등용 이재완	심전개발 강연회(은해사 주관 중앙불전 하계휴가 귀성을 이용)		경북
9.15 ~16	제주 도청	문학연	중견청년지도강습회 개 최를 이용	7,000	제주 도
8.24 ~26	김천 직지사	이덕진	불교상으로 본 인생관	100	경북
10. 5	수원 공보강당	권상로	자력갱생과 종교	100	경기
10. 6	여주군 회의실	〃	자존	100	〃
10. 7	평택 공보강당	〃	至近	100	〃
10. 8	안성군 회의실	〃	가정행복의 요소	150	〃
10. 9	공도 공보	〃	보은생활	150	〃
10.10	연천 공보	〃	苦에서 樂으로	150	〃
10.11	이천 공회당	〃	심전개발의 제일보	200	〃
10.13	개성 군회의실	〃	심전개발과 불교	20	〃
10. 7	나진 光成普校	박성권	불교와 심전개발	100	함북
10. 8	웅기 공보	〃	인간의 종교	200	〃
10.10	회령 공보	〃	불교의 인생관	200	〃
10.11	청진 탁아소	〃	불교와 사회정화	150	〃
10.12	북선일일신문사강 당	〃	불교의 우주관	500	〃
10.13	성진 읍사무소강당	〃	불교와 현대생활	400	〃
9.18	동래 포교당	이동강	범어사 순회포교	30	경남
〃	울산 학성선원	〃	〃	20	〃
9.20	동래 포교당	〃	〃	50	〃

〈별표 1-16〉 심전개발운동 순회강연 일람표(1935.4~1937.12)

일시	장 소	연 사	연 제	청중수	도별
1936 9.27	동래 포교당	이동강	범어사 순회포교	40	경남
9.30	학성선원	〃	〃	80	〃
10. 4	임기 유치원	〃	〃	30	〃
10. 6	양산 금산학교	〃	〃	60	〃
10.11	동래 포교당	〃	〃	30	〃
10.15	부산 개운암	〃	〃	70	〃
10.18	동래 포교당	〃	〃	20	〃
8.10	이곡면 공보관	김종선 나등룡	북청 광제사 주최 순회포교	500	함남
8.11	성대면 공보관	〃	〃	300	〃
8.12	덕성면 공보관	〃	〃	250	〃
8.13	상차서면 공보관	〃	〃	400	〃
8.14	하차서면 공보관	〃	〃	350	〃
8.15	가회면 공보관	〃	〃	350	〃
8.16	후창면 공보관	〃	〃	400	〃
8.17	양화면 공보관	〃	〃	470	〃
8.18	신포면 공보관	〃	〃	460	〃
8.19	속후면 공보관	〃	〃	700	〃
8.20	신창면 공보관	〃	〃	600	〃
8.21	거산면 공보관	〃	〃	500	〃
8.22	신북청면 공보관	〃	〃	650	〃
11. 9	영주군 봉현면	권영환	영주군 교화단체 주관 심전 개발 講話		
11.10	영주군 풍기면	〃	〃		
11.11	영주군 순흥면	〃	〃		
11.12	영주군 단산면	〃	〃		
11.13	영주군 부석면	〃	〃		

〈별표 1-17〉심전개발운동 순회강연 일람표(1935. 4～1937. 12)

일 시	장 소	연 사	연 제	청중수	도별
1936 9. 7	신흥 공보관	장학수	불교의 근본사상과 신앙생활	200	함남
9. 8	상원천면 공보관	〃	십선법	250	〃
9. 9	하원천면 공보관	〃	십선법과 보은	150	〃
9.11	사립영고학원	〃	팔정도	180	〃
9.12	동상 공보관	〃	심전개발과 불교의 사명	450	〃
9.13	서고천 공보관	〃	육바라밀	250	〃
9.14	천불산 공보관	〃	농촌진흥과 불교	160	〃
9.15	가평 공보관	〃	불법승 삼보	250	〃
7.20	화도면 공회당	강계룡	봉선사(양주군) 순회포교	250	경기
7.24	별내면 공회당	〃	〃	50	〃
8.30	시둔면 쌍암사	〃	〃	50	〃
9.10	창동역 삼부락 연합회관	〃	〃	150	〃
9.14	화도면 공설시장	〃	〃	300	〃
9.18	주내면 원동	〃	〃	50	〃
11.20	쌍암사	〃	〃	200	〃
11.14	하면 간이학교	신윤영 강계룡	현등사(가평군)의 순회포교	150	〃
11.15	하면 간이학교	〃	〃	89	〃
11.16	하면 신상리	〃	〃	90	〃
11. 9	강서면 안강리	한영규	종교와 인생	200	경북
11.10	서면 건천리	〃	심전개발과 자기완성	280	〃
11.24	북청면 동중리	황호담	북청군 신북청면 벽해암 순회강연		함북
11.25	북청면 양천리	〃	〃		〃
11.26	북청면 하호리	〃	〃		〃
11.27	북청면 보천리	〃	〃		〃
11.28	북청면 신상리	〃	〃		〃
11.29	북청면 초리	〃	〃		〃

〈별표 1-18〉 심전개발운동 순회강연 일람표(1935. 4~1937. 12)

일 시	장 소	연 사	연 제	청중수	도별
1936.12.14	구례읍 공회당	김태흡	심전개발과 국토장엄	155	전남
12.15	구례 화엄사	〃	심전개척과 신앙생활	87	〃
12.16	간문면 공보	〃	자력갱생과 정신수양	170	〃
〃	산동면 공보	〃	생활개선과 불교	750	〃
12.17	광의면 공보	〃	보은생활과 자립정신	150	〃
〃	구례 화엄사	〃	戒定慧 三學의 圓成	98	〃
12.18	마산면 공보	〃	숭불경신과 신앙생활	540	〃
12.19	구례읍 포교당	〃	信解行證과 修道의 과정	158	〃
1937. 1.15	송파 공보관	김태흡	심신단련과 신앙생활	170	경기
〃	〃	박윤진	백팔번뇌와 육근청정	〃	〃
1.17	상일리 공보관	김태흡	불교신앙과 日新의 수양	155	〃
〃	〃	박윤진	신년의 결심	〃	〃
1937. 3. 7	독진 사립보교	정찬종	심전과 신앙	255	함북
3. 8	주을 하서서당	〃	심전개발의 의의	218	〃
3. 9	주북면 공보교	〃	심전의 황폐와 불교의 생사관	600	〃
3.10	주남면 공보교	〃	심전의 신앙과 장수왕의 자비	700	〃
3.11	어대진사립보교	〃	심전개발과 신앙생활	600	〃
3.13	삼사면 공보교	〃	심전개발은 인간의 행복	450	〃
3.14	楡坪驛간이학교	〃	심전의 신앙과 보은감사	265	〃
3.15	연사면 공보강당	〃	심전개발과 인간의 苦	120	〃
3.17	연천면 고원서당	〃	심전개발과 불교	100	〃
3.18	부거면 쌍포서당	〃	심전개발과 인간의 낙원	250	〃
3.19	삼해면 공보교	〃	심전개발과 경신숭조	60	〃
3.20	관해면신흥동서당	〃	심전개발과 향약운동	100	〃
3.23	나남 공보교 강당	〃	심전과 유물인간 비극	500	〃

〈별표 1-19〉심전개발운동 순회강연 일람표(1935. 4～1937. 12)

일 시	장 소	연 사	연 제	청중수	도 별
1937. 2.26	춘천 泉田場	김태흡	합장의 생활	510	강원도
2.26	춘천읍 공회당	〃	심전개발과 회심반성	150	〃
2.27	춘천읍 공회당	〃	보은감사	620	〃
2.27	화천읍 공회당	〃	信解行證	150	〃
2.28	화천읍 공회당	〃	희생의 정신	70	〃
2.28	양구읍 공회당	〃	심전개발과 轉迷開悟	305	〃
3. 1	양구읍 공회당	〃	경불숭신과 충효의정신	550	〃
3. 1	인제읍 공회당	〃	심전개발과 捨惡就善	450	〃
3. 3	포천읍농민훈련소	〃	사회생활과 신앙생활	152	경기도
3. 4	연천읍 公普講堂	〃	심전개발과 사회교화	120	〃
3. 5	금곡 공보강당	〃	敬佛崇神과 수양실천	158	〃
3. 6	가평읍 공보강당	〃	사상의 동향과 신앙의 필요	250	〃
3. 6	가평읍 공보강당	〃	가정부인과 신앙생활	150	〃
3. 7	청평천 강당	〃	근검저축과 도덕생활	120	〃
3. 7	청평천 공보강당	〃	주부의 각성과 신앙심 함양	520	〃
3. 9	광주 공보강당	〃	인생과 종교	310	〃
3.10	일산 공보강당	〃	자립정신과 경제갱생	90	〃
3.11	纛島 공보강당	〃	心燈點火와 생활독립	80	〃
3.12	안양 면회의실	〃	경제생활과 신앙생활	60	〃

〈별표 1-20〉심전개발운동 순회강연 일람표(1935. 4~1937. 12)

일 시	장 소	연 사	연 제	청중수	도 별
1937. 3.13	수원 공보강당	김태흡	發心改悔와 수도생활	120명	경기도
3.14	수원 불교포교당	〃	불교의 근본정신	60명	〃
3.14	도산 소방회관	〃	농촌진흥과 소방개선	85명	〃
3.14	闕里舍 大成殿	〃	가정부인과 종교수양	120명	〃
3.15	서정리 공보강당	〃	심전개발과 肉眠淨化	120명	〃
3.16	평택 곡물회관	〃	久遠의 생활과 보은 생활	52명	〃
3.17	안성 도서관	〃	주부의 사명과 和敬의 정신	60명	〃
3.17	안성 군회의실	〃	현대생활과 종교신앙	180명	〃
3.18	용인 공보강당	〃	福田開拓과 선악과보	210명	〃
3.	宮村진흥회관	〃	가정부인과 신념개발	120명	〃
3.22	파주 공보강당	〃	사회정화와 國土安泰	311명	〃
3.23	장단 공보강당	〃	자아의 향상과 이상의 실화	210명	〃
3.24	청교면 공보강당	〃	참회생활과 종교신념	261명	〃
3.25	평해 면사무실	〃	심전개발과 구도생활	120명	강원도
3.26	매화 공보강당	〃	현대생활과 불교신앙	310명	〃
3.26	울진 공회당	〃	근검정신과 심전경작	321명	〃
3.27	근덕 공보강당	〃	世間道와 出世間道	155명	〃
3.27	삼척 불교포교당	〃	불교신앙과 보은감사	150명	〃
3.28	송정 공보강당	〃	현세안락과 내세안락	220명	〃

〈별표 1-21〉 심전개발운동 순회강연 일람표(1935. 4~1937. 12)

일 시	장 소	연 사	연 제	청중수	도 별
1937. 2.25	제주 관음사	문학연	종교는 인류의 대생명	500	제주도
2.28	삼척 포교당	표이정	심전개발과 신앙생활	60	강원도
3.16	북평 공보	〃	심전에 去惡種善	150	〃
3.21	미로 공보	〃	자력갱생과 심전경작	120	〃
4. 5	교가 공보	〃	불타의 심전경작	50	〃
4. 7	원덕면 공보	〃	심전개발과 불교신앙	650	〃
1.13	경주 군청	한영규	인생의 정로	150	경북
3.23	내남면	〃	자기완성	80	〃
3.25	내동면	〃	資生合道	70	〃
3.30	강동면	〃	생의 의의와 보은	70	〃
5. 8	공주군 신원사	이대진	심전개발		충남
〃	〃	정일남	석가여래 일대		〃
4.21	진도읍 공보교	문학연	인생과 종교	300	전남
〃	〃	김종환	반성과 수양	〃	〃
4.26	완도읍 공회당	문학연	종교는 인생에 여하한 이익이 있는가	250	〃
〃	〃	김종환	심전개발의 필요	〃	〃
5.21	부춘면 광장	문학연	자력갱생은 물심양면	200	〃
5.22	성전면진흥회관	〃	심전과 진흥	400	〃
5.23	도암면진흥회관	〃	자력갱생과 신앙	250	〃
2.28	양주 회천공보	강계룡	심전개발의 의의	1,808	경기도
3. 1	동두천 공회당	〃	신앙의 힘	150	〃
3. 2	전곡 공보교	〃	가정생활에 대하야	159	〃
〃	〃	〃	자력갱생과 심전개발	457	〃
3. 3	적성 공보교	〃	심전개발의 3대원칙	253	〃
〃	〃	〃	실생활과 종교	183	〃

〈별표 1-22〉 심전개발순회강연 일람표(1935. 4~1937. 12)

일 시	장 소	연 사	연 제	청중수	도 별
1937 3. 4	남면 공보교	강계룡	학창의 생활	400	경기도
〃	입암 공회장	〃	사회의 정화	89	〃
3. 5	금오리 갱생부락 공회당	〃	부부의 도	53	〃
3. 6	노해 공보교	〃	종교의 감화력	150	〃
3. 7	별내 공보교	〃	불교의 인생관	37	〃
3.17	인창 공보교	〃	자력갱생과 종교	140	〃
3.18	덕소 공보교	〃	이상과 현실	150	〃
3.19	화도면 회의실	〃	사회의 현실	48	〃
3.20	진건 공보교	〃	신앙의 도	497	〃
6. 8	월정사 강원	김태흡	弘法중생과 불자의 사명	80	강원도
6. 9	진부면 공보	〃	심전개척과 신앙생활	250	〃
6.10	대화면 공보	〃	回心向道와 자력갱생	250	〃
6.11	평창읍 공회당	〃	종교신앙과 인류의 행복	85	〃
6. 8	해남 옥천공보	문학연	심전에 무명잡초를 除하라	151	전남
6. 9	계곡면 공보	〃	불타는 심전농부이다	200	〃
6.10	마산 공보교	〃	종교는 인생의 이상향	150	〃
〃	산이면 공보교	〃	심전황폐에 신앙과 지혜로 개척하라	120	〃
6.12	화원면 공보교	〃	인생과 종교와의 관계	350	〃
6.14	황산면 공보교	〃	팔상과 심전개발	120	〃
7. 1	남창 공보교	〃	농촌진흥과 심전개발	300	〃
7. 2	송지 공보교	〃	생활과 신앙	250	〃
7. 3	군산 공보교	〃	일상생활과 오계	180	〃
7. 4	화산 공보교	〃	신앙은 인생의 힘이다	130	〃
7. 5	삼산 공보교	〃	양심에 가책없는 생활이 곧 심전개발	120	〃
7.24	양산군 금산리 청년회관	신영광	심전개발과 본래평등	153	경남

〈별표 1-23〉 심전개발운동 순회강연 일람표(1935. 4~1937. 12)

일 시	장 소	연 사	연 제	청중수	도 별
1937 10. 4	흡곡 공보	김태흡	심전개발과 생업보국	350	강원도
10. 5	고저 공보	〃	애국사상과 경신숭불	340	〃
〃	통천읍 공회당	〃	心地開拓과 의용봉공	250	〃
10. 6	고성 장전 공보	〃	지나사변과 동양평화	510	〃
〃	고성임시가설극장	〃	심전개발과 爲國不爲身	350	〃
10. 7	간성면 공보	〃	信愛協力과 忍苦鍛鍊	350	〃
10. 8	대포 공보	〃	支那事變과 국민의 지구력	250	〃
〃	양양읍 공보	〃	銃後任務와 赤心通天	350	〃
10. 9	인구 공보	〃	수신제가와 절약보국	340	〃
〃	주문진 심상소학	〃	시국인식과 堅忍持久	230	〃
10.10	강릉읍 공보	〃	神佛信仰과 時艱克服	320	〃
10.11	옥계 공보	〃	協心戮力과 신동아의 건설	250	〃
10.22	홍천읍 공회당	〃	비상시국과 신앙생활	280	〃
10.23	화촌면성산리공보	〃	時艱克服과 皇道宣揚	240	〃
〃	두촌면자은리공보	〃	堅引持久와 協心戮力	350	〃
10.24	횡성읍 공회당	〃	국가의 초석인 청소년의 사명	150	〃
10.25	둔내 공보	〃	鎭護國家와 皇軍扶翼	400	〃
10.26	안흥 공회당	〃	盡忠竭孝와 근면절약	300	〃
10.27	원주 공회당	〃	협동일치와 국난타개	420	〃
10.28	문막 공보	〃	신불신앙과 국위선양	400	〃
〃	홍호 공보	〃	破邪顯正과 反省戒心	350	〃
8.30	가평면 회의실	한응식	심전개발과 불교의 사명	250	함남
〃	〃	양영복	감은봉사	〃	〃
8.31	신흥 공보강당	〃	心燈	200	〃
〃	〃	한응식	信佛	〃	〃

〈별표 1-24〉 심전개발운동 순회강연 일람표(1935. 4~1937. 12)

일 시	장 소	연 사	연 제	청중수	도 별
1937 9. 1	상원천 공보강당	양영복	불교의 보은사상	150	함남
〃	〃	한응식	理智의 源泉인 불교	〃	〃
9. 2	하원천 공보강당	〃	심전개발이란 무엇인가	300	〃
〃	〃	양영복	불타의 교훈	〃	〃
〃	〃	한응식	대도는 무문	200	〃
9. 3	영고학원 강당	〃	신생의 대도	250	〃
〃		양영복	불교의 본지	〃	〃
9. 4	동상 공보강당	〃	불타의 교훈	400	〃
〃	〃	한응식	종교와 인생	〃	〃
9. 6	천불산 공보강당	양영복	불타의 교훈		〃
〃	〃	한응식	심전개발과 불교		〃
10.11	삼호면 서창공보	문학연	심전에 대하야	70	전남
10.12	학산 공보	〃	시국과 심전개발	90	〃
10.13	영암군 서공보	〃	심전과 석가대도	110	〃
10.14	신북 공보	〃	생사관과 심전	120	〃
10.16	영암 도갑사대웅전	〃	무상과 彌陀佛	60	〃
12. 6	금성 공보	김태흡	신앙생활과 去華就實	210	강원도
〃	금화 창도 공보	〃	심전개발과 국민의 持久戰	420	
12. 7	금화 현리 공보	〃	자중인내와 驀直前進	250	
12. 8	회양 말휘리 공보	〃	破邪降魔와 영겁의 행복	150	
〃	회양읍 공회당	〃	근면자애와 실력양성	150	
12. 9	회양 난곡 공보	〃	동양평화와 국민의 사명	420	
12.10	철원 월정리 공보	〃	국방인식과 의용봉공	150	
12.11	철원 동송면 공보	〃	전쟁과 평화	450	
〃	대광리 역전 공보	〃	국가흥륭과 정신강건	500	〃

〈별표 1-25〉심전개발운동 순회강연 일람표(1935. 4~1937. 12)

일 시	장 소	연 사	연 제	청중수	도 별
1937 12.25	영월 보덕사	김태흡	시국과 반성	120	강원도
12.26	정선읍 공보	〃	성전과 각오	150	〃
〃	여량 공보	〃	動中靜과 靜中動	150	〃
12.27	임계 공보	〃	인내와 노력	320	〃
12.27	정선군 회의실	〃	시국인식과 지은보덕	60	〃
12.28	면천 회의실	〃	신애협력과 황도선양	250	〃
11.29	무안군 현경 공교보	문학연	시국과 신앙	270	전남
11.30	壓海 공보교	〃	시국인식과 심전개발	250	〃
12. 1	안좌도 공보교	〃	생활과 신앙	350	〃
			계	149,787	

* 참고자료: 불교시보(1935. 4~1937. 12)

▪ 부록 2

〈별표 2-1〉 불교계의 금속류 헌납 현황

헌납사찰	헌납물품	수 량	중량(kg)	소 재 지
태고사	범종	1	1360	경성부 수송정 44
태고사신도일동	眞鍮器	232	108	
유점사 포교당	眞鍮器	68	36	경성부 사간정 36
진관사 포교당	眞鍮器	24	135	경성부 마포정
건봉사 포교당	眞鍮器	12	8	경성부 행촌정
건봉사 포교당	眞鍮器	2	4	경성부 행촌정
선리참구원	眞鍮器	1	3.5	경성부 봉익정 40
범어사 포교당	眞鍮器	16	15	경성부 봉익정 40
봉은사	범종	1	480	경기도 광주군 언주면
봉은사	眞鍮器	27	26	〃
봉원사	범종	2	29	경성부 본원정
봉원사	眞鍮器	40	44	〃
청련사	범종	1	49	경성부 하왕십리
청련사	眞鍮器	7	9	〃
법륜사	眞鍮器	5	12	경성부 창신정
안양암	범종	1	500	〃
안양암	眞鍮器	15	18.5	〃
소림사	범종	1	10	경성부 홍지정
소림사	眞鍮器	11	29	〃
연화사	眞鍮器	23	19	경성부 회기정
극락사	범종	1	19	경성부 천연정
극락사	眞鍮器	27	10	〃
개운사	眞鍮器	30	37	경성부 안암정
사자암	범종	1	39	경성부 상도정
사자암	眞鍮器	7	3	〃
화장사	眞鍮器	11	14.5	경성부 동작정
청련암	眞鍮器	10	11	경성부 반대방정
봉은사 본말 포교당	眞鍮器	10	3	경성부 종로 5정목
봉은사 포교당	眞鍮器	3	7	경성부 관동정
봉은사 포교당	眞鍮器	5	12	〃
화계사	銅鼓	1	200	경기도 고양군 숭인면

* 참고자료:『불교시보』(1941.8~1944.3)・『佛敎』新(1941.8~1945.3)

〈별표 2-2〉 불교계의 금속류 헌납 현황

헌납사찰	헌납물품	수량	중량	소 재 지
화계사	眞鍮器	6	7	경기도 고양군 숭인면
봉국사	범종	1	19	〃
봉국사	眞鍮器	5	11	〃
도선사	眞鍮器	8	6	경기도 고양군 숭인면
경국사	眞鍮器	10	9	〃
홍국사	眞鍮器	14	11	경기도 고양군 신도면
원효암	眞鍮器	12	9	〃
상운사	眞鍮器	9	10	〃
진관사	眞鍮器	35	23	〃
백련사	범종	1	216	경기도 고양군 은평면
백련사	眞鍮器	10	5	〃
문수암	眞鍮器	20	11	〃
영화사	眞鍮器	31	28	경기도 고양군 현도면
삼막사	銅器	1	180	경기도 시흥군 동면
삼막사	眞鍮器	22	22	〃
염불암	眞鍮器	16	11	〃
망월암	眞鍮器	17	11	〃
약수암	眞鍮器	7	9	〃
성주암	眞鍮器	20	12	〃
자운암	眞鍮器	5	4	〃
망해암	眞鍮器	21	11	경기도 시흥군 안양면
연주암	眞鍮器	38	26	경기도 시흥군 과천면
수종사	범종	1	300	경기도 시흥군 와부면
수종사	眞鍮器	9	19	〃
천축사	眞鍮器	12	10	경기도 시흥군 노해면
회룡사	眞鍮器	29	27	경기도 양주읍
망월사	眞鍮器	64	38	〃
홍왕사	眞鍮器	17	12	경기도 양평군 북내면
용문사	眞鍮器	15	11	경기도 양평군 용내면
약사암	眞鍮器	13	6	경기도 김포군 양서면

* 참고자료 :『불교시보』(1941.8∼1944.3)·『佛教』新(1941. 8∼1945. 3)

<별표 2-3> 불교계의 금속류 헌납 현황

헌납사찰	헌납물품	수 량	중 량	소 재 지
봉은사 포교당	眞鍮器	14	20.5	경기도 인천부 화평정
청계사	眞鍮器	28	24	경기도 수원군 일왕면
수도사	眞鍮器	7	4.5	경기도 광주군 군척면
흥천사	범종	1	29	경성부 돈암정
흥천사	眞鍮器	20	23	〃
호압사	眞鍮器	14	24	경기도 시흥군 동면
금화포교당	眞鍮器	104		강원도 금화읍
나남 포교소	범종	1		함북 청진부 나남면
나남 포교소	眞鍮器	30		〃
표충사	鍮器	255		경남 밀양군(범종·불구·기타)
표충사 승려23인 개인 소지품	鍮器	382		경남 밀양군
고운사	佛器	2		경북 의성군 단촌면
〃	洋銅盆	2		〃
〃	佛鉢盂	1		〃
〃	小鐘	1		〃
〃	요령	2		〃
〃	光金	3		〃
〃	局耳	3		〃
〃	태징	1		〃
	기타	8		〃
성불사	眞鍮·금속류	370		황해도 황주군
고산사	범종	1		황해도 봉산군

* 참고자료 : 『불교시보』(1941.8~1944.3)·『佛敎』新(1941. 8~1945. 3)

찾아보기

ㄱ

김 순 석(金淳碩)

경북 포항 출생
고려대학교 사학과 졸업
고려대학교 대학원 문학석사
고려대학교 대학원 문학박사
한림대학교 부설 태동고전연구소 수료
독립기념관 연구원
고려대학교·국립공주대학교·순천향대학교 강사
현재 한국국학진흥원 수석연구원

고려사학회 연구총서 ⑬
일제시대 조선총독부의 불교정책과 불교계의 대응 정가 : 16,000원

2003년 12월 22일	초판 인쇄	
2003년 12월 30일	초판 발행	
2004년 10월 30일	재판 발행	

저　　자 : 金淳碩
발 행 인 : 韓政熙
발 행 처 : 景仁文化社
편　　집 : 申鶴泰
서울특별시 마포구 마포동 324-3
전화 : 718-4831~2, 팩스 : 703-9711
E-mail : kyunginp@chollian.net
등록번호 : 제10-18호(1973. 11. 8)

ISBN : 89-499-0218-4 94910
* 파본 및 훼손된 책은 교환해 드립니다.